Neff

WALTHER BIRKMAYER
ERNST HAGEN

Eidechsenprinzip und Rosenkäferkomplex

RATSCHLÄGE FÜRS ÄLTERWERDEN

PAUL NEFF VERLAG
WIEN

ISBN 3-7014-0169-1

Umschlag- und Einbandentwurf Werner Sramek
Gesetzt aus der Garmond Garamond-Antiqua
Gesamtherstellung Wiener Verlag
Hergestellt im Auftrag des Paul Neff Verlages, Wien

Inhaltsverzeichnis

Zum Geleit

Als ich im Jahre 1969 mit der Sendung »Seniorenclub« im Österreichischen Fernsehen begann, war mir klar, daß die Menschen, die mit dieser Sendung betreut werden sollten, auch einen ärztlichen Rat brauchen. Ich hatte das große Glück, in Universitätsprofessor Dr. Walther Birkmayer einen solchen Ratgeber in medizinischen Fragen zu finden. Was immer ich anregte, vorschlug oder im Entwurf unterbreitete, hat er den Zusehern mit wenigen, zu Herzen gehenden, allgemein verständlichen Worten vermittelt. Natürlich wurde der Wunsch laut, die Ratschläge, die er fast jeden Sonntag in unserer Sendung gab, mögen in Buchform erscheinen. Ich freue mich, daß diesem Wunsch jetzt Rechnung getragen wurde, und ich bin überzeugt, daß jeder, der zu diesem Buch greift, darin Rat und Hilfe finden wird.

Ernst Hagen

An den Beginn dieses Buches stelle ich einen zweifachen Dank. Zunächst danke ich meinem Freund Ernst Hagen, der mit Gespür und Geschick die Themen meiner Vorträge angeregt hat. Mein zweiter Dank gilt meiner Mitarbeiterin, Frau Dr. Elisabeth Handerek, ohne deren Hilfe aus den mehr als neunzig Bändern meiner Vorträge niemals die 264 Seiten dieses Buches entstanden wären. Möge der Leser darin nicht nur Rat und Hilfe, sondern vor allem auch Freude finden.

Walther Birkmayer

Fröhliche, Grantige, Treue und Gute

ODER
MENSCH, ERKENNE
DICH SELBST

Der Optimist / Von der Güte / Die Raunzer / Ein wenig Aberglaube / Alte Helden / Warum spielt der Mensch so gern Theater? / Die Einsamen / Der Hypochonder / Generaldirektor Kronos / Die Xanthippe / Der Junggeselle / Gibt es noch Patriarchen? / Der zerstreute Professor / Das Kind im Manne / Freundliche und Grantige

Der Optimist

Ja, der Charakter des Menschen . . . Jetzt habe ich also glücklich dieses Buch mit einem »Ja« begonnen.
Ein Freund hat mir einmal gesagt: »Du redest ja gelegentlich ganz vernünftig, aber fange doch nicht immer mit ›Ja‹ an!«
Er kannte mich eben nicht gut genug, denn dieses »Ja« am Beginn meiner Ausführungen kommt für mich einer Weltanschauung gleich, es ist sozusagen ein Zug meines Charakters.
Nestroy hat gesagt: »Ich nehm' von jedem Menschen das Schlechteste an, selbst von mir, und ich hab' mich noch selten geirrt!«
Bei mir ist es umgekehrt. Ich sehe die Welt als optimales Phänomen an, ich bin so ein Optimist, daß ich von jedem Menschen zunächst immer das Gute annehme. Und deshalb ist das »Ja« bei mir ein Zeichen der Weltbejahung, ich nehme sie so, wie sie ist.
Heraklit, der griechische Philosoph, hat gemeint: »Der Charakter des Menschen ist sein Schicksal.« Sie wissen, er hat auch das Wort geprägt: »Panta rei« – »Alles fließt.« Er hat nicht in Wien gelebt, sondern in Vorderasien, sonst hätte er vielleicht gesagt: »Alles steht.« Neue Gedankenflüge, neue Kunstrichtungen, neue Entdeckungen werden ja in Wien zunächst sehr kritisch betrachtet. Das Neue muß schon einige Jahrzehnte überdauern, bevor der Wiener sich damit befreundet. Auch eine Stadt hat ihren Charakter.
Natürlich ist der eigene Charakter immer der gute und der Charakter des anderen immer der schlechte. Außerdem neigen wir zur Verallgemeinerung.

Don Quichote ist für uns der typische Spanier, Peer Gynt der typische Norweger, Faust der typische Deutsche, und in jedem Wiener steckt natürlich ein Stück vom Herrn Karl! So sehr pedantische Menschen aus nördlichen Breiten diesen sich immer und überall anpassenden Charakter bemängeln, so ist er doch der Garant dafür, daß der Wiener mit allen Schwierigkeiten fertig wird. Eine Hilfe dabei ist ihm auch seine Liebe fürs Improvisieren, das er bis zur Meisterschaft beherrscht, während er jede Form von Organisation als eine Art von Freiheitsberaubung betrachtet.

Grundsätzlich ist der Charakter der Ausdruck aller vitalen Fähigkeiten. Er ist vom Augenblick der Zeugung an bestimmt. Erziehung und Milieu können seine Grundlagen nicht beeinflussen, sondern nur Eigenschaften entwickeln oder unterdrücken, die ursprünglich bereits vorhanden waren.

Gegen den Charakter gibt es deshalb auch keine Pille; zumindest vorläufig nicht! Ein arabisches Sprichwort sagt mit Recht: »Wenn du hörst, daß ein Berg versetzt worden sei, so glaube es; wenn du aber hörst, daß ein Mensch seinen Charakter geändert habe, so glaube es nicht.«

Natürlich kann man den Charakter eines Menschen aus seinem Verhalten erkennen. Ein Bub, der in der Schule ständig streitet und andere bedroht, wird als Erwachsener sicher kein Missionar werden. Ein Knabe, der sich immer in eine stille Ecke zurückzieht und allein, ohne Kontakt mit den anderen, spielt, wird als Erwachsener kaum Führer einer politischen Partei werden.

Bewegungen, Gesten, Mienenspiele, die gesamte Haltung sind bei jedem Menschen etwas Konstantes; daran erkennen wir ihn. Allerdings ist es bisher nicht gelungen, das Charakteristische solcher Bewegungen durch Messungen zu erfassen. Ein Scherzwort von Nestroy, der von einer Frau sagte, sie habe einen Gang wie eine Prozession, die aus einer einzigen Person besteht, mag als Beispiel dafür genannt werden, daß wir das Charakteristische wohl erkennen, aber nicht mathematisch-physikalisch definieren können.

Im übrigen sind Pessimisten im allgemeinen die besseren Menschenkenner, weil sie häufiger recht behalten. Ich habe aber eine einfache Methode, um mich vor Enttäuschungen zu schützen:

Wenn mir jemand beruflich oder privat ein »Haxl stellt« oder einen Tiefschlag versetzt, sage ich immer: »Ich muß ja ziemlich bedeutend sein, daß mir dieser Mensch mit so unfairen Methoden kommen muß!«

Dank diesem Trick empfinde ich keine Enttäuschung; im Gegenteil, mein Selbstgefühl steigt.

Von der Güte

Güte kommt von »gut«. Als Eigenschaftswort bedeutet gut das Gegenteil von schlecht, als Hauptwort soviel wie »Besitz«. Wir sprechen von einem Landgut, von einem Bankguthaben, von einem geistigen Gut – also von etwas, das man hat. Es kann auch, im übertragenen Sinn, eine Energieform, eine Potenz, eine Kraft, eine Fähigkeit sein, von der man einem anderen etwas abgeben, mit der man helfen kann.

Ein Reicher kann einem Armen etwas geben, er ist also gütig. Ein Gescheiter kann seine Schüler etwas lehren, er ist gütig. Ein seelisch ausgeglichener, also ein glücklicher Mensch kann einem anderen, der sich in einer Krise befindet, helfen, indem er etwas von seiner eigenen Kraft auf den Leidenden überträgt. Allerdings ist gerade das in der heutigen Zeit sehr schwierig geworden. Man gibt lieber 100 Schilling in einen Klingelbeutel, als daß man sich eine Stunde hinsetzt und einem anderen zuhört oder einen Rat gibt, denn das ist sehr belastend, das erfordert Zeit und Energie, die man dem anderen geben muß.

Nun gibt es Menschen, man müßte fast sagen Querulanten, die können um keinen Preis gütig sein! Man darf natürlich nicht glauben, daß es sich um böse Menschen handelt, die einen schlechten Charakter haben. Aber nein! In ihrem Computer, das Gehirn ist ja ein Computer, ist nur das Programm durcheinandergeraten. Scheint die Sonne, ist es ihnen zu heiß. Regnet es, ist es ihnen zu kalt. Geht der Wind, kommt er sicher von der falschen Seite usw. Diese Menschen können einfach nicht glücklich sein. Sie verbrauchen alle ihre biologischen Energien gleichsam für ihren Innenbetrieb. Es ist so, als ob in einem Amt sämtliche Mitarbeiter nur Adressen schreiben und Stempel auf die Briefumschläge drücken, die Briefe aber nie abgeschickt würden.

Diese Querulanten, diese unausgeglichenen Menschen, haben nicht die Kraft zur Güte. Sie geben nichts, sie empfangen aber auch nichts, sie leben ohne Effizienz, ohne Resonanz in einem Vakuum.

Es gibt unzählige psychotherapeutische Schulen, die alle bemüht sind, dem Leidenden zu helfen: Die Psychoanalyse, die Individualpsychologie, die Verhaltenstherapie, die Logotherapie usw. Das Prinzip ist aber immer das gleiche: Übergabe der Energieform von einem Menschen auf den anderen. Der Spender – ob Arzt, Priester, Politiker oder Erzieher – muß bereit sein, von seinem eigenen Energiekontingent an den

Schwächeren abzugeben. Die Methode dieser Energieübertragung ist von sekundärer Bedeutung.
So ist z. B. das von einer harmonisch-biologischen Energiequelle gespeiste Charisma des Arztes die wichtigste Voraussetzung der Hilfe für den Kranken.
Diese Ausstrahlung kann man natürlich nicht lernen; sie muß einerseits vom genetischen Code vorprogrammiert sein und sich andrerseits aus einer optimistischen, also harmonischen Grundhaltung der Persönlichkeit ergeben.
Glauben Sie aber ja nicht, daß Sie gütig sein sollen, damit Sie Dank ernten. Es ist der biologische Sinn der Güte, daß sie Ihr Selbstbewußtsein steigert und Ihren Selbstwert erhöht! Dieses Gefühl: Ich habe geholfen, gibt Befriedigung und Glück. Das Gütigsein ist also für beide notwendig: für den, der bekommt, und für den, der gibt!

Die Raunzer

Manche Menschen glauben, sie werden 100 Jahre alt, andere wieder fürchten, daß sie schon am nächsten Tag sterben müssen.
Die Hoffnung auf ein hundertjähriges Leben beruht darauf, daß beim älteren Menschen alle biologischen Funktionen stabiler sind. Er ist wie ein alter Baum, der im größten Sturm fest steht, vielleicht ein paar Zweige verliert, aber jedenfalls nicht wie ein junges Bäumchen nach allen Seiten schwankt und herumgebeutelt wird. Der junge Mensch fiebert sofort auf 40 Grad, sein Blutdruck steigt bis in die Höhe der Schlaganfallgefahr, oder seine Depression führt ihn zum Selbstmord.
Die Regulationen im Alter sind nicht mehr so stür-

misch. Das vegetative System, das Gemütsleben, die Motorik bewegen sich innerhalb einer schmalen, aber stabilen Bandbreite. Seine Wirkschalen, das sind die Begegnungsfelder, in denen er tätig ist, aus denen er Freude und Lust empfängt, werden kleiner. Und gerade diese Verringerung des Lebensraumes bewirkt, daß er mit seinen verminderten chemischen Überträgerstoffen diese kleiner gezogenen Bereiche gestalten kann.

Seine Lebensbilanz ist daher ausgeglichen, er hat weniger Probleme, weniger Sorgen, er zeigt auch weniger Anteilnahme am Umweltgeschehen. Daher hat er subjektiv das Gefühl, ewig so weiterleben zu können, zumindest bis zum hundertsten Jahr.

Neben diesem Typ gibt es die Raunzer, die jeden Tag an einer anderen Stelle Schmerzen fühlen, die sozusagen »Patienten der gesamten Heilkunde« sind. Die natürlichen Abnützungserscheinungen des Alterns von der Wirbelsäule bis zum Kreislauf lösen natürlich Beschwerden aus. Der normal vitale, kräftige Senior wird jedoch damit fertig.

Wenn man dagegen die Frau Pospischil fragt: »Wie geht's Ihnen denn?«, dann antwortet sie: »Ach, Herr Doktor, fürchterlich! Der Schwindel beim Aufstehen, der Druck im Kopf, das Stechen beim Herz, die Schmerzen im Kreuz, die geschwollenen Füß', es ist nicht zum Aushalten!«

Wenn man dann aber sagt: »Sie Arme, was Sie alles mitmachen! Der Tod wäre ja für Sie die reinste Erlösung!«, mobilisiert man mit dieser brutalen Konfrontation ihren Widerstand, und es stellt sich heraus, daß sie doch lieber mit ihren Beschwerden leben, als morgen schon tot sein will. Das Bedürfnis, all seine Wehwehchen anderen Menschen mitzuteilen, gehört natürlich in den Kreis des Imponiergehabens. Man

will Mitleid erregen, weil das eine gewisse Macht über die Mitmenschen verleiht.
Was glauben Sie, wer von diesen beiden Typen länger lebt? Interessanterweise die Raunzer!
Einer, der glaubt, 100 Jahre alt zu werden, und seinen Beschwerden wenig Bedeutung beimißt, fährt mit der Seilbahn auf 2000 m Höhe, plötzlich wird ihm schwindlig, und schon ist er tot. Die Raunzer hingegen haben ein so sensibles Nervensystem, das sie schon Herzschmerzen empfinden läßt, bevor die Durchblutungsnot eine gefährliche Grenze überschritten hat. Der Druck im Kopf macht schon Beschwerden, bevor der hohe Blutdruck zu einem Schlaganfall führt.
Was sollen wir also machen? Ich persönlich glaube an die 100 Jahre, weil man sich mit dieser Einstellung im Leben leichter tut und die letzten 10 Jahre unbeschwerter und glücklicher lebt. Der Hypochonder dagegen wird mit seinen Raunzereien der Mitwelt und sich selber zur Qual.
Am Schluß noch eine Warnung: Machen S' nur kan Leibrentenvertrag mit einem achtzigjährigen Hypochonder. Der lebt garantiert noch 20 Jahre!

Ein wenig Aberglaube

Mit dem Aberglauben ist das so eine Sache! Der Aberglaube, den man selbst hat, der ist unbedeutend und wird verdrängt, aber der Aberglaube, den der andere hat, der ist unverständlich und lächerlich.
Der Aberglaube ist ein merkwürdiges Phänomen, das keinerlei Beziehung zur Kausalität hat, und Goethe hat einmal sehr treffend festgestellt, daß die Formen des Aberglaubens bei allen Völkern und zu allen

Zeiten immer dieselben waren und sind. Und was sagt der Psychiater dazu?

Wenn es einen Aberglauben gibt, der bei allen Menschen zu allen Zeiten immer gleich ist, muß es in unserem Gehirn eine Stelle geben, in der diese Gedanken zustande kommen. Zum Vergleich: Die Regulierung der Körpertemperatur ist bei allen Menschen gleich; sie wird von einer bestimmten Stelle des Gehirns durch chemische Überträgerstoffe reguliert. Wenn also der Aberglaube bei allen Menschen vorhanden ist, dann muß es im Gehirn eine Region geben, in der solche Ideen programmiert sind. Genau kann man das noch nicht lokalisieren, aber es muß in einem uralten Teil unseres Gehirns sein. Jedenfalls gibt es Erinnerungsbilder, die in unserem Gehirn geprägt sind wie eine Matrize.

Die früheste Begebenheit, an die ich mich erinnern kann, stammt aus der Zeit, in der ich zwei Jahre alt war und mir mein Großvater von einem Zwetschkenbaum in Loiben reife Zwetschken heruntergeworfen hat. Großväter sind immer sehr hilfreich, und so habe ich mehr Zwetschken gegessen, als mir förderlich war, und bekam nachher fürchterliche Bauchschmerzen. Die doppelte Affektbesetzung der wunderbar schmeckenden Zwetschken und der darauffolgenden Bauchschmerzen hat dazu beigetragen, daß ich dieses Ereignis bis heute in Erinnerung behalten habe. Das ist ein individuelles Erinnerungsbild.

Es gibt aber auch Erinnerungsmatrizen in unserem Gehirn, die schon aus den Urzeiten der Menschheit stammen, die wir alle kollektiv besitzen. Der Schweizer Psychiater C. G. Jung bezeichnet diese uralten Erinnerungsbilder als »Archetypus«. Jeder von uns hat solche archetypischen Engramme in seinem

Gehirn; so haben z. B. alle Völker und alle Menschen Angst vor der Finsternis oder vor dem Feuer.

Der Aberglaube gehört natürlich auch zu solchen archetypischen Erinnerungsbildern, wobei nicht alle abergläubischen Gedanken einen Sinnzusammenhang ergeben. Wie kann man denn deuten, daß man am Freitag Pech hat, daß 13 eine Unglückszahl ist, daß man durch Klopfen auf Holz etwas Unangenehmes abwenden kann?

Hingegen ist es tiefenpsychologisch verständlich, wenn man sagt: »Heute bin ich mit dem linken Fuß aus dem Bett gestiegen ...« Von einem ungeschickten Menschen sagen wir: »Er hat zwei linke Hände«, und wenn einer eine krumme Tour macht, heißt es: »Er macht einen Linken ...«

Links bedeutet ja immer weniger wertvoll, unbedeutender, ist sogar gleichbedeutend mit unkorrekt.

Wenn ein Römer einen Freund besuchen wollte und auf der Schwelle seines Hauses stolperte, ist er zu Hause geblieben, weil er sich gesagt hat: »Heute bringt der Besuch nichts Erfreuliches.«

Was hat nun der Aberglaube für eine Funktion?

Die gleiche wie der Glaube! Er soll dem Menschen Kraft geben und über Krisen hinweghelfen. Die Formen des Aberglaubens sind bei allen Völkern gleich, weil jeder Mensch in Krisen geraten kann, die er mit dem Verstand allein nicht zu bewältigen vermag. Deshalb holt er sich aus dem Fundus der 500.000 Jahre alten menschlichen Entwicklung Weisungen und Verhaltensmaßregeln aus der Tiefe seines Gehirns.

Natürlich läßt sich nicht alles mit dem Aberglauben erklären und bewältigen:

Zwei Freunde fahren im Auto nach Hause. Eine schwarze Katze läuft ihnen über den Weg, und nach zweihundert Metern fährt der Lenker an einen Baum. »Siehst du«, sagt er, »das war die schwarze Katze!« Sein Freund meint jedoch: »Glaubst du nicht, daß es die vier Vierteln waren, die wir vorher getrunken haben?«

Alte Helden

Warum reden manche Männer so gern vom Krieg? Dieses Phänomen hat mehrere Motive. Wir kennen alle das Jägerlatein, das Fischerlatein, das Skifahrerlatein (jeder ist die schönste Abfahrt gefahren), das Latein der Reisenden (jede Reise des Erzählers ist mit Abstand die schönste, solange sie der andere noch nicht gemacht hat).
Dieses Imponiergehaben hat im allgemeinen das Ziel, den Erzähler auf eine höhere Stufe der Aufmerksamkeit, der Bewunderung zu heben. Er gilt in seiner Gruppe mehr.
Der biologische Sinn des Imponiergehabens liegt in der Präsentation einer körperlichen, seelischen oder geistigen Eigenschaft, mit dem Ziel, eine Instinkthandlung auszulösen oder zu verhindern. Das Pfauenrad als typisch männliches Imponiergehaben soll als Schlüsselreiz die sexuelle Erregung der Pfauenhenne stimulieren. Das Präsentieren geistiger Fähigkeiten durch zwei Männer vor einer angebeteten Schönen hat als Imponiergehaben den biologischen Sinn, dem Weibchen die Wahl zu erleichtern. Voraussetzung ist allerdings, daß diese Schöne über die Fähigkeit verfügt, geistige Potenzen zu beurteilen. Der geschwollene Kamm eines Hahnes und die gesträubte Mähne eines Löwen sollen diese Tiere mächtiger erscheinen lassen und dadurch eine Aggression

schon von vornherein verhindern. Das prächtige Geweih eines Platzhirsches wird den Kümmerer aus seinem Revier vertreiben, bevor es zum Kampf gekommen ist. Eine imposante Militärparade mit neuen Waffen wird vielleicht die Angriffslust des Gegners dämpfen. Das Imponiergehaben kann also auch aggressionsblockierend wirken.

Während aber im Tierreich das Imponiergehaben immer eine funktionsgerechte Präsentation erfährt, ist es durch den intellektuellen Überbau beim Menschen oft so übertrieben, daß es als Karikatur wirkt und keine zweckvolle Funktion erfüllt. Der kleingeratene Mann, der mit zwei riesigen Doggen spazierengeht, wird mit diesem überzogenen Imponiergehaben wohl Beachtung, aber keine Bewunderung erregen. Der dickbäuchige Generaldirektor, der mit seiner jugendlichen Sekretärin ein Nachtlokal besucht, wird belächelt werden. Der alternde Playboy muß zur Pflege seines Images einen »Super Spider« fahren, auch wenn er beim Einsteigen Kreuzschmerzen hat! Die PS-Zahl seines Autos steht aber in verkehrt proportionalem Verhältnis zu seiner Potenz und kann daher nur seinen Narzißmus befriedigen. Das Outrieren von Instinkthandlungen ist also eine spezifisch menschliche Eigenschaft.

Natürlich ist das Tragen von Schmuck, angefangen von den Bronzespangen der Urzeit bis zum Brillantkollier der Gegenwart, ein typisches Imponiergehaben. Ein modernes Gerät, das dem Imponiergehaben des Menschen entspricht, ist auch das Auto. Der ursprüngliche Zweck, ein Ziel rasch zu erreichen, ist heute, zumindest in der Großstadt, weitgehend behindert. Der eigene Wagen ist in vieler Hinsicht zum Statussymbol, also Ausdruck eines Imponiergehabens, geworden.

Das Erzählen von Kriegserlebnissen gehört natürlich auch in die Kategorie des Imponiergehabens, hat aber sicher nichts Krankhaftes an sich, solange es nicht übertrieben wird. Der Krieg ist ja für alle, die ihn überlebt haben, ein Erfolgserlebnis. Jeder, der ihn halbwegs überstanden hat, kommt sich in der Tiefe seiner Seele als Held vor. Dieses Heldenimage muß natürlich gepflegt werden, um das Selbstgefühl des Erzählers zu erhöhen. Wenn man die glänzenden Augen und den begeisterten Gesichtsausdruck solcher Stammtischhelden beobachtet, merkt man, wie stimulierend, aktivierend und verjüngend solche Kriegsgeschichten sind. Sie sind eine Psychotherapie für Menschen, die mit ihrer Gegenwart nicht viel anzufangen wissen, die nur mehr wenig Energie für ihre Zukunftspläne haben und daher in ihre Vergangenheit flüchten. Die Erlebnisse des Krieges geben ihnen ihre Selbstbestätigung für die Gegenwart. Schließlich spielt auch noch ein gütiger »Verdrängungsmechanismus« eine große Rolle: Alles, was man an Unangenehmem in seiner Vergangenheit erlebt hat, wird verdrängt, und nur das Heldenhafte, Gloriose lebt in unseren Erinnerungen weiter.

Warum spielt der Mensch so gern Theater?

»... laßt mich den Löwen auch noch spielen!« bettelt der Weber Zettel im Rüpelspiel des Sommernachtstraums. Shakespeare legt diese Worte nicht von ungefähr einem Laien in den Mund, der endlich einmal Gelegenheit hat, Theater zu spielen und am liebsten gleich drei Rollen auf einmal übernehmen möchte.

Was will uns der Dichter damit sagen?

Er zeigt uns einen Menschen, der mit allen Fasern seines Herzens einmal etwas anderes sein möchte als nur Handwerker. Er möchte einmal in eine andere Haut schlüpfen, worauf er sich ausgeglichener und befriedigt fühlen würde.

Ein ähnliches Phänomen können wir alljährlich im Fasching beobachten: Da kostümiert sich jeder gern als das, was er sonst nicht ist. Der Feigling kommt als General, einer, der tagaus, tagein von seinem Chef unterdrückt wird, kommt als Seeräuber, und die brave Hausfrau verkleidet sich als femme fatale. Durch diesen Rollentausch gewinnt man Abstand von der einseitigen Situation des Alltags, so wie Nestroys Weinberl, der sich als »verflixter Kerl« einmal im Leben einen Jux machen will, bevor er wieder in seinem Gewölb', in der »vermischten Warenhandlung«, als kleiner Verkäufer versumpert. Immerhin kann er dann sein Leben lang von der Erinnerung an sein tolles Abenteuer zehren. Seine Sehnsucht ist damit gestillt, sein Trieb befriedigt, und er ist wieder ausgeglichen.

In Hellas, im alten Griechenland, war es klugerweise so eingerichtet, daß der Tempel, das Theater und die Sportstätten nebeneinanderlagen. Diese drei Komponenten, Religion, persönliche Darstellung und körperliche Betätigung, haben das gleiche Ziel: Der Mensch soll die innere Harmonie erlangen bzw. erhalten.

Dieses Ziel wollte der Wiener Arzt Moreno in den zwanziger Jahren mit seinem »Psychodrama« erreichen: Er ließ seine neurotischen Kranken als Therapie miteinander oder eigentlich gegeneinander Theater spielen. Dabei konnten sie ihre Konflikte abreagieren, ihre Probleme nach außen projizieren und ihre innere Balance wiedergewinnen. Unbewußte

oder auch bewußte Wünsche wurden dargestellt, um die Persönlichkeit zu festigen.
Ein weiterer Grund für das Theaterspielen: Sie haben sicher schon von dem mythischen Jüngling Narcissus gehört. Er war der Sohn eines böotischen Gottes in Kleinasien, der sich in sich selbst verliebte, als er im Narcissusquell bei Thespia sein wunderschönes Spiegelbild erblickte. Und ein bißchen von einem Narcissus haben wir alle in uns. Nicht nur die Damen, die dauernd in den Spiegel schauen, um ihre Schönheit zu kontrollieren und zu bewundern, sondern auch die Männer, die sich ihre Krawatten richten und schauen, ob auch alle ihre Haare, so sie noch welche haben, richtig an ihrem Platz sitzen! Der unbewußte Trieb zum Theaterspielen hat also auch eine narzißtische Wurzel: Man will sich im besten Licht präsentieren und hat dabei auch Lustgefühle.
Ein dritter Grund ist das Imponiergehaben: Ein Politiker, der von den Massen umjubelt wird, eine Primaballerina, der die Männer zu Füßen liegen, werden natürlich in ihrem Selbstbewußtsein bestärkt. Man will sich optimal verkaufen, und die Reaktion des Publikums befriedigt die eigene Lust und stärkt die Persönlichkeit.
Wenn wir schließlich das Theaterspielen im Schillerschen Sinne des »Theaters als moralischer Anstalt« betrachten, so ist es nur zu begrüßen, wenn Schauspieler andere Menschen durch ihr Spiel ergreifen, ihnen einen Spiegel vorhalten und sie zum Nachdenken anregen, damit sie ihre eigene Position im großen Welttheater erkennen und ihre Rolle adäquat spielen! Und wenn sie nichts anderes wollen, als anderen Menschen Freude zu bereiten, so ist das ja auch nicht schlecht! Oder?

Die Einsamen

Die Bewältigung des Alleinseins ist für niemanden leicht. Für Senioren ist sie ein Problem.

Am schwierigsten ist es sicher für Frauen im mittleren Alter. Ein Mann dagegen, etwa 50 Jahre alt, Witwer oder geschieden, ist doch eine der begehrtesten Figuren der Gesellschaft.

Von Verwandten wird er eingeladen, von Freunden wird er herumgereicht, in allen Gesellschaften ist er ein gern gesehener Gast. Er ist nicht einsam, er fühlt sich in seiner sozialen Position recht glücklich.

Eine Frau mit 50 Jahren dagegen, Witwe oder geschieden, ist weit weniger glücklich. Um sie kümmert sich niemand, sie ist überall das fünfte Rad am Wagen. Natürlich wird sie von ihren Bekannten pro forma eingeladen; aber schon beim zweitenmal merkt sie, daß das mehr Krampf als wirkliche Freundschaft ist, und sie zieht sich zurück. Wenn Kinder da sind, werden die sich wohl manchmal sagen: »Wir müssen die Mama auf Urlaub mitnehmen ...«, aber bald stellt sich heraus, daß die Temperamente, die Lebensgewohnheiten, so verschieden sind, daß das Beisammensein sehr schwierig ist.

Die Frauen dieser Altersgruppe wollen aber noch etwas vom Leben, sie stehen ja noch mittendrin, und plötzlich sehen sie sich in diesem Vakuum und fühlen schmerzlich, daß alle zwischenmenschlichen Beziehungen abgerissen sind.

Der einzige Ausweg aus dieser Situation ist Arbeit. Leicht ist es allerdings für die Frau nicht! Sie ist vielleicht seit 20 Jahren nicht mehr in einem Büro gewesen, und jetzt versucht sie neu anzufangen. Da sind lauter junge Mädchen, die sich mit den mo-

dernen Schreib- und Rechenmaschinen und mit allen neuen Geräten gut auskennen, und nun kommt die Fünfzigjährige! Sie ist viel schwerfälliger und braucht Mühe und Zeit, um sich mit allem Neuen zurechtzufinden. Natürlich fühlt sie sich auch hier zunächst einmal überflüssig.
Das ist aber in jeder Berufssparte, in der sie wieder anfangen will, ähnlich; es gibt überall Schwierigkeiten über Schwierigkeiten. Die Frauen dieser Altersgruppe brauchen aber eine Betätigung, bei der sie ihre Gefühle, die nirgends einen Widerhall finden, auf ihre Mitmenschen projizieren können.
Sehr günstig sind deshalb soziale, karitative oder politische Betätigungen. Es gibt z. B. sehr viele Frauen, die sich, aus ihrer Einsamkeit heraus, politisch engagiert und dabei bis in höchste Stellen emporgearbeitet haben.
Wie ist es nun beim Mann, sobald er ein echter Senior ist? So um 70 herum sind die Frauen wieder besser dran, und die Männer haben es schwerer. Eine Frau in diesem Alter hat ihren kleinen Haushalt, sie geht einkaufen, hat da und dort ein kleines Tratscherl, hat ihre Tarockpartie ... das heißt, ihr verkleinerter Lebensraum wird noch immer ausgefüllt, sie hat immer a bissl was zu tun und a bissl was vor. Der alte einsame Mann ist dagegen überfordert: Er muß einkaufen gehen, er muß Geschirr abwaschen, er soll die Wohnung in Ordnung halten, also alles Tätigkeiten, die er praktisch nie gemacht hat und nur widerwillig durchführt! Der Tag vergeht ohne befriedigende Arbeit. Die besondere Schwierigkeit liegt darin, daß ein Mann in diesem Alter natürlich keinen Anschluß mehr findet. Ein Fünfundsiebzigjähriger, der in ein Seniorenheim geht, wird sich auch dort nicht mehr anpassen können.

Deshalb: Die einzige Möglichkeit zur Bewältigung der Einsamkeit für die Frau im mittleren Alter ist die Aufnahme einer beruflichen Tätigkeit, die sie befriedigt. Dem älteren Mann muß man dagegen raten, sich rechtzeitig in die Gemeinschaft eines Pensionistenheimes einzugliedern. Natürlich ist es nicht sehr angenehm, sich dabei einer gewissen Disziplin unterwerfen zu müssen, aber ein bißchen Ordnung ist für die Gesundheit sehr gut!

Der Hypochonder

Es gibt viele Menschen, die gehen zum Arzt und sagen: »Herr Doktor, ich hab' so einen Krampf überm Herzen, und wissen S', das strahlt so aus . . .«
Darauf der Arzt: »No, das werden wir gleich haben, warten Sie einmal . . .«
Er fühlt den Puls, mißt den Blutdruck, horcht das Herz ab, macht noch ein EKG – Resultat: Es ist alles in Ordnung.
»Herr Pospischil«, sagt der Arzt, »Sie sind ganz gesund, Sie sind ein Hypochonder!«
Oder es kommt jemand zum Doktor und sagt: »Ich hab' solche Magenkrämpfe . . .«
Der Arzt macht ein Magenröntgen, eine Magensäurebestimmung, findet nichts und sagt: »Ihnen fehlt nichts, es ist alles o. k.!«
Übrigens leitet sich der Ausdruck »Hypochonder« von dem Wort »Hypochondrium« ab, mit dem man den Raum im Bereich des Bauches bezeichnet. Wenn man dort Schmerzen hat, sagt man eben, das sind »hypochondrische Beschwerden«.
Natürlich wird ein Arzt den Ausdruck »Hypochonder« so wenig wie möglich gebrauchen, denn

wenn er auch nichts findet, hat der Patient ja trotzdem seine Beschwerden. Sie sind zwar nur nervös bedingt, machen ihm aber doch zu schaffen. Er ist daher auch kein eingebildeter Kranker!

Ein Hypochonder ist ein Konstitutionstyp. Es ist mit ihm so ähnlich wie mit einem Juwelierladen, in dem eine so empfindliche Alarmanlage eingebaut ist, daß sie schon anspricht, wenn vor dem Geschäft nur ein Wachmann auf und ab geht.

Die Hypochondrie ist eine Übersensibilität, die gewisse Empfindungen schon als Schmerz, als Unbehagen registriert, obwohl der Arzt keine Organschäden feststellen kann. Der Magen ist gesund, das Herz ist gesund, aber die nervöse Regulation bei diesen Hypochondern ist wie bei einem Rennpferd: hypersensibel!

Wie wir heute wissen, gibt es in unserem Organismus bestimmte biochemische Überträgerstoffe. Wenn so ein Überträgerstoff wie z. B. das Noradrenalin beim Herzen freigesetzt wird, erzeugt das einen Gefäßkrampf wie bei einer echten Angina pectoris, nur daß dieser Gefäßkrampf eben nervös ausgelöst ist. Das gleiche findet im Magen-Darm-Bereich statt, wenn es durch die Freisetzung eines Überträgerstoffes zu einem Krampf und daraus resultierenden Schmerzen kommt. Das ist keine Krankheit, sondern eine nervöse Fehlsteuerung, die genau die gleichen Beschwerden hervorruft wie ein Krebs, eine Entzündung oder ein Geschwür.

Natürlich muß der Arzt alles, was in Frage kommt, untersuchen. Wenn er aber nichts findet, hat es gar keinen Sinn zu sagen: »Das bilden Sie sich nur ein, wenn man will, spürt man das nicht!«

Es kann durch Streß, durch Klima- und Wetterwechsel, durch Aufregungen, durch seelische Kränkung zu einer Balancestörung in unserem Chemiehaushalt kommen, die zu den eben geschilderten Beschwerden führt.

Viele Hypochonder greifen bei solchen Erscheinungen zu einer Selbsthilfe: »Wissen Sie, Herr Doktor, da trink' ich g'schwind einen Kognak, und dann ist des weg!«

Was ist davon zu halten? Nun, der Kognak setzt Serotonin (einen biochemischen Überträgerstoff) frei, und dieses Serotonin neutralisiert den Erregungsstoff; es balanciert das seelische Gleichgewicht wieder aus, und der Patient wird ruhig. Nur ist das mit dem Alkohol leider so eine Sache: Man gewöhnt sich so furchtbar schnell daran, und dann hat er auf einmal seine Herzschmerzen, damit er seinen Kognak trinken kann.

Alfred Adler, der berühmte Individualpsychologe, hat dieses Phänomen »Arrangement« genannt. Mancher, der das Bedürfnis nach einem Schluck Alkohol, nach einer Zigarette hat, sagt sich ganz einfach: »Ich hab' ja Magenkrämpfe, da muß ich g'schwind etwas dagegen nehmen.« Das ist seine selbstarrangierte Rechtfertigung.

Jedenfalls: Der Hypochonder ist kein eingebildeter Kranker, er ist sensibel, er erlebt mehr, er erleidet aber auch mehr ...

Generaldirektor Kronos

Ein Firmenchef, etwa 70 Jahre alt, läßt sich in meiner Ordination stöhnend in den Sessel fallen und erklärt: »Herr Professor, Sie müssen mir helfen. Ich kann nicht mehr weiter!«

Nun folgt eine Aufzählung seiner Beschwerden: Er

ist gereizt, nervös, kann in der Nacht nicht schlafen, ist immer müde, unkonzentriert, es freut ihn nichts mehr, er kann keine Briefe mehr diktieren, hat häufig Herzstechen usw. Dabei muß er wieder fit sein, sonst geht sein Betrieb zugrunde. Er braucht dringend ein paar gute Pulver, die ihn wieder auf den Damm bringen!

Ich erwidere ihm: »Wissen Sie, Herr Generaldirektor, mit Pulvern allein ist das nicht getan. Haben Sie noch nie daran gedacht, in Pension zu gehen und Ihre Arbeit Jüngeren zu überlassen? Oder zumindest einen Teil Ihrer Arbeit an andere abzugeben?«

»Das kann ich ja nicht, das bringt ja niemand zusammen. Ich habe ja lauter unfähige Mitarbeiter.«

»Aber Sie haben doch einen Sohn, der könnte doch sicher den Betrieb in Ihrem Sinne weiterführen?«

»Aber der Bub kann das ja noch nicht!«

»Wie alt ist denn der Bub?«

»50 ist er gewesen ...!«

Bevor wir uns weiter mit diesem Generaldirektor »Kronos« beschäftigen, erinnern wir uns kurz an die Ödipussage:

Träume und Orakelsprüche zeigen oft, daß unsere Entschlüsse und Entscheidungen mehr aus dem Fonds der Gefühle und Instinkte gespeist werden und der Verstand erst sekundär in Erscheinung tritt.

So verkündete das Delphische Orakel dem König Laios, daß ihm seine Frau Jokaste einen Sohn gebären werde, der ihn später ermorden und seine Mutter heiraten werde. Als ihm tatsächlich ein Sohn geboren wurde, ließ er ihm, eingedenk des Orakelspruches, die Füße durchstechen und zusammenbinden, worauf er den Auftrag gab, den Knaben in das wilde Gebirge Kithaeron zu werfen. Ein Hirte nahm sich jedoch des Kindes an und zog es auf. Tatsächlich erschlug

Ödipus später seinen Vater Laios und heiratete seine Mutter Jokaste.

Diese Sage aus der archaischen Phase der griechischen Vorgeschichte erhielt im Drama des Sophokles eine moderne Prägung und tauchte dann in den Nebelschwaden der folgenden Jahrhunderte unter, um erst mit der modernen Seelenheilkunde wieder ans Tageslicht zu kommen. Sigmund Freud entdeckte in den Träumen seiner Kranken immer wieder Motive der Aggression des Sohnes gegen den Vater und Inzest-Begierden auf die Mutter. Er benannte dieses Verhalten »Ödipuskomplex«. In der Folgezeit wurde dann, meiner Ansicht nach in falscher Auslegung der Freudschen Erkenntnis, der sexuelle Inzest-Wunsch in den Vordergrund geschoben.

Der biologische Sinn des Ödipus-Phänomens liegt darin, den vitalen, jüngeren und potenteren Lebewesen eine Chance zu einem Machtzuwachs zu verschaffen, der bessere Voraussetzungen und Sicherungen zur Arterhaltung gewährt.

Es fehlt aber dazu ein Gegenpol, den ich in Anlehnung an die griechische Mythologie den »Kronoskomplex« genannt habe. Bekanntlich hat der griechische Gott Kronos seinen Vater Uranos mit einer Sichel entmannt, eine chirurgische Intervention, die dieser nicht überlebte. Dadurch erlangte Kronos zwar die Herrschaft, hatte aber seither ständig Angst, daß ihm durch seinen Sohn ein ähnliches Schicksal bereitet werden könnte. Zur Vorsicht verspeiste er daher alle seine neugeborenen Kinder. Nur bei Zeus versagte dieses konsequente Programm: Er verschlang an dessen Stelle einen eingewickelten Stein, und Zeus wuchs auf dem Berg Ida auf der Insel Kreta auf und wurde dort von einer Ziege ernährt. Tatsächlich hat Zeus später seinen Vater entmachtet.

Diese alte griechische Sage vermittelt uns die Urangst des Vaters vor der nachdrängenden jüngeren Generation. Aus dieser Urangst resultiert das Phänomen des Kronoskomplexes. Bewußt oder unbewußt unterdrücken alle alternden Männer ihre jungen, fähigen Mitarbeiter. Ob Politiker, Manager, Professoren – je tüchtiger und potenter sie sind, um so mehr bevorzugen sie in ihrer Umgebung unentschlossene, kritiklose Nieten. Erstens droht von solchen Untergebenen keine Gefahr, zweitens wird man nach seiner Ablöse sagen: »So gut wie der Alte ist der Neue nicht!«, und drittens ist es bequemer, mit Leuten zu arbeiten, die nicht dauernd eine Herausforderung darstellen.

Bemerkenswert ist dabei, daß nur bei biologisch potenten Individuen sowohl der Kronos- wie der Ödipuskomplex stark ausgebildet sind. Der besitzende und mächtige Vater möchte seine Macht für alle Zeiten erhalten. Er wird daher seine Söhne, wenn schon nicht wie Kronos auffressen, so doch lange Zeit unterdrücken und frustrieren.

Die Kronos-Aktivität hemmt einerseits die Entwicklung und Ausreifung des Schwachen, regt aber andrerseits den Begabten, Potenten zur Aktivität und Aggression an. Daraus geht hervor, daß erst das Kronos-Phänomen die ödipale Aggression bewirkt. Sie ist eine Reaktion auf eine Frustration mit dem Ziel ihrer Überwindung. Der Ödipuskomplex bildet sich also nur beim aktiven, begabten Individuum aus. Der Schwache duckt sich und begibt sich in einen Totstell-Reflex, der Kräftige dagegen muckt auf und greift an.

Versteckte Ödipus-Reaktionen im Alltag sind z. B. die Freude des Sohnes, seinen Vater im Tenniskampf zu besiegen, oder beim Skilaufen davonzusausen und die Freude des jungen Mitarbeiters, eine Fehlhandlung des Chefs zu entdecken, etwa die Fehldiagnose des Primarius usw.

Im kollektiven Geschehen der Geschichte begegnen wir dem Kronos-Ödipus-Phänomen immer wieder. So war z. B. der Antimarxismus ein Slogan der besitzenden Kronos-Sozietät und der Antikapitalismus eine dynamische Ödipus-Reaktion.

Das gleiche Wechselspiel zwischen Kronos- und Ödipus-Reaktion spiegelt sich auch im Verhältnis zwischen Zentralgewalt und Provinz. Es gibt Länder, in denen die Provinz keinerlei Haß oder Aggression gegen die Hauptstadt entwickelt. So kenne ich keinen Schweizer, der eine betonte Aggressivität gegen die Hauptstadt Bern zeigt. Die Beziehungen zwischen Wien und den Bundesländern sind dagegen oder waren zumindest lange Zeit durch den Wiener Kronoskomplex und den provinziellen Ödipuskomplex charakterisiert. Diese emotionelle Spannung ist lebendiger Ausdruck eines tatsächlich vorhandenen Machtpotentials der Großstadt und eines aktiven Aufstrebens der gesunden Bundesländer; es ist ein biologisch wertvolles und im Effekt absolut leistungsförderndes Wechselspiel.

Das Spannungsverhältnis zwischen Machterhaltung und Machterringung, zwischen Beharrungsvermögen des Alten und aggressiver Eroberungslust des Jungen, kurz zwischen Kronos-Angst und Ödipus-Trieb, das man unklar als »Generationsproblem« umschrieben hat, hält unsere Welt in Bewegung. Es ist ein wichtiger Faktor der menschlichen Evolution.

Der alternde Manager, der in seiner führenden Position das Nachdrängen der ödipalen Machthungrigen spürt, hat zwei Möglichkeiten:

Er kann sich mit unbedeutenden Mitarbeitern umgeben, die mit jeder Entscheidung zu ihm kommen, ihn damit überlasten und in eine Dekompensation drängen: Schlaflosigkeit, Depression oder Herzinfarkt sind die Folgen.

Oder er kann – und das ist sicher der bessere Weg – tüchtige Mitarbeiter um sich sammeln, die möglichst viele Anordnungen selbständig treffen und so seine Kapazität entlasten. Wenn er selbst nicht mit banalen Problemen überlastet wird, bleibt ihm genügend Energie für wichtige Entscheidungen verfügbar.

Das Delegieren möglichst vieler Arbeiten an die jüngere, ödipale Generation ist für den Alten energiesparend und drängt die Kronos-Angst des Abgesägtwerdens zurück. Dem alternden Menschen in jeder Berufssparte kann man daher nur den Rat geben, so viele junge Ödipus-Gestalten wie nur möglich um sich zu scharen. Der Rangordnungskampf dieser jugendlichen Stürmer läßt den Alten ruhiger schlafen als die Mitarbeit von unterwürfigen, leistungsschwachen Gehilfen.

Je mehr sich die Jungen abstrampeln, um aufzusteigen, desto mehr Energie hat der Alte für die Erhaltung seiner Position frei. Nur der Mensch, der seiner Führungsposition nicht mehr gewachsen ist, erleidet einen Schlaganfall.

Die Xanthippe

Sie hat keinen sehr guten Ruf, die Xanthippe. Sie war die Frau des Sokrates, des berühmten Philosophen, der sich den ganzen Tag mit jungen Knaben in Athen herumgetrieben hat, nie zum Essen nach Haus gekommen ist, und wenn er gekommen ist, kein Geld mitgebracht hat, worauf er natürlich von seiner Xanthippe entsprechend empfangen worden ist. Seit dieser Zeit bezeichnet man als Xanthippe eine bissige Frau, die ihren Mann unterdrückt, kein gutes Haar an ihm läßt und ihn zu einem Pantoffelhelden degradiert.

Aber betrachten wir die Sache einmal anders: Supermänner, die voll Tatendrang, Entschlußkraft, Energie und Aggressivität sind, werden sich natürlich mit einer Xanthippe kaum vertragen. So ein aktiver Mann darf nicht eine Frau heiraten, die ihre Macht und Energie in der Ehe entfaltet, denn dann kommt es zu einem permanenten Kampf zwischen zwei Alpha-Tieren um die Spitzenposition in der ehelichen Rangordnung. Dauernde Krachs und Zwistigkeiten sind die Folge, so daß die berühmte Zeugenaussage eines Ehemannes: »Mit Ausnahme meiner Frau habe ich keine Feinde«, gar nicht so weit von der Wirklichkeit abweicht. Ein solcher Mann braucht eine friedliche, ausgeglichene Frau, die ihn auf jene mittlere Linie des Verhaltens leitet, die er allein nie einhalten könnte.

Es gibt aber auch andere Männer, wie zum Beispiel Robert Musils »Mann ohne Eigenschaften«. Er ist charmant, gescheit, intelligent – aber erfolglos! Bevor er etwas macht, findet er zehn Motive und Ausreden, daß er es nicht macht. So ein Mann braucht eine Xanthippe; zu diesem weichen, eher femininen Künstlertyp, der keine Aktivität entfaltet, dem die Phantasie eine Anpassung an die Realität des Lebens verwehrt, gehört eine energische Frau, eine Frau mit Haaren auf den Zähnen und auch auf der Oberlippe, ein männlicher Typ, ohne üppigen Busen, mit eher reduzierten Rundungen!

Die Paarung mit einer solchen Frau ist für ihn ein Glück, da er durch sie auf eine höhere Stufe, unter Umständen sogar auf die höchste Ebene seiner Lei-

stungsfähigkeit gebracht werden kann. Grundsätzlich ist der Zweck einer Partnerwahl ja dann optimal erfüllt, wenn die Summe der gemeinsamen Partnereigenschaften größer ist als die Summe der Eigenschaften der einzelnen.
Nehmen wir Chopin als Beispiel: Seine Partnerin, George Sand, war eine solche Xanthippe. Sie hat ihm das Optimum, fast das Maximum, seiner künstlerischen und kreativen Kraft geradezu herausgepreßt. Daß manche unter dieser Xanthippe leiden, ist klar; aber die meisten fühlen sich ganz wohl dabei.
Es gibt eben Männer, die brauchen eine harte Führung. Die gibt ihnen zuerst die Mutter und dann die Frau.
Fazit: Eine Xanthippe hat nur einer, der's braucht!

Der Junggeselle

Das Phänomen Junggeselle hat viele Ursachen. Eine der häufigsten ist eine überstarke Mutterbindung. Die Nabelschnur ist also nicht oder noch nicht durchgetrennt. Er kommt mit allen seinen Fragen zur Mutter, zum Beispiel: »Du, wie gefällt dir denn mein neues Mädchen?«
Natürlich gefällt sie ihr nicht! Die eine ist zu klein, die andere zu groß, die dritte hat einen schlechten Charakter, die vierte ist zu putzsüchtig und die fünfte hat kein Geld ... Mit einem Wort, er läßt sich von ihr alle angehenden Freundinnen vermiesen. Wenn sie stirbt, ist er 65, und dann geht's ihm so wie dem »alten Herrn Kanzleirat«. Jetzt erst sieht er ein und begreift, daß es falsch war, so lange zu warten.
Wir haben es hier mit dem im Leben immer wieder vorkommenden Phänomen der evolutionär-kogni-

tiven Koinzidenz, d. h. mit dem Zusammentreffen von Entwicklungsreife und Erkenntnisfähigkeit zu tun. Dieser Terminus, den ich einmal geprägt habe, besagt, daß erst das Zusammentreffen einer bestimmten Entwicklungsreife mit einem entsprechenden Informationsmaterial zur Erweiterung der Erkenntnis und der Persönlichkeit führt.

Ein banales Beispiel kann das am besten erläutern: Meine beiden Enkelinnen stehen vor dem strahlenden Christbaum. Nach dem Singen der Weihnachtslieder sagt die Vierjährige: »Mutti, das Christkind war heuer besonders lieb!«

Darauf die Siebenjährige in ihrem Imponiergehaben: »Du bist ja dumm, das hat doch die Mutti heute alles in der Nacht gemacht.« Die Vierjährige nimmt aber diese Worte nicht zur Kenntnis; sie glaubt weiterhin an das Christkind.

Dieses Beispiel sagt, daß das Gehirn Informationsmaterial erst in einem bestimmten Entwicklungsstadium aufnehmen und verarbeiten kann. Bei der Vierjährigen strömt die Information über die Nichtexistenz des Christkindes ohne jede Reaktion an ihrem Gehirn vorbei, ohne ihre Einstellung oder Haltung im geringsten zu verändern.

Diese evolutionär-kognitive Koinzidenz ist für die Erziehung von Kindern und die Führung von Jugendlichen oder Erwachsenen von entscheidender Bedeutung.

Im Falle des eingangs erwähnten Junggesellen kommt erst der 65jährige, nach dem Tod seiner Mutter, zu der Erkenntnis, daß er ja eigentlich schon viel früher hätte heiraten sollen.

Ein anderes Motiv, Junggeselle zu bleiben:

Ein Jüngling verehrt ein Mädchen, er grüßt par distance, sie grüßt zurück, sie sehen einander in der

Tanzschule wieder. Jetzt traut er sich endlich und fragt: »Fräulein, darf ich bitten?« Sie aber sagt: »Nein danke, ich tanze jetzt nicht«, dreht sich um und verschwindet mit einem anderen. Das ist natürlich ein schweres Trauma für den Jüngling, das ihn leicht dazu bringen kann, alle Frauen für schlecht zu halten und sich an keine mehr heranzutrauen.

Ein anderer Fall sind die unentschlossenen Nörgler, die an jedem Mädchen etwas auszusetzen haben. Die eine hat zu wenig Busen, die andere hat keine schönen Beine, die dritte kann nicht kochen usw. Das klassische Beispiel dafür war Franz Grillparzer, der so lange herumgesucht hat, bis er ein alter Hofrat war und sitzengeblieben ist.

Es gibt auch Männer, die nur mitnaschen wollen, ohne selbst Verantwortung zu tragen. Das ist der Hausfreund, von dem es eine typische Geschichte gibt:

Eine Frau stirbt, der Witwer geht ernsten Schrittes hinter dem Sarg. Und der Hausfreund weint und weint und laßt sich durch nichts beruhigen. Da klopft ihm schließlich der Witwer auf die Schulter und sagt: »Tröste dich, ich heirat' ohnehin bald wieder!«

Dann gibt es Junggesellen, bei denen eine latente Homosexualität vorliegen kann. Sie fühlen sich in ihrem Freundeskreis, in einer Tarockrunde, bei der Kegelpartie, bei einem Wanderklub sehr wohl; sie brauchen keine Frau.

Eine weitere Variante: Jeder Mensch hat männliche und weibliche Hormone. Das Übergewicht bestimmt sozusagen das Geschlecht. Ein richtiger Mann hat mehr männliche, aber auch einige weibliche Hormone. Bei der Frau ist es umgekehrt. Es gibt natürlich auch Frauen, die relativ viel männliche Hormone

haben. Das sind die energischen Typen, mit Haaren auf der Oberlippe, die mit flachen Schuhabsätzen bei Kundgebungen mitmarschieren ... Wenn nun ein Mann dank seiner Hormone seine Eigenschaften so ausgewogen hat, daß er die Harmonie in sich hat, braucht er zur Ergänzung keinen Partner – das gibt es eben auch.
Manche Feschaks heiraten schließlich nicht, weil es ihnen auch ohne Ehefrau oder gerade deshalb gutgeht. Aber warten Sie nur, wie g'schwind die heiraten, wenn s' ein Schlagerl gestreift hat und sie Pflege brauchen!

Gibt es noch Patriarchen?

Der Ausdruck Patriarch geht auf das Alte Testament zurück. Abraham, Isaak, Jakob waren die Patriarchen der Bibel. Später erhielten die Bischöfe von Jerusalem, Alexandrien, Konstantinopel und schließlich auch von Venedig den Titel Patriarch.
Unter einem Patriarchen versteht man einen weisen alten Mann. Wie ist es zu dieser ehrenden, aber eigentlich nicht zutreffenden Auffassung gekommen?
Früher, als das durchschnittliche Lebensalter nur 30 Jahre betrug, also etwa zur Zeit des Imperium Romanum, war ein Mensch mit 70 Jahren natürlich jedem jungen Menschen überlegen, denn er hatte gleichsam die Erfahrungen von zwei Generationen in seinem Gehirn gespeichert. Seine Ratschläge über Kindererziehung, Lebensführung, politische Entscheidungen hatten daher mehr Gewicht. Dazu kam noch ein mystischer Faktor. Einem Mann, der mehr als doppelt so alt wurde als der Durchschnittsbürger, traute man übernatürliche Kräfte zu. Würde heute

ein Mensch zweihundert Jahre alt, wäre es für uns auch ein Wunder.
Gibt es in unseren Tagen noch Patriarchen? Nun, es gibt natürlich alte Männer mit Bärten und faltenreichem Gesicht, aber Patriarchen im Sinne von alten Menschen, deren Gedanken wegweisend für die Entwicklung der Menschheit wären, gibt es heute nicht.
Für den Psychiater zeigen solche alte Menschen vielmehr alle Zeichen einer senilen Hirnatrophie. Sie sind geistig abgebaut, starr, intolerant, dogmatisch, unerbittlich und keinesfalls Vorbilder für unsere moderne Gesellschaft.
Wir wissen heute, daß fast alle geistigen Errungenschaften, die das Weltgeschehen veränderten, zum Beispiel sämtliche entscheidenden Arbeiten von Nobelpreisträgern (Chemie, Mathematik, Physik usw.) zwischen dem 20. und 40. Lebensjahr zustande gekommen sind. Von alten Männern unserer Zeit kennen wir solche Entwicklungsanstöße nicht. Das heißt aber nicht, daß wir in Situationen, in denen wir uns nicht zurechtfinden, von älteren Kollegen, seien es Ärzte, Rechtsanwälte, Kaufleute oder Politiker, keinen Rat einholen sollten. Wenn man solche Senioren fragt, bereichert man seinen Erfahrungsschatz und kann daraus eigene Entschlüsse fassen. Aber Patriarchen, deren Aussprüche für die nächsten 1000 Jahre das menschliche Verhalten bestimmen würden, die gibt es wohl nicht mehr.

Der zerstreute Professor

Wer kennt nicht den zerstreuten Professor? Jahrzehntelang haben die Witzblätter von ihm gelebt. Er vergaß ständig seinen Regenschirm, fragte auf der

Straße das eigene Kind, das ihn artig grüßte, wie es heiße, und wenn er sich ein Frühstück machte, warf er die Taschenuhr ins kochende Wasser und blickte dann auf das Ei, das er in der Hand hielt.

Wenn wir dagegen heute Witzblätter anschauen, werden wir vergebens nach dem zerstreuten Professor suchen. Er ist also nicht mehr das Ziel menschlichen Spottes. Sind die Professoren heute weniger zerstreut, oder gehen die Menschen liebevoller mit ihnen um?

Da muß ich zunächst die Frage stellen: Was heißt eigentlich zerstreut?

Wenn sich jemand auf einen Gedankenablauf so konzentriert, daß er bei »Rot« über die Straße läuft, wenn sich jemand an einem Gespräch so intensiv beteiligt, daß er nicht merkt, wie er mit der Glut seiner Zigarette den Teppich verbrennt, wenn jemand beim Essen in seine Gedanken so versunken ist, daß er mit der Gabel die Suppe auslöffeln will, dann ist er zerstreut.

Zerstreut ist also jemand, der seine Aufmerksamkeit, seinen bewußten Denkapparat voll und ganz auf ein Problem richtet, der mit seinen schöpferischen Gedanken wie ein Diamantbohrer in die Tiefe dringt, so daß die Umwelt versinkt.

In der heutigen Zeit versuchen wir immer mehr Probleme von Apparaten und Computern lösen zu lassen. Daher nimmt die Zahl der Gelehrten, die versponnen und versonnen ihren Problemen nachhängen, ab. Die Zahl der Technokraten dagegen, die glauben, daß das schöpferische Denken durch Apparate ersetzt werden kann, nimmt zu. Einen zerstreuten Computer gibt es deshalb nicht, weil er nicht schöpferisch denken kann. Er kann auch nicht durch akustische oder optische Milieureize abgelenkt werden.

Der moderne Mensch arbeitet mehr und mehr wie ein Computer. Dabei vergißt er, daß ein Computer nur das wiedergeben kann, was ihm primär als Information eingegeben wurde. Es gibt z. B. Leute, die meinen, einem Computer die Krankengeschichten von 100.000 Krebskranken eingeben zu können und glauben, daß er dann die Lösung des Krebsproblems ausspucken kann. Das ist sicher eine optimistische Fehlbeurteilung. Die Lösung des Krebsproblems kann nur von einem genialen Kopf in einer schöpferischen Phase gefunden werden.

Von einem Wissenschaftler verlangt man eben, daß er Gedanken produziert, die ihm nicht von vornherein eingegeben sind. Ich bin kein Bilderstürmer und bewundere die Leistungen der modernen Technik, der modernen Chemie, der modernen Mathematik. Sie erleichtern es uns, die verschiedenen Lebensaufgaben zu bewältigen. Für die echten, evolutionären Fortschritte der Menschheit benötigen wir aber den zerstreuten Professor, der mit seiner schöpferischen Denkleistung in die Tiefe der Probleme eindringt und sich dabei von der Umwelt derart abschließt, daß er auf ihre Reize eben nur zerstreut reagieren kann.

Das Kind im Manne

Wir alle kennen Väter, die am Boden herumkriechen und begeistert mit der Eisenbahn spielen, während der Sprößling je nach Temperament zähneknirschend oder heulend danebensteht und nicht mitspielen darf.

Wieso kommt es bei älteren Menschen so häufig zur Befriedigung des Spieltriebes durch Spiele, die nichts mit Gelderwerb oder Verbesserung der Existenz zu tun haben, sondern ausschließlich der Lusterfüllung dienen?

Nun, diese Menschen haben einen gewissen Nachholbedarf, ein Manko, das sich im Lauf des Lebens gebildet hat und das sie jetzt ausgleichen wollen. Es ist immer schlecht, wenn in der Triebatmosphäre ein Wunsch unerfüllt geblieben ist, denn das erzeugt Unruhe und Unausgeglichenheit. Man soll als zweijähriges Kind Daumenlutschen, damit ist sozusagen eine Appetenz des Kleinkindes mit Lust abgesättigt. Dann soll man Puppenspielen, Nasenbohren, mit 12 Jahren »Räuber und Gendarm« spielen, und dann kommen die anderen Lustbefriedigungen des Lebens! Wenn man die für jede Entwicklungsstufe typischen Appetenzen und Spieltriebe abgesättigt hat, ist das ein sehr wesentlicher Faktor für die Ausgeglichenheit und Harmonie der Persönlichkeit.

Ähnlich ist es mit der körperlichen Entwicklung:

In der Schwangerschaft entwickeln sich beim Embryo die einzelnen Organe, die Nervenverbindungen, die Blutgefäße usw., und zwar alles zu einem bestimmten Zeitpunkt. Hat sich z. B. das Neuralrohr, aus dem sich das Rückenmark und das Gehirn entwickelt, in der dafür vorgesehenen Entwicklungsphase nicht geschlossen, dann entsteht eine Mißbildung, und das Rückenmark bleibt zeitlebens eine Rinne. Das gleiche gilt für die rechtzeitige Entwicklung der verschiedenen Herzkammern, der Augen usw. Dieser Entwicklung liegt eine Entelechie zugrunde, d. h. daß das Ziel der Entwicklung in einem Bauplan vorhanden ist, der nach einer fixen Regel abrollt. Wenn im Verlaufe dieser Entwicklung ein Stopp entsteht, kann der daraus resultierende Fehler nie mehr gutgemacht werden. Während man Irrtümer bei einem

Hausbau, wenn auch um viel Geld, ausbessern kann, ist jeder Fehler in der menschlichen Entwicklung irreparabel. In der Rossauer Kaserne in Wien hat man seinerzeit auf die Klos vergessen. Die sind dann im nachhinein mit beträchtlichen Kosten eingebaut worden. Beim Menschen geht sowas nicht mehr!
Nicht nur in der körperlichen, sondern auch in der seelischen und geistigen Entwicklung gibt es keine vollwertige Korrektur. Ist der Embryo ausgereift und wird er geboren, so besteht zunächst eine körperliche und seelische Bindung an die Mutter, die gar nicht intensiv genug sein kann.
Während der Pubertät muß sich dieser Kontakt allerdings lösen. Ist die Mutter jedoch eine starke Persönlichkeit oder ist aus irgendeinem Grund kein Vater vorhanden, dann bleibt diese intensive Mutter-Kind-Bindung aufrecht. Solche Jünglinge können sich auch später nicht von der Mutter lösen. Sie heiraten nie, weil sie die Mutter nicht allein lassen können, oder sie heiraten – als Muttersatz – wesentlich ältere Frauen. Das heißt: Eine Entwicklungsblockierung führt zu einer geistigen Fehlhaltung.
Sigmund Freud hat vor 100 Jahren den Vater als freiheitsberaubende Autorität abmontiert. Jetzt sehen wir, daß dabei nicht viel herausgekommen ist. Der Jugendliche in der Pubertät braucht unbedingt ein Leitbild. Einen Papst mit einem Charisma, einen Kreisky, einen Karajan ... Fehlen solche Leitbilder, dann kommt es gleichfalls zu einer Entwicklungsblockade.
Eine Jugend ohne Leitbilder gleitet in eine Fehlhaltung, wie wir sie heute besonders häufig antreffen. Falsche Propheten versuchen ihnen einzureden, daß in unserer Gesellschaftsordnung alles schlecht ist: Die Einkommensverhältnisse müssen grundlegend

umgedreht werden, alle Menschen müssen gleiche Chancen haben usw. Nun ist diese geforderte Chancengleichheit genauso eine Chimäre wie die Gleichheit aller Menschen. Solche Ideen blockieren die Pubertätsentwicklung, und die Entgleisungen der Jusos und Hippies sind klinischer Ausdruck einer Entwicklungshemmung.

Apropos: Chancengleichheit (vernünftigerweise müßte man viel eher von einer Chancengerechtigkeit sprechen)! Sollte es einer Gesellschaft jemals gelingen, allen Individuen gleiche Startbedingungen zu garantieren, es gäbe doch immer wieder nicht nur innere, sondern auch äußere individuelle Faktoren, die eine Ungleichheit bewirken.

Man erinnere sich nur an den Witz, den man nach dem Kriege in Wien erzählt hat:

Es bewerben sich zwei um einen Posten. Sie kommen vor eine Kommission, die ihre Fähigkeiten überprüfen soll.

Der erste wird gefragt: »Wieviel ist denn 2 mal 2?«

»Das kommt darauf an, ob ich kaufe oder verkaufe.«

»Danke, sehr gut«. Dann wird der zweite gefragt: »Wieviel ist denn 2 mal 2?«

Er zieht den Rechenschieber heraus und sagt: »So zirka 3,999999 . . .!«

»Danke, sehr gut!«

Und was glauben Sie, wer den Posten gekriegt hat? – Der Neffe vom Bundeskanzler Figl!

Und so wird es immer sein: Der eine kann sich's eben mehr richten und der andere weniger.

Es ist aber auch gar nicht so wichtig, denn: Das Glück des Menschen liegt darin, daß durch sein Milieu alle in ihm schlummernden Fähigkeiten entwikkelt werden.

Beim Senior, der Eisenbahn spielt, ist fraglos in ir-

gendeinem Entwicklungsstadium einmal eine Blokkierung aufgetreten. Wahrscheinlich hat er sich als Kind nichts sehnlicher gewünscht, als einmal so richtig nach Herzenslust als Bahnhofsvorstand schalten und walten zu können. Da diese Appetenz unerfüllt blieb, erfüllt er sich im Alter diesen Wunsch eben selbst oder spielt mit der Eisenbahn seines Enkels. Das ist für ihn gleichsam eine Psychotherapie, die nur zu begrüßen ist.
Man darf das natürlich nicht umdrehen und sagen: Alle älteren Herren sollten mit der Eisenbahn spielen. Für den Psychiater stellt dieses Nachholen unerfüllter kindlicher Wünsche nicht das Regelverhalten eines ausgereiften Mannes dar, sondern es ist eher die Ausnahme. Selbstverständlich muß der Spieltrieb im Alter der persönlichen Eigenart entsprechen. Es gibt daher auch kein Rezept, welche Spiele zu bevorzugen sind. Der eine wird daher in seiner Freizeit gern Tarock spielen, dem anderen wird das vielleicht zu langweilig sein, und er wird Schach bevorzugen.
Es gibt auch Menschen, die in ihrer Jugend nie dazugekommen sind, ein Buch zu lesen und die dann im Alter Zeit haben, dem Betätigungstrieb des Aufnehmens von Erlebnissen in Form eines Buches Genüge zu tun. Wenn also im Alter die Möglichkeit besteht – ohne daß man mit dem bürgerlichen Gesetzbuch in Konflikt kommt –, die unerfüllten Triebe und Wünsche seiner Kindheit, seiner Jugend und seiner Leistungsphase abzusättigen, ist das eine wunderbare Autotherapie, eine Behandlung, die sich jeder selbst verordnen kann und die ihn zum inneren Ausgleich führt.
Wer das Ideal eines erfüllten Lebensabends erreicht hat, indem er alle Wünsche, alle Triebe, alle Aktivitäten neutralisiert hat, ist ein glücklicher Mensch!

Freundliche und Grantige

Man muß sich eigentlich wundern, daß es überhaupt chronisch grantige Menschen gibt, weil der Freundliche im Leben doch viel mehr erreicht. Es gibt Berufe, die quasi zur Freundlichkeit verpflichten: Friseure, Verkäufer, Vertreter, Ärzte, Rechtsanwälte ... Sie investieren neben ihrer Arbeit eine zusätzliche Gemütsqualität, die wohl eine gewisse Nervenarbeit kostet, aber den beruflichen Erfolg wesentlich steigert.

Menschen mit Berufen in gesicherter Position, wie z. B. Polizisten oder Beamte, benötigen zu ihrem Fortkommen nicht unbedingt Freundlichkeit. Sie können gelegentlich ihren Grant an ihren Mitmenschen abreagieren. Eine Ausnahme gibt's wohl: das sind die Beamten in einem Finanzamt. Wenn die nicht immer freundlich sind, stehen's am nächsten Tag in der Zeitung. Das ist ja ganz klar: Wenn man von jemandem Geld will, muß man freundlich sein!

Natürlich gibt es auch bei freundlichen Menschen Situationen, in denen der Spaß aufhört. Ich gelte im allgemeinen als freundlich, zumindest bilde ich mir das ein. Wenn ich aber am Abend erschöpft nach Haus komm, dann hört sich die Freundlichkeit auf. So wie meiner Frau geht es wohl allen Ehefrauen, deren Männer müde nach Hause kommen und dann einen unfreundlichen Partner abgeben. Bei mir dauert es aber nicht lange, und die angeborene Freundlichkeit setzt sich wieder durch.

Apropos angeboren: Die Freundlichkeit ist Charaktersache, und der Charakter ist Schicksal.

Schon beim Säugling kann man Unterschiede beobachten: Der eine ist immer freundlich und gut aufgelegt und lacht, und der andere verzieht sein Gesicht, schaut grantig drein und protestiert gegen alles mit lautem Gebrüll. Dieser Typ hat dann auch später Schwierigkeiten im Umgang mit anderen Menschen; er ist in sich selbst unausgeglichen, weil sein Gehirncomputer falsch programmiert ist. Es ist so, wie wenn man den Computer fragt: »Wieviel ist 2 mal 2?«, und er antwortet »Morgen wird es regnen!« Der Unfreundliche hat also die Schwierigkeit des Verhaltens in sich und projiziert sie auf seine Umwelt.

Grundsätzlich haben wir alle im Hirnstamm eine Energiebatterie, die unser Verhalten steuert, und Harmonie besteht dann, wenn ein Gleichgewicht zwischen den verschiedenen Energieüberträgerstoffen herrscht. Dieses Gleichgewicht ist die Voraussetzung zur Freundlichkeit, die immer eine Energieabgabe an andere ist. Der Freundliche ist daher auch immer der Stärkere. Ein Mensch, der dauernd aggressiv gegen Menschen und Tiere ist, sie womöglich schlägt, ist sicher der Schwächere. Er benötigt zum Abreagieren seiner Minderwertigkeitskomplexe die sinnlose Gewalt über andere.

Daß die Verdrossenheit aus einer Schwäche resultiert, weiß jeder von uns; wenn wir müde sind, sind wir auch grantig. In der Früh jedoch ist unsere Batterie voll, aufgeladen; da verströmen wir Energie, sind nett, freundlich, hören zu, die Bindung zu anderen Menschen fällt uns leicht. Nun gibt's aber auch sogenannte »Morgenmuffel«, bei denen es gerade umgekehrt ist: Sie reden womöglich bis mittags mit ihrer Frau kein Wort. Es sind Menschen, die an einer Depression leiden. Sie können in der Früh nicht aufstehen, sie wollen nichts reden, nichts hören; es freut sie nichts ... Ihre Batterie ist am Morgen leer, und erst gegen Abend füllt sich ihr Energievorrat wieder auf und sie sind dann freundlicher, mitteilsamer, ausgeglichener. In ihrem chemischen Haushalt geht sozusagen die Uhr falsch. So ähnlich ist es auch bei alten Menschen, die an sich an einem Mangel an Energieüberträgerstoffen leiden, was man aber mit antidepressiven Drogen sehr gut wieder in Ordnung bringen kann.

Nun gibt es noch eine Gruppe von sozusagen halbfreundlichen Menschen, vor denen man sich in acht nehmen muß: Sie sind freundlich und verbindlich nach oben, und unfreundlich und boshaft nach unten. Also die typischen Radfahrer! Jeder Direktor, Professor, Politiker usw. sollte sich daher die Menschen, die er auf leitende Posten setzen möchte, zunächst daraufhin anschauen, wie sie sich zu ihren Untergebenen benehmen. Radfahrertypen bereiten nämlich in jeder Gemeinschaft Unbehagen und ein schlechtes Betriebsklima, das sich letzten Endes in der Leistungseffizienz auswirkt.

Übrigens kann man Freundlichkeit auch trainieren: Stellen Sie sich vor, Sie fahren mit dem Auto und es überholt sie jemand von rechts und schwindelt sich knapp vor Ihnen in die Kolonne. Die erste Reaktion ist natürlich, diesen Kerl anzuhupen und anzublinken. Jetzt trainieren Sie Ihre Freundlichkeit: Lächeln Sie ihm gelassen zu!

Oder Sie stehen in einem Geschäft, und die Verkäuferin übersieht sie und bedient alle anderen, die später gekommen sind, vor Ihnen. Lächeln Sie ihr zu und sagen Sie: »Gelt, Fräulein, Sie heben sich das Beste zum Schluß auf, und das bin ich.« Was glauben Sie, wie das Mädchen rot werden und Sie dann um so freundlicher bedienen wird.

Der Freundliche wird immer der Überlegene, der Glücklichere sein. Der Grantige hat in seinen menschlichen Beziehungen Bremsen eingebaut, die seine Kontakte zum Mitmenschen blockieren. Es ist wie bei einer Spirale: Seine Erfolglosigkeit im Beruf, bei der Partnerwahl usw. führt zu seiner Verdrossenheit, und diese steigert wieder seine Erfolglosigkeit. Zum Schluß wird er ein Menschenverächter.

Seien sie aber nicht zu kritisch, wenn Sie mit unfreundlichen Menschen zu tun haben. Besonders den jungen Leuten möchte ich empfehlen: Wenn Sie einem unfreundlichen Senior begegnen, einer Zwiderwurzen, also einem Misanthropen, probieren Sie's einmal mit einem freundlichen Gespräch. Möglicherweise erfahren Sie dann, was dieser alte Mensch alles an Enttäuschungen und Entbehrungen in seinem Leben durchgemacht hat. Vielleicht lockern Sie durch Ihr Verständnis die seelische Kruste dieses verbitterten Menschen auf. Probieren Sie es einmal!

Den Senioren aber möchte ich sagen: Fangen Sie am besten gleich heute bei Ihrer Frau an, freundlich zu sein ...

Fernsehen, Feiertagskrach und die dritte Haut

ODER DIE PROBLEME DES ALLTAGS

Das liebe Geld / Allmacht Fernsehen / Krimis am Abend / Die Grenzen der Freiheit / Toleranz und Intoleranz / Anonyme Briefe / Sinnliches und Übersinnliches / Warum lacht man so gern über andere? / Wie erregt man Interesse und Mitleid? / Kleine Eigenheiten / Erholsame Feiertage / Der Feiertagskrach / Die Schalen des Lebens / Wohnungswechsel / Altersheime

Das liebe Geld

Der Erfinder des Geldes würde heute sicher einen Nobelpreis erhalten. Das Geld hat nämlich eine einmalige Funktion: Es ist ein Äquivalent für jede Leistung und hat anderseits die Funktion, in alle Lustbereiche konvertiert werden zu können. Man kann sich etwas zu essen kaufen, man kann sich eine Frau kaufen, man kann sich ein Haus, einen Betrieb kaufen, man kann aber auch von den Zinsen leben und man kann noch vieles andere ...

Das Geld läßt sich aber nicht nur in aktuelle Lust umwandeln, sondern es gibt auch Sicherheit gegen die Angst vor der Zukunft.

Alte Leute haben natürlich eine besondere Beziehung zum Geld, da sie ja im allgemeinen nie mehr in die Lage kommen, Geld zu verdienen. Die Angst, daß eine Inflation ihr Geld entwertet, ist besonders bei älteren Menschen präsent, die schon in zwei Weltkriegen ihr erspartes Geld verloren haben, was sich katastrophal ausgewirkt hat.

Eine Energieform wie das Geld ist dann ideal, wenn es einen konstanten Wert repräsentiert. Aber gerade in unserer Zeit ist ein genereller Trend zur Inkonstanz zu beobachten: Keine Bindung an eine Weltanschauung oder Religion, kein Engagement, keine Verantwortung ... Es kann auch kein Mensch den alten Leuten eine absolute Garantie für den konstanten Wert ihres ersparten Geldes geben. Kein Volk lebt auf einer Insel, die von einer allgemeinen Inflation verschont bliebe.

Natürlich leben wir in einem Sozialstaat, in dem

keiner verhungern muß; trotzdem sind die Sorgen und die Ängste alter Menschen um den Wert ihres Geldes ein echtes, verständliches Anliegen, gegen das es aber leider keine Therapie gibt. Für junge Menschen ist der Trieb nach Geld in der Regel ein Urtrieb nach Macht. Im Alter steht dagegen die Sicherheit an erster Stelle.

Nun gibt es Menschen, die glauben, im Sporttoto, im Lotto oder bei sonstigen Spielen ohne Arbeitseinsatz zu Geld zu kommen. Das sind natürlich keine Verstandesmenschen, sondern Gefühlsmenschen. Der Verstandesmensch sieht völlig klar, daß ohne Leistung ein Gewinn unmöglich ist. Gefühlsmenschen brauchen aber zur Herstellung ihres seelischen Gleichgewichtes Traumvorstellungen als Therapie. Solche Traumvorstellungen, die einen Geldgewinn ohne Leistung erhoffen, dienen zur Lustbefriedigung dieser Spieler. Der Lustgewinn liegt in der Vorstellung und in der Spannung, daß man Geld gewinnen könnte. Tatsächlich gewinnt natürlich fast immer nur der Veranstalter. Den Spieltrieb zu aktivieren, ist also für Senioren nicht ratsam.

Soll man fürs Alter sparen? Ich glaube ja! Allerdings sollte man sich dabei nicht zu sehr mit der Furcht belasten, das Ersparte wieder zu verlieren, denn wenn man Tag und Nacht Angst vor dem Verlust hat, wird man mit Sicherheit krank, und Gesundheit ist doch mehr wert als Geld!

Ich bin jedenfalls froh, nicht so viel Geld zu haben, daß ich davon träumen muß, gekidnappt zu werden! Mir ist lieber, ich habe weniger Geld und lebe ohne Angst!

Allmacht Fernsehen

Es gibt keine Sphäre unseres Lebens - und sei sie noch so intim -, deren sich das Fernsehen nicht bemächtigt hat; der Mensch ist dabei Objekt und Subjekt zugleich. Das große Welttheater ist Wirklichkeit geworden. Das Fernsehen liefert Informationen und ist in der Lage, eine positive geistige und ökonomische Kommunikation herzustellen. Früher mußte man Wissen und Erfahrung mühsam erarbeiten, heute wird alles fast taxfrei ins Haus geliefert.

Leider ist die Informationsübermittlung sehr häufig durch eine unzureichende Transparenz gekennzeichnet, d. h. der Wahrheitsgehalt wird oft manipuliert. Eine pharmazeutische Firma bietet in einer Werbesendung Mittel gegen die Schlaflosigkeit an und schildert alle Vorzüge, verschweigt aber die nachteiligen Wirkungen. Ein Ereignis aus der Vergangenheit, an dem man selbst teilgenommen hat, wird in einer Reportage geschildert und oft bis zur Unkenntlichkeit verzerrt.

Dieses Manipulieren von Informationen stellt besonders für die Jugend eine große Gefahr dar. Ist der Jugendliche soweit, daß er kritiklos hinnimmt, was die Massenmedien ihm anbieten, dann wird er nie eine Meinung haben, die durch seine eigene Denkfähigkeit zustande gekommen ist.

Der Fortschritt der menschlichen Entwicklung resultiert ja aus dem Forschungstrieb des menschlichen Gehirns. Die Neugierde zwingt den Menschen zum Erforschen des Krebsproblems, des Weltraumes und vieler anderer Phänomene. Diese Neugierde wird durch das Erreichen eines Zieles abgesättigt. Ein Kind spielt mit zwei oder drei Würfeln und entdeckt die Mannigfaltigkeit der Raumgestaltung. Es produziert für sich etwas Neues, Originelles. Nach mehreren Möglichkeiten des schöpferischen Denkens setzt eine Absättigung ein, es fällt ihm nichts mehr ein, und der Antrieb zur Gestaltung erlischt. Spielt nun der Vater mit dem Kind und bietet ihm gleich die endgültigen Lösungen an, so erlischt sein Forscherdrang sofort. Darin liegt ein zweiter Fehler unserer modernen Massenmedien: Sie liefern dem Zuseher und Zuhörer die manipulierte Lösung gleich mit und mobilisieren daher nicht die Neugierde. Das Fernsehen führt den Menschen dazu, nicht mehr zu denken, nichts mehr zu erarbeiten. Es liegt immer in der Absicht des Informierenden, egal ob Kirchenblatt oder politische Zeitung, nicht unabhängige Denkarbeit anzuregen, sondern den Informierten zu einer bestimmten Denkform zu prägen.

Durch Fehlinformationen können aber auch Instinkthandlungen gestört werden. Die Werbepsychologie aktiviert z. B. Instinkthandlungen, die gegen jede Vernunft vom Betroffenen ausgeführt werden. Obwohl jeder Dicke weiß, das sein Übergewicht sein Leben entscheidend verkürzt, wird er häufig auf den Schlüsselreiz einer angepriesenen, appetitanregenden Speise, ob er will oder nicht, seine Eßlust absättigen.

Es können aber auch die Instinkthandlungen der Aggression fehlgeleitet und geschickt manipuliert werden. Die Aggression ist eine lebendige Kraft, mit der das Männchen sein Revier und sein Weibchen erobert und der Mensch analog seinen Sozialstatus erreicht. Diese Kraft wirkt auch in der Gemeinschaft. Bestehen z. B. in einem Land Schwierigkeiten, einen gewissen Wohlstand sicherzustellen, dann kann man die Aggressionskraft durch Massenmedien leicht umpolen: Man verwandelt die Aggression zur Erlangung eines entsprechenden Lebensstandards in eine Ag-

gression gegen einen Scheingegner, gegen eine politische Partei, gegen ein anderes Volk usw.
Das Fernsehen macht sich aber auch das Phänomen der Übersprungshandlung zunutze, das eine bestimmte Form der Instinkthandlung darstellt. Eine Erregung kann sich z. B. im Übersprung durch Fluchen und Schimpfen ausgleichen. So hat, wie ich immer zu sagen pflege, das berühmte Götz-Zitat schon manchen Herzinfarkt verhindert. Ein Gegenstück dazu: Am Fernsehschirm lächelt uns ein kaum bekleidetes, attraktives Mädchen mit Darbietung aller Schlüsselreize an. Sie stimuliert dadurch unsere sexuelle Appetenz. Unser Affekt ist jedoch nicht realisierbar, sie weist aber mit einladender Geste auf das Ziel der manipulierten Übersprungshandlung: »Und jetzt trink ein Glas Bier!« Ob wir wollen oder nicht, wir werden raffiniert in diese Übersprungshandlung manipuliert und trinken ohne Notwendigkeit das Bier.
Die Manipulierung des Menschen zu einem bestimmten Verhalten stellt ein Motiv der soziologischen Gefährdung dar. Ein zweites Motiv liegt in der Hemmung der schöpferischen Denkfreude durch Darbietung der endgültigen Lösung. Die Lösung als großes Tabu sollte aber den Menschen und besonders auch der Jugend zunächst verborgen bleiben. Ein Tabu mobilisiert in jedem Individuum die schöpferische Kraft zur Überwindung und Entschleierung. Deckt man dem Menschen alle Tabus auf, tötet man seine Sehnsucht, und die aggressive Lebenskraft bleibt ungenützt. Diese ungenützte Lebenskraft versucht neue Erlebnisformen zu entdecken, und damit kommt es zum kollektiven Drang zur Droge. Der Mensch will es nicht und verträgt es auch nicht, daß ihm alles schon als endgültige Lösung, als letzte Lust,

als höchstes Erlebnis angeboten wird. Die Natur des Menschen verlangt, daß er um diese Erlebnisbereiche kämpft und in diesem Kampf seine wertvollste Kraft, die biologische Aggression, neutralisiert.

Die Jugend soll sich daher gegen Manipulation, gegen Beschränkung der Freiheit und gegen eine Autorität, die nicht durch eigene Leistung erworben ist, wehren. Natürlich kommt es gelegentlich zu Entgleisungen, und der junge Mensch benimmt sich manchmal wie ein von Gangstern Bedrohter, der wild und sinnlos um sich schlägt. Diesen unkoordinierten Protesten der Jugend folgen aber immer wieder gezieltere und zweckmäßigere Reaktionen, die Ausdruck einer schöpferischen Lebensgestaltung der neuen Generation sind. Es geht dabei gar nicht so sehr um die Auflehnung gegen das Establishment an sich, denn letztlich wollen ja alle den Wohlstand erreichen. Wir sollten daher glücklich sein über das Streben unserer Jugend nach Lösungen, die durch ein persönliches Engagement zustande kommen, auch wenn sie nicht immer mit unseren eigenen, geprägten Vorstellungen übereinstimmen.

Noch einmal zurück zum Fernsehen: Für Eltern ist es häufig der einzige Trumpf, der ihnen in der Erziehung ihrer Sprößlinge noch geblieben ist. Der Krampus, gelegentliche Klapse und Verbote sind ja verpönt, weil sie Schuldgefühle erzeugen könnten! Was bleibt, ist das Fernsehen als Belohnung bzw. der Entzug des Fernsehens als Bestrafung. Außerdem ist es leider viel zu häufig ein Ersatz für den Babysitter.

Die allabendliche Berieselung durch das Fernsehen ist auch für den in der Leistungsphase stehenden Menschen schlecht. Es strengt die Sinnesorgane an und setzt keine bleibenden Eindrücke. Hier fehlt das so wichtige Selektionieren, das Auswählen aus der reichlich dargebotenen Palette. Weniger wäre mehr! Für alte Leute ist das Fernsehen ein Segen. Es stellt oft die einzige Kommunikation zur Umwelt dar, die einzige Hilfe gegen die Einsamkeit. Außerdem schläft man so gut dabei ein! Wenn das kein Vorteil ist ...

Krimis am Abend

Nichts ist im Fernsehen beliebter als der abendliche Krimi. Er wirft zwei Fragen auf:

1. Gerät der Zuschauer eines Krimis in eine psychische Erregung, die gesundheitsschädlich ist, weil sie zu Schlaflosigkeit, Erregung und Angst führt?
2. Kann durch das Ansehen eines Kriminalfilms Aggression freigesetzt werden, die zu gesellschaftsfeindlichen Handlungen führt?

Zunächst zur ersten Frage: Ein Krimi wirkt wie ein Kaffee. Es gibt Senioren, die nach einer abendlichen Schale Kaffee besser schlafen als ohne sie. Es gibt aber auch Senioren, die nach einem Krimi, oft auch schon während des Zusehens, einschlafen. Die Wirkung auf den einzelnen Menschen hängt von der Ausgangslage und nicht nur vom Inhalt des Krimis ab.

Unsere Hirndurchblutung und unsere Hirnfunktion werden durch einen chemischen Überträgerstoff, das Noradrenalin, stimuliert. Hat jemand zuwenig Noradrenalin, wirkt ein Krimi oder ein Schale Kaffee abends anregend. Diese Senioren werden besser schlafen und sich wohler fühlen. Hat jemand aber genügend oder zuviel Noradrenalin, führt ein Kaffee oder ein Krimi zum Überschuß. Das Resultat ist dann eben Schlaflosigkeit, Unruhe, Erregung, Angst.

Menschen mit einem Erlebnisdefizit, bei denen sich

in ihrem Tagesablauf nichts oder zuwenig ereignet, werden im allgemeinen ein Bedürfnis nach einem abendlichen Krimi haben. Sie brauchen ihn wie der Hungrige die Knackwurst. Menschen, die in ihrem Tagesablauf zuviel erleben, werden durch einen Krimi zusätzlich erregt und dadurch sicher negativ in ihrer psychischen Gesundheit beeinflußt.

Der Umstand, daß Krimis so beliebt sind, läßt darauf schließen, daß ein Großteil der heutigen Menschen an einer affektiven Unterernährung leidet, also zuwenig Gemütskontakt und zuwenig Gemütsempfindungen erlebt. Ein Krimi füllt dieses Gemütsvakuum auf; daher die große Appetenz.

Die Frage »Ist das Ansehen eines Krimis gut oder schlecht?« ist also nicht generell zu beantworten, sondern hängt von der Ausgangslage jedes einzelnen Menschen ab. Fühlen Sie sich nachher entspannt und befriedigt, dann schauen Sie sich Krimis an; können Sie darauf nicht schlafen oder haben Sie Angstträume, dann drehen Sie das nächste Mal ab.

Und nun zur zweiten Frage: Kann das Ansehen eines Kriminalfilms zur Entladung von Aggressionen führen?

Zuerst ein paar Erläuterungen zum Phänomen »Aggression«.

Die Aggression ist jene vitale Energie, die jedem Lebewesen die Chancen zum Überleben garantiert. Sie ist somit eine im Erbmuster geprägte biochemische Energie, die durch die Milieusituation freigesetzt oder blockiert wird.

Das gilt nicht nur für das Tier, sondern auch für den Menschen jeglicher Berufsgattung. Politiker, Gelehrte, Kaufleute, Ärzte, Beamte, Arbeiter, alle erobern sich mit ihrer Aggressionsenergie ihr Territorium. Wohlgemerkt: Wir sprechen von der biologischen Aggression, nicht von der hemmungslosen Gewalt, durch die einem Partner der Schädel eingeschlagen wird.

Die Grundform der Aggression kann beim Tier durch Dressur wie im Zirkus oder beim Menschen durch strenge autoritäre Erziehung blockiert werden. Durch einen Aggressionsstau kommt es jedoch beim Einzelindividuum wie beim menschlichen Kollektiv zu einer revolutionären Entladung.

Der Begriff der Aggression ist heute ein sehr gebräuchlicher Terminus, der selten eine biologische, meist aber durch Soziologen, Verhaltensforscher, Psychiater und Journalisten eine emotionelle Interpretation erfährt.

Die einen sehen in der Aggression eine anerzogene Eigenschaft – also eine Milieubeeinflussung –, die anderen eine erbmäßig festgelegte Verhaltensweise. Je nach Einstellung oder Weltanschauung werden vorgefaßte Meinungen in das Aggressionsproblem hineininterpretiert. Nun gibt es für die Wissenschaft nichts Hemmenderes als eine vorgefaßte Einstellung, die unbewußt das Untersuchungsergebnis beeinflußt. Es gibt aber auch eine eherne Regel: Ein Phänomen ist dann naturwissenschaftlich relevant, wenn es wiederholbar und voraussagbar ist.

Daß die Aggression zu den Instinktschablonen gehört, haben uns folgende Versuche von Hess bewiesen: Hess hat durch elektrische Reizung im Hirnstamm von Katzen aggressives Verhalten ausgelöst. Diese Wutanfälle waren keine Reaktionen auf einen äußeren Anlaß, sondern innere Entladungsmuster. Bei Verletzungen im Hirnstamm kann es auch zu Wutanfällen ohne Auslöserreiz kommen. Anderseits gibt es chirurgische Verfahren, durch die mittels elektrischer Zerstörung bestimmter Regionen im

Hirnstamm aggressives Verhalten zum Verschwinden gebracht werden kann. Auch Psychopharmaka sind imstande, auf chemischem Wege aggressives Verhalten zu blockieren.

Diese neurologischen Daten und Beweise sind für uns die Grundlage zur Erkenntnis, daß im Gehirn von Tieren und Menschen Regionen bestehen, durch deren Stimulierung Aggressionen freigesetzt werden können. Da diese aggressionsauslösenden Zentren ausschließlich im Hirnstamm liegen, gehört diese Funktion zu einem alten Instinktverhalten.

Die Potenz dieser Aggressionsfunktion ist genetisch individuell festgelegt. Durch das Milieu kann eine potentielle Aggression nur freigesetzt, aber nicht geschaffen werden.

Der Verhaltensforscher und Nobelpreisträger Konrad Lorenz hat ein Buch über die Naturgeschichte der Aggression geschrieben und darin wissenschaftlich exakte Beobachtungen und Daten angeführt, die den Instinktcharakter des aggressiven Verhaltens bezeugen, das seine biologische Aufgabe im Lebenskampf hat.

So wird also nicht nur ein Territorium durch Aggression erworben, sondern auch das Besitzergreifen eines Menschen durch einen anderen, eines Tieres durch den Jäger, einer Beute durch das Raubtier und schließlich einer Pflanze durch das Tier mittels Aggressionsenergie bewerkstelligt.

Aggression ist jeder Vorgang, bei dem sich Energie für einen zielgerichteten Erwerb entfaltet.

Die Gazelle ist aggressiv gegenüber dem Steppengras, der Löwe gegenüber der Gazelle, der Löwenjäger gegenüber dem Löwen und der Finanzminister gegenüber dem Löwenjäger. Jeder lebt durch seine Aggressionen von seiner Beute.

Die verschiedenen Lebewesen haben nun Anpassungsmechanismen entwickelt, um der Aggression zu entgehen. Eine Möglichkeit ist die hemmungslose Vermehrung. Die kleinsten Lebewesen des Planktons in den Gewässern vermehren sich so explosiv, daß alle pflanzenfressenden Lebewesen nicht imstande sind, das Plankton auszurotten.

Ein anderes Prinzip des Überlebens einer Aggression besteht darin, daß die biologische Organisation des bedrohten Lebewesens Abwehrmechanismen entwikkelt, die es als Beutetier bzw. als Beutesubstanz uninteressant machen. So entwickelten Gräserarten in der afrikanischen Steppe gegen eine Überzahl grasfressender Antilopen eine Kieselsäure in ihren Halmen. Das neue Gras war für die Tiere ungenießbar, und sie waren daher gezwungen, ein anderes Gebiet aufzusuchen. Ein Teil der Tiere war jedoch imstande, eine verstärkte Magensäure zu entwickeln, die auch das säurehältige Gras auflösen konnte. Dieses Kollektiv überrundete also mit Hilfe der Entstehung einer neuen Aggressionswaffe wieder das kieselsäurehältige Gras. Solche biologische Steuerungsvorgänge regeln die gesamte Evolution, so daß es nicht verwundert, wenn die meisten Lebewesen unserer Tage schon seit uralten Zeiten existieren.

Jede Aggression erzeugt also im angegriffenen Lebewesen eine Frustration, die ihrerseits wieder Kräfte zur Überwindung organisiert. Dieses Wechselspiel zwischen Aggression und Anpassungsleistungen repräsentiert das biologische Fließgleichgewicht jedes lebendigen Geschehens.

Die Aggression ist also eine Urkraft, die es jedem Lebewesen ermöglicht, ein Territorium zur Sicherung seines Lebens und seiner Art zu erwerben. Ob Embryo oder junger Volksstamm, beide erobern mit brutaler Gewalt ihren Lebensraum. Das Geburtsgewicht von Neugeborenen ist während einer Hungerperiode kaum geringer als in den Zeiten eines Nahrungsüberflusses, und ganze Völker, deren Territorien nur kümmerliche Lebensbedingungen gewähren, starten zur Eroberung besserer Lebensbedingungen Angriffe auf andere Gebiete. Die Züge der Wikinger oder Normannen sind aus diesen Frustrationsmotiven erklärbar.

Der alte Mensch verfügt nur über ein geringes Quantum an biochemischen Energieträgern. Seine Aggressionspotenz ist daher auf ein wesentlich eingeengtes Feld reduziert. Seiner verminderten Aggression entspricht ein eingeengtes Interessenfeld, eine geringere affektiv-emotionale Anteilnahme und eine verringerte motorische Aktivität. Das Resultat ist eine verminderte Anpassungspotenz und damit eine verringerte Überlebenschance. Das gilt in gleicher Weise für die Abwehr von Krankheiten wie für die Überwindung einer Hungersnot. Eine Verminderung der Aggressionspotenz verringert die Überlebenschancen einer Familie, einer Nation oder eines ganzen Kulturkreises.

So hat die jahrtausendealte Frustration des jüdischen Volkes seine genetischen Aggressionspotenzen so aktiviert, daß ein Überleben resultierte. Ein anderes Beispiel stellt das alte Kulturvolk der Chinesen dar: Der Auslesedruck, Überschwemmungen, Seuchen, Hungersnöte, Eroberungen mobilisierten so viel Aggressionskraft, daß dieses Volk auch heute noch eine einmalige biologische Vitalität ausstrahlt.

Die Frage, ob Aggression anlage- oder milieubedingt ist, läßt sich also nicht mit entweder – oder beantworten. Aggression ist eine anlagemäßig festgelegte Kraft, die durch Schlüsselreize aus dem Milieu mobilisiert und einem aktuellen Ziel unterstellt wird. Anders ausgedrückt: Die Aggression ist eine potentielle Energie, die durch Milieubedingungen in kinetische Energie umwandelbar ist.

Nun aber zurück zu unseren Krimis konsumierenden Zeitgenossen! Natürlich kann diese Art von Unterhaltung eine im Charakter des Menschen nicht vorhandene Aggression nicht produzieren, sondern nur eine vorhandene Energie freisetzen.

Interessant ist nun, daß Menschen mit schwacher Aggressionspotenz durch äußere Reize – wie eben Kriminalfilme oder Kriminalromane – leichter zu aggressiven Entladungen zu bringen sind, als Menschen mit einer maximalen Aggressionspotenz. Das klingt zunächst unverständlich, ist aber im wesentlichen einfühlbar: Die besonders aggressiven, potenten Typen wollen einen Leistungsgewinn, während aggressiv schwächere Menschen selten einen echten Gewinn aus ihrer Aggression erzielen.

Die biologische Therapie besteht grundsätzlich darin, ganz einfach Dampf abzulassen, sei es im sportlichen Wettkampf, beim Studium oder im beruflichen Wettstreit. Es ist biologisch zweckmäßig, daß der Mensch von seinem Milieu gefordert wird, damit die Überschußaggression nicht falsch abreagiert wird!

Testen Sie sich daher einmal: Wenn Sie nach dem Ansehen eines Kriminalfilms am nächsten Tag mit einem Polizisten zu streiten anfangen, weil Sie falsch geparkt haben, schauen Sie sich besser das nächste Mal keinen Krimi mehr an!

Die Grenzen der Freiheit

Wo liegen die Grenzen der Freiheit? Das ist eine sehr emotionelle Frage, die jedoch für den Psychiater relativ einfach zu beantworten ist: Ich würde sagen, die Grenzen der Freiheit liegen dort, wo ein Gedanke, eine Handlung oder eine Erlebnisweise den Mitmenschen oder der Gesellschaft zu schaden beginnen.

Wirklich frei kann man nur am Nordpol oder im Urwald sein, denn dort braucht man auf niemanden Rücksicht zu nehmen. Das Zusammenleben der Menschen erfordert jedoch eine Einengung der Freiheit, eine gewisse Beschränkung. Das Schwierige ist nur, daß sich jeder Gesellschaftskreis, jeder Staat, jede Kulturgemeinschaft eigene Regeln für die Grenzen der Freiheit schafft, die natürlich voneinander sehr verschieden sind. Eine objektive Beurteilung ist daher nicht einfach.

Wir im Westen behaupten: Im Osten gibt's keine Freiheit. Gut, aber in Moskau kann eine Frau ruhig allein in der Nacht spazierengehen. Probieren Sie das einmal in New York, in Manhattan! Da besteht die Gefahr, daß sie höchstens in der Unterwäsche heimkommt. Die Beurteilung der Grenzen der Freiheit wird deshalb immer subjektiv sein. Italien ist z. B. ein sehr, sehr freies Land, aber ich könnte mir vorstellen, daß die Italiener die Angst um ihre Existenz ganz gern gegen ein bißchen Freiheitsbeschränkung eintauschen möchten.

Man kann also die Freiheit grundsätzlich beschränken, wenn es etwas bringt. Das bedeutet natürlich jeweils eine Einengung der individuellen Freiheit, aber das ist, wie ich glaube, hie und da notwendig.

In der Vergangenheit hat es ja bei uns in Europa viel

zuwenig Freiheit gegeben. Das ist nachher ins andere Extrem gependelt, und heute kann man ruhig sagen, daß wir alle das Gefühl haben: Jetzt gibt es vielleicht ein bißchen zu viel Freiheit. Denn Freiheit, gepaart mit Zügellosigkeit, entfernt sich zuweit von den Möglichkeiten eines harmonischen Zusammenlebens.

Wie steht es nun mit der Gesinnungsfreiheit? Meiner Erfahrung nach ist sie in der Schweiz am besten und vorbildlichsten ausgeprägt. In Österreich leben wir in einem Staat, der seit der Römerbesetzung nicht so viel Freiheit gehabt hat wie jetzt. Aber – Gesinnungsfreiheit ...?

Stellen Sie sich vor, es kommt ein „Roter" zu einem „schwarzen" Bürgermeister und sagt: »Herr Bürgermeister, ich bin zwar ein Sozialist, aber ich möchte gerne bei Ihnen in der Fürsorge mitarbeiten.« Oder es kommt ein schwarzer Kommerzialrat zu einem roten Bürgermeister und erklärt ihm: »Herr Bürgermeister, ich bin zwar bei der ÖVP, aber machen S' mich zum Leiter der Stadthalle, und ich werde Ihnen zeigen, daß man ein solches Unternehmen auch gewinnbringend führen kann.«

Glauben Sie, daß auch nur einer der beiden tatsächlich die gewünschte Stelle bekommen würde? Ich glaub' es nicht.

Die Gesinnungsfreiheit hinkt also bei uns noch nach, und das müßte nicht sein. Unsere Demokratie ist so gefestigt, daß wir uns ruhig ein bißchen mehr Gesinnungsfreiheit leisten könnten, weil das eine bedeutende Erweiterung unseres Erlebnisbereiches bringen würde, was ja nicht so schlecht wäre.

Die Erlebnisfreiheit müßte auch noch etwas entwikkelt werden. Unter dieser Freiheit verstehe ich die Möglichkeit, mir alles bewilligen zu können, was ich gerne erleben möchte, also z. B. Auslandsreisen, Stu-

dium der Mao-Bibel, kurz, Erlebnisfreuden, die nicht im alltäglichen Schema inbegriffen sind.
Und wie ist es um die Freiheit im Alter bestellt? Ideal!
Der alte Mensch hat viel Freiheit. Er braucht niemandem mehr zu hofieren, damit er etwas erreicht, er braucht niemandem mehr schönzutun, damit er einen Posten bekommt, er kann ohne Hintergedanken viel freier seine Meinung sagen. Die Freiheit ist also im Alter nicht nur größer, sie wird in dieser Lebensphase auch viel seltener mißbraucht – und das ist der größte Vorzug!

Toleranz und Intoleranz

Tolerant sein heißt Verständnis und Nachsicht für seine Mitmenschen haben. Die Toleranz ist keineswegs ein Zeichen von Schwäche, sondern Ausdruck einer ausgeglichenen, kraftvollen Persönlichkeit. Der Schwache, Unbefriedigte ist in der Regel unfähig zur Toleranz.
Toleranz ist die Etikette der Reife und Überlegenheit.
Intoleranz ist die Etikette der Unsicherheit und Unreife.
Ein Kind ist natürlich intolerant und ein Pubertierender ganz besonders. Die Umstellung vom Kind zum Erwachsenen, also zum ausgereiften Menschen, die entwicklungsgeschichtlich ein paar hunderttausend Jahre gebraucht hat, erfordert so viel Energie, daß der Jugendliche ichbezogen sein muß. Es scheint mir eine Regel zu sein, daß ein Lebewesen in einem labilen Zustand durch Intoleranz eine statische Fixierung erstrebt und jede Bedrohung und Beeinflussung

seiner ungefestigten Durchgangsposition a priori ablehnt.
Noch ärger sind diejenigen, die in der Pubertät hängengeblieben sind: die Fanatiker! Leider gibt es heute eine ganze Menge davon. Sie sind das Intoleranteste, das man sich vorstellen kann, nämlich Schwächlinge, die Intoleranz brauchen, um ihren Wert sozusagen vor sich selbst zu demonstrieren.
Genau das gleiche können wir bei Religionen, politischen Parteien oder geistigen Bewegungen feststellen. In ihrer jugendlichen Phase sind sie alle intolerant, weil ein gegenseitiges Verstehen ihr aggressives Emanzipieren hemmen würde. Die Intoleranz des frühen Christentums, die Intoleranz des frühen Marxismus, die Intoleranz der Psychoanalyse sind Symptome einer Entwicklungsphase. Sie stellt eine Notwendigkeit dar, um in Ruhe und unbeeinflußt ein Ordnungssystem zu entwickeln.
Erst wenn sich die zunächst einmal revolutionären und neuen Bewegungen gefestigt haben und gesichert sind, werden sie toleranter. Und wie ist das in der Ehe?
Der Stärkere kann ja leicht tolerant sein. Wenn eine Ehefrau ewig nörgelt, ist sie in der Ehe sicher die Schwächere, die versucht, durch das dauernde Schlechtmachen des Partners die eigenen Vorzüge hervorzuheben und so ihre Position zu stärken.
Wenn Sie also eine menschliche Beziehung eingehen wollen, sei es eine Ehe oder eine Freundschaft, vergewissern Sie sich, ob der betreffende Partner tolerant sein, ob er Ihre Schwächen übersehen, ob er Eigenschaften, die ihm an Ihnen nicht gefallen, tolerieren kann, ohne dauernd zu versuchen, Sie in seine eigenen Bahnen zu zwingen, in denen er selbst – vermutlich seit eh und je – fixiert ist.

Sonst überlegen Sie sich's lieber wieder, denn: Das Wesentlichste bei jeder Kommunikation ist die Toleranz! Wenn alle Menschen intolerant wären, gäbe es kein Zusammenleben.

Anonyme Briefe

Die Motive für das Schreiben eines anonymen Briefes sind unterschiedlich.
Jemand hört oder liest etwas, das ihm nicht paßt, er ärgert sich, und es kommt zu einer Erregung, die er irgendwie abreagieren will. Weil er aber demjenigen, der ihn so erregt hat, seine Meinung nicht direkt ins Gesicht sagen kann, schreibt er dem Betreffenden einen Brief: »Sie Trottel, was Sie da g'sagt hab'n, is a Blödsinn. Ich bin überhaupt nicht damit einverstanden ...« Durch diese sogenannte »Übersprungshandlung« neutralisiert er seine Erregung und kommt wieder in eine psychisch ausgeglichene Stimmung.
Warum aber schreibt er anonym?
Das erklärt sich historisch: Der seinerzeitige Autoritätsstaat wurzelt noch immer in uns. Der Briefschreiber traut sich nicht richtig, er denkt sich: »Wenn ich das unterschreibe, habe ich nachher nur Scherereien.« Aber was ihn geärgert hat, muß ja doch heraus – also verfaßt er einen Brief ohne Unterschrift.
Ein anderes Motiv ist der Neid: Die Frau Pospischil sieht, daß sich die Nachbarn ein Auto kaufen, jedes Jahr sind sie in Kitzbühel schifahren, im Sommer geht es nach Teneriffa. Also ein anonymes Brieferl ans Finanzamt ...
Der Neid ist übrigens ein Motiv, das nicht immer abzulehnen ist. Wenn er z. B. die Frau Pospischil dazu

gebracht hätte, selbst mehr zu arbeiten, damit sie sich auch so viel leisten kann wie ihre Nachbarn, hätte er eine gute Funktion erfüllt.

Eine dritte Sorte von Schreibern anonymer Briefe sind die Querulanten, also Menschen, die durch eine seelisch abnorme Anlage nie mit den Problemen ihrer Umwelt fertig werden, den Fehler aber nicht bei sich selbst suchen – wer tut das schon? –, sondern immer bei den andern.

Das wären also die Motivationen der Schreiber anonymer Briefe. Und wie steht es mit den Empfängern?

Von 100 Briefen, die ich bekomme, sind 95 von Leuten, die etwas von mir wollen. Die restlichen fünf stammen von Querulanten. Aber es ist immer das eine oder andere Schreiben darunter, das zum Nachdenken zwingt, bei dem ich mir sagen muß: »Das hast du vielleicht wirklich schlecht gemacht!«

Viele Leute sagen von vornherein: »Wenn ich anonyme Briefe bekomme, wandern sie sofort in den Papierkorb.« Ich halte das nicht für richtig, denn der anonyme Brief ist ja ein Ventil, dessen sich der Absender bedient, um etwas, was ihn bedrückt, loszuwerden.

Wenn z. B. ein Politiker anonyme Briefe bekommt, von denen etwa 90 Prozent ablehnenden Inhalts sind, dann sollte er diese Tatsache nicht ohne weiteres beiseite schieben.

Anonyme Briefe sind nicht erfreulich, aber vorbehaltlos ablehnen soll man sie nicht.

Sinnliches und Übersinnliches

Die Wahrnehmung unserer Umwelt kommt durch unsere Sinnesorgane zustande. Das optische und das akustische System, das Geruchs- und das Geschmackssystem, das gesamte Tastgefühl unserer Haut liefert unserem Gehirn Empfindungen, aus denen es bestimmte Qualitäten wie einen Akkord heraushebt und durch das »kritische Detail« - ein Terminus, denn ich seinerzeit geprägt habe - einen Gegenstand objektiv wahrnimmt.

Bei unseren Untersuchungen über Wahrnehmungsleistungen bzw. Wahrnehmungsstörungen konnten wir experimentell folgendes zeigen:

Unser Gehirn differenziert einen Gegenstand nicht dadurch, daß es alle von den Sinnesorganen, also Auge, Ohr und tastende Finger, einströmenden Informationen wie ein Computer speichert und dann als Output den Gegenstand unserem Bewußtsein präsentiert. Wir wissen heute vielmehr, daß ein Wahrnehmungsvorgang einer Spirale entspricht, bei der Informationen im Gehirn eine motorische Aktion auslösen, die wieder differenziertere Informationen erbringt, wodurch wieder gezieltere motorische Handlungen angeregt werden.

Wir haben das mit Hilfe eines Tachistoskops, eines Gerätes, mit dessen Hilfe man Zeichnungen kurzfristig belichten kann, bewiesen. Wenn man verschiedene Gegenstände ineinanderzeichnet, z. B. eine Glocke, eine Gießkanne, einen Hut, ein Segelboot, sieht man bei kurzer Belichtungszeit nur wirre Striche. Verlängert man dagegen die Belichtung, entsteht plötzlich in einem Augenblick ein Detail - z. B. die Brause der Gießkanne -, das wir inmitten des Strichgewirrs ausnehmen können. Dieses »kritische

Detail«, so genannt, weil es eine Entscheidung bringt, versetzt das Gehirn in die Lage, den weiteren Erkennungsvorgang sinnvoll zu lenken. Beim nochmaligen Aufblitzen des Bildes kann das Gehirn die Bewegungen der Augenmuskeln so rasch steuern, daß die Augen imstande sind, aus den wirren Linien die Konturen des dargestellten Gegenstandes herauszulösen und den Gegenstand in seiner Gesamtheit zu erkennen. Damit hat das kritische Detail eine entscheidende Bedeutung für die Gestaltbildung, für die Objekterkennung der Umwelt und für die Erkenntnis der gegenständlichen Welt.

Das kritische Detail ist zum Beispiel für die Diagnose eines Arztes von größter Wichtigkeit. Aus einer belanglos hingeworfenen Bemerkung des Patienten kann der Arzt zur Wahrnehmung einer Krankheit geführt werden. Der Trainer auf dem Sportplatz kann an einem gestörten Bewegungsablauf jenes kritische Detail erkennen, das die richtige Durchführung der Übung hemmt und dadurch eine optimale sportliche Leistung verhindert. Erst nach dieser Erkenntnis kann eine sinnvolle Korrektur erfolgen.

Alle diese objektiven Wahrnehmungen kommen also durch die sinnlichen Empfindungen zustande. Was ist nun aber übersinnlich?

Alle Meinungen, Gefühle, Eingebungen, Urteile, die nicht durch unsere Sinne vermittelt werden, sondern durch den berühmten sechsten Sinn entstehen, kann man als übersinnlich bezeichnen.

Wenn uns etwa ein Sprecher im Fernsehen unsympathisch und nicht glaubwürdig erscheint, während wir einen anderen sympathisch finden, ist das ein Urteil, das ohne bewußte Aktion unserer Sinnesorgane entsteht.

Ein anderes Phänomen übersinnlicher Erscheinungen: Man geht auf der Straße, denkt plötzlich an einen Freund, den man schon lange nicht gesehen hat, und auf einmal steht man vor ihm. Oder man sitzt am Schreibtisch und denkt: »Der Sowieso hat sich schon lange nicht mehr gerührt.« Es klingelt, und der Betreffende ruft an. Menschen, die seit langer Zeit zusammenleben, können ohne sprachliche Vermittlung, also durch Gedankenübertragung, dem Partner eine Information liefern. Das sind alles Erscheinungen, die nicht durch unsere Sinnesorgane zustande kommen.

Man kann sich vorstellen, daß jedes Hirn gleichsam ein Sender ist, der Gedanken in Wellenform ausstrahlt, die eben ein anderes Gehirn empfangen und entschlüsseln kann. Solche übersinnlichen Phänomene spielen natürlich im Glaubensbereich eine wesentliche Rolle: Den Christen erscheint es unwahrscheinlich, daß Mohammed von Jerusalem in den Himmel aufgefahren ist; die Mohammedaner glauben vermutlich nicht, daß Jesus seinen Jüngern bei Emmaus erschienen ist und halten das für eine Halluzination. Christen und Mohammedaner wiederum können sich nicht vorstellen, daß sich das Rote Meer geteilt hat, um die Juden trockenen Fußes durchmarschieren zu lassen.

Phänomene des Glaubens basieren fast ausschließlich auf übersinnlichen Erscheinungen und sind daher weder mit unseren Sinnesorganen noch mit unserem logischen Denken zu erklären. Und doch sind sie existent.

Es gibt also über unsere sinnlich wahrnehmbare Welt hinaus eine übersinnliche, transzendente, die vorhanden ist, die aber von den Naturwissenschaftlern nicht kausal begründet werden kann. Alle Religionen, aber auch viele wissenschaftliche Entdek-

kungen und vor allem künstlerisch kreative Leistungen stammen aus dem Fundus solch übersinnlicher Erscheinungen. Stellen Sie sich eine logisch, mit dem Verstand konstruierte Symphonie vor; die Musik wäre wahrscheinlich nicht auszuhalten.
Wir müssen beide Welten - die sinnlich erfaßbare und die übersinnliche - als existent annehmen. Unsere Welt hört somit nicht an der Grenze der Wahrnehmungen unserer Sinnesorgane auf, sondern dahinter ist noch ein weites Land übersinnlicher Phänomene.
Im Laufe der weiteren Entwicklung, besonders der Hirnevolution, werden solche Phänomene immer mehr und mehr kausal erfaßbar werden. Vieles, was heute als übersinnlich, als nicht begreifbar gilt, wird dann verstehbar sein.
Denken wir nur an Jules Vernes »Reise zum Mond«. Früher hat man gesagt: »Das ist ein Märchen!« Und heute . . .!

Warum lacht man so gern über andere?

Nietzsche sagt im Zarathustra: »Nicht durch Zorn, durch Lachen tötet man.« Wenn in einem Zwiegespräch oder in einer Diskussion ein Partner zornig wird und den anderen aggressiv bedrängt, dann weiß jeder Zuhörer: Der Zornige ist im Unrecht. Er hat, wie die Chinesen sagen, das Gesicht verloren.
Wenn ich nach einem Vortrag von einem jungen Diskussionsredner angegriffen werde und ihm darauf mild lächelnd meine Antwort gebe, wissen die anderen, daß die Argumente des Diskutanten nicht stichhältig waren. Das ist weit wirkungsvoller, als wenn ich ihm lautstark und mit der gleichen Aggres-

sion, mit der er auf mich losgegangen ist, meine Beweise an den Kopf werfen würde.

Lachen oder lächeln bringt also Überlegenheit. Jeder Mensch, der über einen anderen lacht, hat das Gefühl, ihm überlegen zu sein. Dieses Lächeln, das einen Gegner vernichten kann, erhöht unser Selbstwertgefühl, das in vielen Situationen unser Verhalten bestimmt. Alles können wir verlieren: Geld, Frauen, berufliche Positionen, nur der Wert, den wir unserem Selbst beimessen, darf nicht verlorengehen, weil damit unsere Persönlichkeit Einbußen erleiden würde.

Lachen wir über einen Menschen, dann löst das zwei mögliche Reaktionen aus: Entweder der Verlachte denkt sich: »Na wart', dem zeig' ich's schon noch!« Das wäre etwa meine Reaktion, und sie bedeutet, daß diese Frustration meines Selbstwertgefühls meine Aktivität verstärkt und stimuliert. Die andere Reaktion auf das Ausgelachtwerden kann sich in Minderwertigkeitskomplexen äußern. Der Verlachte fragt sich: »Bin ich wirklich so dumm und ungeschickt?« Und kommt dadurch in eine negative Phase seines Befindens.

Das Ausgelachtwerden bewirkt somit entweder eine Leistungssteigerung oder eine Leistungshemmung. Bei jedem Menschen, der chronisch das Bedürfnis hat, über andere zu lachen, muß man allerdings von einer geistigen Fehlhaltung sprechen. Er müßte sich fragen: »Warum will ich dauernd die anderen schlechtmachen, mich über sie erhöhen und der Umwelt meine Überlegenheit zeigen?« Hat nicht der Mensch, der sich auf diese Weise überlegen glaubt, einen unbewußten Minderwertigkeitskomplex, den er durch sein demonstratives Lachen abreagieren möchte? Ich glaube schon!

Man hat mich einmal gefragt, wie man selbst erkennen könne, daß man alt sei. Dieser Zeitpunkt läßt sich genau festlegen. Wenn man etwa beim Schifahren einen Stern reißt und die Kinder schütteln sich vor Lachen und schreien: »Der Vati ist hingeflogen«, dann ist man noch nicht alt.

Stürzt man dagegen und die Kinder drehen sich schamhaft um und tun so, als ob sie den Sturz nicht bemerkt hätten – dann ist man alt.

Die lachenden Kinder sind dem Vater noch nicht überlegen, zu dem Zeitpunkt aber, in dem sie ihm überlegen sind, lachen sie nicht mehr. Das Lachen über einen anderen liefert also nur eine scheinbare Überlegenheit für den Selbstwert. Deshalb lachen so viele Menschen über andere, nur um von ihrer eigenen Unterlegenheit abzulenken.

Glauben Sie nur nicht, daß einer, der immer über andere lacht, wirklich überlegen ist. Er braucht das Lachen, um sich besser und stärker zu machen, als er ist. Was aber sollen Sie tun? Am besten, Sie lachen mit!

Wie erregt man Interesse und Mitleid?

Viele Menschen versuchen Mitleid zu erregen, um daraus Vorteil zu ziehen. Was liegt diesem Verhalten zugrunde?

Es gibt ein sogenanntes Imponiergehaben: Der Pfau schlägt ein prächtiges Rad, um seinen Hennen zu imponieren, der Hahn wehrt den Eindringling in seinen Hühnerhof mit einem geschwollenen Kamm ab, der Hirsch verjagt einen kleinen Kümmerer, der seine Damenherde ein bißchen betreuen will, sofort mit seinem mächtigen Geweih. Dieses Imponiergehaben hat den Sinn, einen Kampf von vornherein zu vermeiden und allein durch die äußere Erscheinung ein Höherstehen in der sozialen Rangordnung zu demonstrieren und damit seinen Besitz, sein Territorium zu sichern. Beim Menschen ist es genauso. Der Jüngling läßt sich die Schultern seines Anzugs wattieren, damit die Mädchen glauben: »Das ist ein Athlet!« Und erst beim Auto! Ein Bursch, der in einem schicken Sportwagen daherkommt, hat natürlich die tollsten Chancen.

Das Imponiergehaben hat also den biologischen Sinn, auf sich aufmerksam zu machen, in der sozialen Rangordnung zu steigen und dadurch mehr Chancen beim Gelderwerb oder beim Erwerb eines Sexualpartners zu haben.

So weit – so gut. Nun gibt es aber auch ein negatives Imponiergehaben.

Die Engländer sind wahre Meister auf dem Gebiet des sogenannten »Understatements« – deutsch könnte man das als »Untertreibung« bezeichnen. Man darf in England nicht sagen: »Das ist ein herrlicher Wagen!« Das weit wirkungsvollere Lob lautet: »Der Wagen ist eigentlich nicht schlecht!« Oder wenn man vom Dopa-Mittel – einem Medikament gegen die Parkinsonsche Krankheit – spricht, darf man nicht sagen: »Das ist das beste Mittel gegen die Parkinsonsche Krankheit, das es je gegeben hat ...« Man muß sagen: »Gelegentlich wirkt es recht gut.«

Dieses negative Imponiergehaben liegt letztlich auch dem Verhalten von Menschen zugrunde, die irgendeinen Defekt haben. Der biologische Sinn ist der gleiche: Durch das Mitleid, das sie erregen, machen sie die anderen auf sich aufmerksam; sie haben einen Lustgewinn, weil sie beachtet werden.

An sich ist dieses Verhalten unnatürlich, denn so wie

sich jedes Tier, das krank ist, verkriecht, hat auch der normal veranlagte Mensch instinktiv das Bedürfnis, sich zurückzuziehen und in Ruhe gelassen zu werden, wenn er erkrankt ist. Es wird aber immer wieder Menschen mit schwächerem Charakter geben, die ihre Mängel ausnützen, um im Mittelpunkt des Interesses zu stehen.

Kleine Eigenheiten

Es kommt immer wieder vor, daß ein altes Mutterl zu mir sagt: »Herr Doktor, ich muß mich von mein' Mann trennen!«
Ich frage dann: »Ja wieso denn, wie lang sind Sie denn schon verheiratet?«
»No, 45 Jahre.«
»Und da sind Sie Ihren Mann noch nicht gewöhnt?«
»Ja, wissen Sie, seit 40 Jahren, da hat er so einen Tick, es reißt ihn immer so – und das halt i nimmer aus!«
»Aber jetzt müßten Sie sich doch schon daran gewöhnt haben?«
»Ja, das hab' ich auch geglaubt, aber es wird immer ärger!«
Wie kommt es zu einem solchen Verhalten? Nun, Eigenheiten, die wir in der Jugend leicht übersehen oder nicht beachten, stehen im Alter wie ein Berg vor unserer Seele, und wir kommen über sie nicht hinweg. Im Alter gräbt sich eben alles tiefer ein. Ein altes Gesicht ohne Falten – das ist ein Mensch, der nie etwas erlebt hat. Jedes kleine Laster, jedes große Erlebnis prägt in der Physiognomie des Menschen ein Falterl oder verursacht ein kleines Krampferl, das spezifisch in einem Gesicht ist und wie in einer Mo-

mentaufnahme das Erleben von Jahrzehnten präsentiert. Das ist natürlich nicht immer schön!
Schwierig wird es, wenn man die Physiognomie des Mitmenschen nicht mehr ertragen kann, wenn einen etwas so stört, daß man sagt: »Ich kann den nicht mehr anschauen!« Übrigens, auch wenn man jünger ist, geht es einem manchmal so ähnlich: mit Schauspielern, die eine starre Physiognomie haben und sich nicht mit ihrer Rolle wandeln können. Sie werden im Lauf der Zeit langweilig.
Es gibt auch Menschen, die stereotype Bewegungen haben. Der eine kratzt sich immer an der Stirne, der andere zupft sich immer am Ohr. Nun stellen Sie sich ein Zusammenleben vor, das 50 Jahre dauert, während denen der eine Partner das ununterbrochen beim anderen mitansehen muß. Da kann es dann so weit kommen, daß er sagt: »Ich könnt' ihn umbringen, wenn ich ihn so seh!«
Und nun die Frage: Kann man gegen diese senilen Ticks etwas tun? Ehrlich gesagt: nein.
Es gibt eben Eigenheiten, die sich im Verhalten eines alten Menschen eingeprägt haben. Manche stehen in der Nacht auf, drehen das Licht an, müssen etwas essen, rauchen oder lesen. Andere wieder müssen allein vor sich hin sprechen. Für den Außenstehenden hat das den Anschein, als sei dieser Mensch nicht ganz normal. Aber er ist kein Narr, er hat bloß das Bedürfnis zu reden ...
Natürlich kann man z. B. seine Frau nicht zwingen: »Du mußt das aushalten!« Aber soll man sich deswegen wirklich trennen? Nein! Mit siebzig Jahren macht man das nicht mehr. Vielleicht fährt der Mann ein wenig fort. Probieren Sie es einmal: Vierzehn Tage lang allein irgendwohin. Und wenn dann ein Fremder fragt: »Ja, warum machen Sie denn das

immer?«, dann besteht sogar die Chance, daß er sich die Frage zu Herzen nimmt und sich ändert.
Die Ehefrau richtet da nichts mehr aus!

Erholsame Feiertage

Welche Motivation haben Feiertage und was ist ihr biologischer Sinn? Die Motive sind entweder religiöse Ereignisse, wie die Geburt Christi oder die Himmelfahrt Mohammeds, oder nationale Ereignisse, wie der Sturm auf die Bastille oder die Oktoberrevolution in Rußland.
Der biologische Sinn von Feiertagen ist die Möglichkeit, ja sogar die Verpflichtung zur Ruhe. Die Juden waren, glaube ich, eines der ersten Völker, die den Sabbat als arbeitsfreien Tag zu Ehren ihres Gottes verkündeten. Besonders hervorzuheben ist dabei, daß die absolute Arbeitsruhe auch für ihre Sklaven geboten war. Das Gebot enthielt also gleichsam die erste soziale Gesetzgebung.
In der gesamten belebten Welt laufen ja alle Vorgänge in einem rhythmischen Wechsel ab: Aktivität – Ruhe, Spannung – Entspannung, Sommer – Winter, Tag – Nacht. Das bedeutet, daß jede Phase mit Energieverbrauch von einer energieaufbauenden Phase abgelöst wird. Feiertage sind so eine energieaufbauende Phase. Nach der hektischen beruflichen Aktivität soll es während dieser Tage zu einer Entspannung kommen. Die Zeit bleibt gleichsam stehen: Man liest ein Buch, man überdenkt Zukunftsprobleme, man erneuert Kontakte zu Freunden. Das richtige Erleben von Feiertagen ist wie ein Atemholen für die Aktivität der nächsten Wochen.
Sind unsere modernen Feiertage aber noch echte Fei-

ertage? Viele Vorgänge im Leben werden durch sogenannte Feedbackmechanismen gesteuert. Ein praktisches Beispiel für das Funktionieren eines Feedbackmechanismus ist eine durch Thermostat geregelte Zentralheizung. Übersteigt die Zimmertemperatur eine gewisse Höhe, wird durch den Thermostat die Heizung automatisch abgeschaltet; sinkt die Temperatur zu tief, bewirkt die Meldung durch den Thermostat eine Einschaltung der Wärmezufuhr.

In der belebten Natur spricht man von Biofeedbackmechanismen. Eine Katze liegt und schnurrt. Ist diese Ruhepause abgesättigt, dann entsteht durch Feedback eine Stimulierung zur Bewegung. Die Katze springt auf und rennt umher, um ihren Aktivitätsdrang abzureagieren. Ist der Bewegungsdrang befriedigt, liegt sie wieder ruhig und schnurrt.

Solche Feedbackmechanismen regeln alle Lebensvorgänge, wie z. B. die Konstanterhaltung der Körpertemperatur des Menschen: Ist die Außentemperatur niedrig, dann melden Reizaufnehmer, sogenannte Rezeptoren, diesen Zustand dem Wärmezentrum im Gehirn. Dort wird der Stoffwechsel auf höhere Verbrennung eingestellt und der Organismus erzeugt mehr Wärme, bis das Gleichgewicht zur Außentemperatur hergestellt ist. Dann wird vom Rezeptor das Wärmezentrum wieder auf kleine Flamme eingestellt.

Die Entspannung der Feiertage gehört gleichfalls zu den Biofeedbackregulationen. In meiner Ordination hat mir einmal ein Mann erklärt: »Ich war seit zehn Jahren nicht mehr auf Urlaub!« Darauf hab' ich ihm spontan die Frage gestellt: »Was, seit zehn Jahren haben Sie nichts gearbeitet?« Echte Arbeit ohne eine Erholungspause gibt es nämlich nicht; das hält kein Mensch aus!

Leider hat der moderne Mensch mit seiner Sucht nach größerer Erlebnisfülle, mit seinem Aktivitätswahn – »Es muß immer was g'scheh'n«, »Es muß immer was los sein« – nicht mehr die richtige Einstellung zu den Feiertagen. Nicht die besinnliche Ruhe ist sein Ziel, sondern das Herumrasen mit dem Auto, sonst sind es fade Feiertage!

Auch seine sportliche Aktivität übertreibt er: Er muß zehn Schiabfahrten hintereinander machen, sonst ist er unbefriedigt, das heißt, er versteht den Sinn der Feiertage nicht mehr. Ist er kein Sportler, dann verlegt er seine Aktivität im Übersprung auf Essen und Trinken.

Die Weihnachtsfeiertage sind erfahrungsgemäß immer Hochsaison für Chirurgen, denn alle latenten Gallenblasen werden durch die fetten Gänse und Enten gereizt und erfordern eine chirurgische Intervention.

Der Mensch erholt sich heutzutage eigentlich erst nach den Feiertagen.

Ohne in Gemütsduselei zu verfallen, muß noch betont werden, daß zu Feiertagen auch eine gehobene Stimmungslage gehört. Das Gemüt soll über die Ratio, den Verstand, dominieren. Weihnachten ohne besinnliche Mußestunden sind eben keine Weihnachten. Wer sich nicht darauf einstellen kann, dem gehen Feiertage natürlich auf die Nerven und der freut sich schon wieder auf die Arbeit.

Der Feiertagskrach

Es ist eine allgemeine Erfahrung, daß vor Festtagen, vor Hochzeiten, Geburtstagen usw. eine spannungsgeladene Atmosphäre herrscht.

Es gibt eine nette kleine Erzählung von Karl Heinrich Waggerl über die Weihnachtsvorbereitungen in seiner Familie. Prompt hat er als Bub von seiner erregten Mutter eine Ohrfeige bekommen, weil er vom Teig genascht hat.

Wie entstehen solche Entgleisungen?

Unser Affekt, d. h. unser Gemüt wird vor echten Feiern in eine Hochspannung versetzt und reagiert dann sehr empfindlich. So eine Erregungssteigerung kennen ja auch die Studenten vor Prüfungen. Sie können oft so erregt sein, daß sie kein Wort herausbringen und die einfachsten Fragen nicht beantworten können.

Eine leichte Affektspannung, als Erregung oder Angst, bewirkt jedoch eine Leistungssteigerung. Denken Sie an das Lampenfieber! Wenn ein Schauspieler kein Lampenfieber hat, hat er meist auch keine Ausstrahlung. Wird aber die Spannung oder die Angst zu groß, dann blockiert sie jede Handlung.

Auch in der Natur finden wir einerseits Handlungsexplosionen, anderseits Handlungsblockaden, die durch Erregung oder Angst ausgelöst werden können. Wenn man z. B. in eine Flüssigkeit, in der Protozoen schwimmen, das sind kleine Urtierchen, ganz wenig Essigsäure tropft, geraten diese Tierchen in einen wilden Bewegungssturm. Ihr Affekt, ihre Angst mobilisiert diese maximale motorische Aktion.

Ein zweites Prinzip einer Reaktion auf Angst ist der sogenannte »Totstellreflex«. Sie wissen, daß sich gewisse Tiere bei Verfolgung durch einen Feind totstellen, um diesen von der scheinbar unappetitlichen Beute abzuhalten. Diese beiden uralten Verhaltensmuster sind beim Menschen noch rudimentär vorhanden.

Ein Totstellreflex beim Menschen besteht darin, daß

er unter dem Einfluß einer besonders ausgeprägten Angst bewegungsunfähig werden kann. Wir sagen dann, »er ist starr vor Angst«.
Der Krach, die emotionale Entladung kommt dagegen zustande, weil vor festlichen Ereignissen die übergroße Gemütserregung nach einem Ausgleich sucht. Der beste Ausgleich, eine seelische Erregung zu neutralisieren, besteht darin, im Übersprung alles auf den Partner abzuladen. Nachher fühlt man sich leichter.
Eine Französin hat mir einmal erzählt: »Wenn mein Mann aus Paris zurückkommt, weiß ich genau, ob er mich betrogen hat. Ist er charmant, gelöst und lieb und bringt mir ein Geschenk mit, dann hat er mich betrogen! Wenn er aber bei seiner Rückkehr einen Krach inszeniert, war er mir treu!« Also, meine Damen, merken Sie sich das: Wenn Ihr Partner Ihnen vor den Feiertagen einen Krach hinzaubert, dann liebt er Sie!

Die Schalen des Lebens

Wenn ein Mensch etwas vernachlässigt, bekommt er ein schlechtes Gewissen, hat Schuldgefühle und will alles wieder gutmachen.
Genauso geht es der menschlichen Gesellschaft, wobei die Reaktionen oft weit über das gewünschte Ziel hinausschießen. Wer hat etwa früher schon so viel Geschichten mit Kindern gemacht? Jetzt leben wir dagegen im Jahrhundert des Kindes: Die jungen Menschen werden komplexlos erzogen, ohne jede Autorität, in Freiheit, ohne Tabus . . . Das Resultat sieht man in manchen Staaten, in denen der Prozentsatz von Disziplinlosigkeit, Haltlosigkeit und Jugend-

kriminalität ungeahnte Höhen erreicht. Eine gewisse hierarchische Gliederung ist eine biologische Regel, um die man nicht herumkommt. In diese Rangordnung muß sich jeder nach seiner Kraft und nach seiner Fähigkeit einfügen; aber aus dem gesunden Gedanken heraus, dem Kind das Bestmögliche zu geben, hat man über das Ziel geschossen.

Und nun kommt das Jahrhundert des alten Menschen! Wir haben alle ein schlechtes Gewissen, denn die Tatsache, daß es uns gutgeht, ist ja das Verdienst derer, die jetzt alt sind. Weil sie aber nicht mehr arbeiten können und es natürlich Mühe bereitet, sich mit ihren Problemen zu beschäftigen, für sie zu sorgen, schiebt man sie ab. Die Tochter möchte mit ihrem Mann auf Skiurlaub fahren. »Was machen wir mit dem Papa?« Man schickt ihn ins Krankenhaus, das kostet nichts, und man hat ihn angebracht!

Natürlich haben die Jungen ein schlechtes Gewissen, weil sie es sich mit dem Vater zu leicht machen. Aus diesem unbewußten Schuldgefühl entwickelt sich dann in der Gesellschaft der kollektive Trend, für die alten Menschen wenigstens finanziell möglichst viel zu tun: Altersheime mit prächtigen Türschnallen, an jedem Bett ein Fernsehapparat usw.

Das will der alte Mensch aber gar nicht. Sein Interessensfeld wird immer kleiner, seine Beziehung zur Umwelt immer eingeschränkter. Schließlich geht es ihm wie dem Säugling, dessen Leben nur durch Nahrungsaufnahme und -abgabe bestimmt ist. Diese eingeengte »Wirkschale« des alten Menschen, wie ich dieses Phänomen einmal genannt habe, muß für uns die Richtschnur sein, was wir ihm zumuten können.

Man kann die Beziehungen des Menschen zu seiner Umwelt in mehrere Schalen einteilen, in denen sich die Begegnungen des Individuums widerspiegeln.

Die innerste Schale ist die Körperschale. Die Orientierung in dieser Schale wird durch die Empfindungen der Haut, der Muskeln, der Gelenke usw. garantiert. Dann kommt die Greifschale, deren Sinneserregungen von der Hand ausgehen. Die dritte Schale ist die Sehschale, die vierte und letzte die Gedankenschale, die als äußerstes Wirkfeld des menschlichen Geistes anzusehen ist.

Die einzelnen Wirkschalen haben, abgesehen von ihrem Ineinandergreifen, einen individuell variablen Schwerpunkt:

Der Olympiasieger z. B. wird die optimale Entwicklung in seiner Körperschale ausweisen, indem er mit den hochgezüchteten Systemen seines Körpers Spitzenleistungen vollbringt. Chirurgen, Handwerker, Bildhauer, aber auch Zauberkünstler und Taschendiebe werden die optimale Entfaltung in der Greifschale finden. Bergführer und Maler werden in der Sehschale die höchste Leistung erzielen, weil sie aus vielen »kritischen Details« ihrer optischen Sinneserregungen Impulse zu motorischen Handlungen empfangen. Philosophen und Wissenschaftler werden in der Gedankenschale die höchste Entfaltung der Persönlichkeit aufweisen, wohingegen Leistungen in anderen Wirkschalen zurückstehen werden. Die sprichwörtliche manuelle Ungeschicklichkeit des Gelehrten ist ein banales Beispiel dafür.

Der Aufbau der Wirkschalen des Menschen vollzieht sich allmählich. Das kleine Kind greift nach dem Mond, weil es glaubt, daß er zu seiner Greifschale gehört. Die Sehschale hat es noch nicht im vollen Umfang erobert. Sie eröffnet sich, so wie die weite Sphäre der Gedankenschale, erst mit zunehmender Entwicklung.

Wie sich die Wirkschalen vom Kind zum Erwachsenen entwickeln und aufbauen, so erfahren sie im Alter einen Abbau. Selbstverständlich hat dieser Abbau eine individuelle Färbung, aber generell nähert sich der Greis dem kindlichen Zustand, in dem die Bewältigung seiner Wirkschalen eine dauernde Einengung erfährt. Uns interessiert dabei besonders die Möglichkeit, dem alten Menschen das richtige, für ihn angepaßte Milieu zur Verfügung zu stellen.

Wenn man auf der Neurologischen Station eines Altersheimes Visite macht, ist man erstaunt über die Ausgeglichenheit, die Ruhe, die Selbstverständlichkeit, mit der die Kranken ihre Leiden ertragen. Vorgebrachte Bitten beschränken sich auf Kleinigkeiten ihrer eingeengten Wirkschale. Eine Kranke bittet zum Beispiel, daß sie nach ihrer Rückkehr von einigen Tagen Familienurlaub wieder dasselbe Bett im Krankenhaus bekommt.

Wieso besteht trotz der aussichtslosen Lage dieser alten Menschen die Angepaßtheit an ihre Situation? Nun, sie haben eben das, was sie für ihr reduziertes Leben brauchen: ein individuelles, nur ihnen gehörendes Territorium, und sei es auch nur ihr Bettplatz, ihr Nachtkästchen und ihr Kleiderschrank. Die Wirkwelt des körperlich und geistig abgebauten Menschen existiert nur innerhalb seiner Greifschale. Eßgeräte, Radioapparat, Rauchutensilien und der Leibstuhl sind für ihn erreichbar. Außerhalb dieser Greifschale gibt es für ihn keine Welt.

Aus diesen Erfahrungen ergibt sich die wesentliche Erkenntnis, daß man das Leben des alten Menschen individuell an seine jeweilige ihm verbliebene Wirkschale anpassen muß. Es ist daher ganz unsinnig, etwa einem Achtzigjährigen zu sagen: »Komm, Opa, wir fahren mit dir nach Sizilien, dort ist es jetzt schön.« Nein! Auf den Kahlenberg soll man ihn führen, zu einer Jause! Den kennt er, auf den freut er sich, denn der ist noch innerhalb seines Lebensgefühls und seiner Bewältigungsmöglichkeiten.

Genauso erfolglos, wie Psychotherapie beim Verlust eines geliebten Menschen ist, genauso erfolglos ist sie beim Verlust von Fähigkeiten. Der Sinn der psychischen Führung des alten Menschen liegt hingegen in der Ausgestaltung des verbliebenen Wirkfeldes. Da es, wie bereits erwähnt, viele alte Menschen gibt, die gar nicht unglücklich oder unzufrieden mit ihrer Lebenssituation sind, können wir annehmen, daß die Anpassung an das eingeengte Wirkfeld hinreichend gelingen kann, wenn wir uns nur bemühen.

Deshalb ist es schlecht und nicht sinnvoll, wenn man zu viel für die alten Leute tun will. Alles, was man macht, soll organisch, harmonisch zur Aufnahme- und Leistungsfähigkeit des alten Organismus passen.

Es ist natürlich Sache der Soziologen, der Geriatrie, mit einem Wort der Leute, die sich wissenschaftlich mit diesen Problemen befassen, die Allgemeinheit zu beraten und zu sagen: »Keinen Glaspalast, keinen Luxus, sondern eine Schutzhülle, in der die alten Menschen genügend Gemütsnahrung bekommen und sich wohl fühlen.«

Wohnungswechsel

Die Wohnung ist die dritte Haut des Menschen.

Die erste Haut ist seine normale Haut. Sie schützt die inneren Organe, den Blutkreislauf, das Herz, die Lunge, sie verhindert eine zu starke Austrocknung, eine zu starke Wärmeabgabe an die Außenwelt, sie hat verschiedene Schutzfunktionen gegen die Einflüsse der Umwelt.

Die zweite Haut ist die Kleidung. Sie unterstützt die Konstanterhaltung der Körpertemperatur; sie dient sowohl als Kälte-, aber auch als Wärmeschutz. Sie hat natürlich auch eine Funktion als Schlüsselreiz in der erotischen Werbung! Denken Sie an die Miniröcke oder an die hautengen Pullover. Selbstverständlich sind das Dekolleté und die knappsitzenden Jeans hochdosierte Schlüsselreize. Sie sollen die Männer auf ihre arterhaltenden Funktionen aufmerksam machen. Wenn ein junges Mädchen mit hohen Absätzen, einem Minirock und einem Pullover, der zwei Nummern zu klein ist, hüftwackelnd über eine verkehrsreiche Straße wandelt und alle Männerblicke auf sich zieht, dann ist der biologische Zweck ihrer Schlüsselreize erfüllt. Die Endhandlung einer sexuellen Kommunikation liegt dabei noch in weiter Ferne. So viel über die zweite Haut, die Kleidung.

Die dritte Haut ist die Wohnung. Sie soll den Menschen vor jeglichen Angriffen schützen, vor Regen, vor Kälte, aber auch vor zu viel Kommunikation, also einer übermäßigen Belästigung durch die Mitmenschen. Sie sollte ein Platz der Sicherheit und Geborgenheit sein. Die idealste Wohnung, die der Mensch je gehabt hat, war die Gebärmutter in den ersten neun Monaten seines Lebens. Da war es schön warm, dort drangen keine Schallwellen an sein Ohr, es flogen ihm zwar nicht die gebratenen Tauben in den Mund, aber die beste Nahrung, nämlich das mütterliche Blut, wurde ihm durch die Nabelschnur zugeleitet. Schwerelos schwebte er im Fruchtwasser, wie die Astronauten im Weltraum; er war also wie im Paradies! Ich glaube, der Traum vom Paradies ist eine unbewußte Erinnerung an diese schöne Zeit im Mutterleib.

Die Wohnung sollte diesem Modell weitestgehend

entsprechen, doch das tut auch die idealste Wohnung nicht.

Für junge Menschen ist ein Wohnungswechsel immer ein gewisser Reiz, eine Anpassung an einen neuen Bezirk, an einen neuen Ort, eine neue Einrichtung, mit einem Wort eine Aufgabe, sich mit der dritten Haut auseinanderzusetzen.

Im Alter ist der Wohnungswechsel dagegen ein Problem, weil jede Umstellung mit einem Energieverbrauch verbunden ist: ein neuer Wind, eine andere Luft, ein anderer Lärm, andere, modernere Geräte, die man nicht kennt und die man nicht richtig handhaben kann.

Wenn sich ein alter Mensch, der mitten in der Stadt wohnt und dem es dort zu laut und turbulent wird, auf das Land oder an den Stadtrand sehnt, dann muß er rechtzeitig umsiedeln, zu einem Zeitpunkt nämlich, in dem er noch die Kraft hat, sich an die neue Haut anzupassen.

Die meisten Leute kommen aber ins Pensionisten- oder Altersheim, wenn es schon viel zu spät ist. Daher sind sie dort unglücklich, vereinsamt und fühlen sich abgeschoben. Es ist wie beim Schmetterling: Die Raupe kriecht aus ihrer Haut heraus, läßt sie liegen und wird eine Puppe; die Puppe kriecht aus ihrer Umhüllung heraus und wird ein Schmetterling; der Schmetterling aber kann seine Haut nicht mehr ablegen. Der alte Mensch ist wie dieser Schmetterling. Bringt man ihn aus seiner dritten Haut, aus der gewohnten Umgebung, ist es, als ob man ihn enthäuten würde. Er erleidet ein schweres seelisches Trauma, eine Frustration, die er kaum verkraftet.

Etwas anderes ist natürlich ein kurzfristiger Wechsel der Umgebung im Urlaub. Aber auch dabei sollte die Veränderung nicht zu groß sein.

Junge Leute verbringen ihren Urlaub in Afrika, in Spanien, in Finnland, in Kanada: Jeden Tag ein anderes Klima, ein anderes Bett, anderes Essen, andere Menschen ... das freut sie und das interessiert sie. Was aber für den Jugendlichen ein Reiz ist, nämlich die fortwährende Umstellung und Anpassung, das ist für den alten Menschen eine Belastung. Er sucht lieber die gewohnte Sommerfrische auf; dort kennt er schon die Leute, dort kennt er sein Bett, seine Spaziergänge.

Für den älteren Menschen ist daher der Urlaub durchaus empfehlenswert – sofern er nicht zu weit weg fährt und die Veränderung eine Stimulierung ist, ein Anreiz, sich wieder besser zu fühlen!

Keine großen Umstellungen, sonst werden sein Kreislauf und sein Stoffwechsel dekompensiert und er fühlt sich nicht wohl. Allerdings ist beim alten Menschen auch der gewohnte Sommerurlaub davon abhängig, wie er sich nachher fühlt.

Wenn z. B. zwei Tarockpartner einander nach dem Urlaub treffen und der eine sagt: „Heuer hab' ich mich in Gmünd gar nicht so richtig erholt", heißt das in diesem Fall, daß auch Gmünd eine zu starke Belastung war. Es gibt dann nur eine Lösung: Im nächsten Jahr soll er zu Hause in der Leopoldstadt bleiben und im Café Niebauer tarockieren, also in einer Umgebung, die er gewöhnt ist und in der er sich wohl fühlt.

Altersheime

Warum hat der alte Mensch Angst vor der Einweisung in ein Altersheim? Dafür gibt es verschiedene Motive.

Ein Altersheim hat den Charakter der Endgültigkeit. Wenn man von jemandem sagt: „Er ist im Altersheim", dann heißt das unausgesprochen: „Das ist die Vorstufe zum Zentralfriedhof." So ist das aber nicht nur bei uns in Wien, sondern auf der ganzen Welt. Es liegt nicht daran, daß bei uns die Altersheime zum Großteil baulich und organisatorisch etwas veraltet sind.
Das modernste Altersheim, das ich kenne, steht bei Basel: Es ist wunderbar, ein Palast, aber 30 km von der Stadt entfernt! Das bedeutet für die alten Menschen eine völlig neue Umgebung, keine alten Freunde und Bekannten mehr, mit denen sie jeden Tag plaudern können. Sie fühlen sich wie ausgestoßen. Es ist klar, daß sie Angst vor diesem endgültigen Schritt haben.
Das zweite Motiv ist der Verlust der gewohnten Hülle, der Wohnung. Ob man jetzt in Floridsdorf oder auf der Wieden wohnt, seine Wohnung gibt man nicht gern auf. Das Verlassen der eigenen vier Wände ist gleichbedeutend mit dem Verlust der Individualität, mit dem Verlust der bereits erwähnten dritten Haut.
Das dritte Motiv ist die Angst vor der größeren Gemeinschaft. Die Einordnung in jede Gemeinschaft kostet Energie. Der ältere Mensch hat sie aber nicht mehr. Er freut sich zwar, wenn die Enkerln zu ihm auf Besuch kommen, aber nach einer halben Stunde möchte er wieder seine Ruhe haben. So ist es natürlich auch im Altersheim, wo die Möglichkeiten für eine persönliche Abgeschlossenheit, für ein Sichzurückziehen leider nicht immer gegeben sind. Der eine will Radio hören, der andere fernsehen, den einen interessiert eine Modeschau und den anderen eine Sportübertragung. In jedem Heim sind Anpas-

sungsleistungen erforderlich, und es ist für alte Leute eine gewisse Schwierigkeit, die Energie dafür aufzubringen.

Ein weiteres Problem liegt in der Tatsache, daß die heutigen Altersheime eigentlich „Alters-Krankenhäuser" sind. Bis zu 90 Prozent der dort untergebrachten Menschen sind nicht alte gesunde, sondern kranke Menschen. Eine Lungenentzündung bei einem alten Menschen dauert eben nicht vier Wochen, sondern vier Monate.

Unser Ziel sollte es sein, mehr Heime für gesunde alte Menschen zu schaffen, in die zu ziehen man sich aber rechtzeitig entschließen muß, also nicht erst, bis die Wohnung verwahrlost ist und man nicht mehr kochen kann, sondern solange der Mensch noch flexibel ist und die Möglichkeit hat, die Veränderungen zu verkraften, die sich aus einer Übersiedlung in ein neues Milieu ergeben.

Die Gemeinschaft kann also optimale Möglichkeiten schaffen, indem sie

1. dem alten Menschen alle Arbeiten abnimmt, die er nicht mehr leisten kann,
2. ihm seine Individualität beläßt und seine Persönlichkeit nicht vergewaltigt, und
3. ihn möglichst in einer Gegend unterbringt, die nicht weit entfernt von seiner ehemaligen Wohnung ist, damit er nicht das Gefühl hat, völlig abgeschoben und abgeschnitten von seiner Welt zu sein.

Das alles kostet natürlich Geld. Aber warum ist es eigentlich viel leichter, für ein Kinderdorf oder ein Jugendsportheim Geld zu sammeln als für ein Greisenheim oder die Altersfürsorge?

Das hängt damit zusammen, daß wir uns bei jeder Begegnung mit unserem Gegenüber, bewußt oder unbewußt, identifizieren. Ist man in Gesellschaft junger, frischer Menschen, dann kommt man sich selbst jung und frisch vor, auch wenn man eine Glatze und Falten hat. Sind wir als Lehrer, Erzieher oder Ärzte mit jungen Menschen konfrontiert, so übertragen wir unser Wissen und unsere Erfahrung auf die Jungen. Als Gegenleistung geben sie uns Frische, Elan, Freude und Aktivität. Diese vitale Energieübertragung von der Jugend macht den Beruf eines Lehrers und Erziehers so erfreulich. Der Kontakt mit der Jugend bewirkt Kraft und Schwung.

Beim Kontakt mit alten Menschen verbrauchen wir ebenfalls Energie, es strahlt aber nichts zurück. Im Gegenteil: Wir sind mit unserem eigenen Schicksal konfrontiert, mit einer Zukunft, die uns trostlos erscheint.

Daher bringt die Beschäftigung mit der Jugend eine Aufladung, ein Kontakt mit dem Alter aber einen Verbrauch mit sich.

Da die individuelle Altersfürsorge durch diese emotionalen Widerstände gehemmt ist, muß die Gesellschaft Maßnahmen treffen, um die Situation der alten Menschen zu verbessern. Das Problem wird noch dadurch erschwert, daß einerseits durch die medizinischen Fortschritte das Durchschnittsalter der Menschen viel höher liegt, anderseits die Leistungsanforderung unserer modernen Gesellschaft zu einem vorzeitigen Verschleiß und einem vorzeitigen Ausscheiden aus der Berufsarbeit führt. Es wird nicht nur die Arbeitszeit immer mehr verkürzt, auch die Zahl der Arbeitsjahre wird geringer. Eine Pensionierung mit 50 Jahren wird vielleicht noch in diesem Jahrhundert zur Regel werden.

Die Soziologen und Psychologen müssen sich schon jetzt die Köpfe zerbrechen, welche Maßnahmen notwendig und imstande sind, die letzten 20 bis 40 Jahre

des Menschen ohne Arbeit und ohne Störverhalten sinnvoll zu gestalten.
Der Lebensraum der alten Menschen wird in der aktiven Bewältigung wie auch in der passiven Empfindung immer enger und kleiner. Dieser reduzierten biologischen Gestalt muß ein Maßanzug zurechtgeschneidert werden, der an der verminderten Potenz nicht herumschlottert, der aber auch nicht zu eng geschnitten ist, damit er nicht gleichsam biologisch aus den Nähten platzt.
Wir durchlaufen heute eine Phase der immer stärker werdenden Spezialisierung und Differenzierung, die unter den Experten und den Generationen schon stärker ist als das Gemeinsame.
Ein Chirurg, der alles operiert, kann heute schon keinen Spitzenplatz mehr in seinem Beruf einnehmen. Er muß sich frühzeitig spezialisieren. Das führt dazu, daß es spezielle Chirurgen für Kopf, Herz, Lunge, Nieren usw. gibt, die auf ihrem Teilgebiet immer speziellere Kenntnisse erlangen, wobei natürlich der Zusammenhang mit den allgemeinen medizinischen und soziologischen Grundsätzen verlorengeht.
Das gleiche Prinzip sehen wir in den gesellschaftlichen Strukturen unserer Generation. Die Jugend ist in ihrem Verhalten, in ihrem Empfinden, in ihrer Lebensführung so anders, als wir es waren, daß sie sich von der älteren Generation abwendet und eigene Lebensweisen entwickelt.
Die mittlere Generation, die mit enormer Arbeitsleistung einen hohen Sozialstatus erreichen will, hat infolge Arbeitsüberlastung weder für die Probleme der Alten noch für die Probleme der Jugend Zeit, Verständnis und Anteilnahme.
Jede Generationsgruppe beschäftigt sich daher nur

mit sich selbst, denn die Interessensfelder der einzelnen Generationen sind zu verschieden: Die mittlere Generation zielt mit ihrem Imponiergehaben auf eine Weltreise, auf einen hochkarätigen Brillanten und ähnliche Werte. Für den Jugendlichen sind das alles Scheinwerte, für die er kein Verständnis hat. Er ringt um neue Formen der Gesellschaftsgestaltung. Der alte Mensch schließlich kann das alles überhaupt nicht verstehen, weil er sein ganzes Leben lang zu viel Entbehrung und Not erlitten hat.

Welche Lösungsvorschläge kann man also anbieten? Für die Jugend keine, denn sie schafft sich ihre Regeln und Verhaltensmuster selbst; die Gesellschaft muß ihr nur genügend schöpferische Freiheit lassen. Die mittlere Generation braucht keine Sonderbetreuung. Um so mehr müßte aber von unserer Gesellschaft ein Programm erarbeitet und durchgeführt werden, das dem alten Menschen hilft, seine letzten Lebensjahre sinnvoll zu gestalten, damit er sich nicht ausgestoßen und abgeriegelt fühlt.

Was nicht schadet, kann nur nützen

ODER
DIE FREUDEN
DES LEBENS

Zweiter Frühling oder schöner Herbst? / Der Eheurlaub / Mehr als einmal Muttertag / Der Alkohol / Die Freßlust und das Hungern / Das Autofahren / Die Spielleidenschaft / Vom Glück der Fischer / Liebe zu Tieren / Energiegewinn durch Gruppenbildung / Aktivitäten im Alter / Das Selbstwertgefühl

Zweiter Frühling oder schöner Herbst?

Mit der Zunahme der Lichtintensität im Frühjahr entsteht auf der Netzhaut im Auge eine Erregung bestimmter Nervenfasern, die in den Hirnstamm geleitet wird. Dort kommt es zu einer Umschaltung, wodurch zunächst das äußere Bild verschiedener Lebewesen verändert wird; das Stichlingsmännchen, einer besonderen Fischart zugehörig, schmückt sein Bäuchlein mit roter Farbe, um das Weibchen anzulocken, und die Vögel bekommen schönere Federn, aber auch die Muskelspannung, die Vitalität, der Antrieb und natürlich auch die Sexualität erfahren eine Stimulierung. Denn wenn man vom Frühling spricht, meint man im allgemeinen immer den zunehmenden Appetit auf dem sexuellen Sektor!

Die Lichtzunahme mobilisiert also aus dem Gehirn Energien, die normalerweise im Winter schlummern. Dieses Phänomen mit allen seinen Konsequenzen gilt für den Menschen ebenso wie für die gesamte Tierwelt. Das also ist der erste Frühling.

Im Laufe der Jahre kommt es dann zu einer Reduktion der antriebssteigernden chemischen Energieträger und zu einer Verminderung der Hormonproduktion. Der Mensch – sagen wir einmal so ganz vorsichtig – zwischen 50 und 60 Jahren spürt dieses Nachlassen, und nun kommt eine Reaktion, die wir den zweiten Frühling nennen. Er versucht diesen Abstieg zu bremsen. Er entdeckt z. B. seine reizvolle 20jährige Sekretärin und spürt plötzlich, wie verjüngend und impulsgebend so eine Liebe sein kann. Er bildet sich ein, zum erstenmal in seinem Leben ein glücklicher Mensch zu sein. Tatsächlich schafft so eine späte Leidenschaft Vitalitätsimpulse; er fühlt sich nicht nur jünger, sondern er ist auch elastischer, interessierter, vitaler. Die Frage ist nur: Wie lange wird er diese Überforderung ohne Dekompensation aushalten?

Auch der Liebestollste muß einsehen, daß zwischen einem Mann mit 60 und einer Frau mit 20 Jahren eine zu große Spanne liegt, eine zu große Differenz im Interessensfeld und in den vorgeprägten Lebensgewohnheiten. So reizvoll natürlich für den alternden Mann ein sexueller Kontakt mit einer Zwanzigjährigen ist, so sehr muß man ihm klarmachen, daß die Sexualfunktion im Alter nicht mehr die gleiche biologische Position einnimmt wie in der Leistungsphase und daß daraus ein Gesamtverschleiß resultiert. Eine Dauerverbindung zwischen einem alternden Mann und einem jungen Mädchen stellt für ihn einen Bruch in seiner Persönlichkeitsentwicklung dar. Das Zurückschrauben einer biologischen Entwicklung kann nie erfolgreich sein. Eine solche unnatürliche Bindung ist eine Regression in eine infantile Phase und ganz einfach der harmonischen Haltung eines alternden Mannes nicht adäquat.

Besonders kritisch ist dieser zweite Frühling bei Männern, die in ihrer Jugend keine ausreichenden Erfahrungen in sexuellen Kontakten gesammelt haben und jetzt das Versäumte nachholen wollen. Daraus ergibt sich die Erkenntnis, daß das Altern um so reibungsloser abläuft, je vollkommener man in den früheren Lebensphasen die jeweiligen Triebappetenzen durch Instinkthandlungen abgesättigt hat. Unerfüllte Wünsche der Jugend schaffen einen krankhaften Nachholbedarf im Alter.

Ebenso unnatürlich ist es, wenn ein Sechzigjähriger

plötzlich ein Tenniscrack werden möchte oder mit allen Mitteln ein Schachmeister, ein Skistar. Alles, was sich nicht aus übersprudelnder Vitalität, aus einem Überschuß an Energie ergibt, sondern mit Gewalt noch schnell vor Torschluß produziert und konsumiert wird, ist eine matte Sache, ein richtiggehender Krampf. Das gilt für den geistigen, den körperlichen und den sexuellen Sektor.

Natürlich gibt es auch Frauen, die vom zweiten Frühling gepackt werden. Das äußert sich z. B. im Zurschautragen einer übertriebenen, um jeden Preis jugendlich wirkenden Mode, in einem zu lebhaften Make-up, in einem hektisch-exaltierten Benehmen, das gleichsam einen Teenager imitieren möchte. Diese Frauen sehen in allen jüngeren Geschlechtsgenossinnen Konkurrentinnen und wollen es ihnen auf allen Gebieten gleichtun. Das Verhalten von Menschen, die sich gerade im Trancezustand eines zweiten Frühlings befinden, gleitet sehr leicht in das Gebiet der Karikatur ab und wirkt damit lächerlich.

Nun könnte man ja fragen: Warum sollen die älteren Herrschaften, wenn es sie freut, nicht ihren zweiten Frühling haben, wenn sie damit niemandem schaden und niemanden kränken?

Die Antwort lautet: Nein, sie sollen ihn eigentlich nicht haben, denn durch die künstliche Steigerung des Energieverbrauchs kommt es zu einem viel rascheren Verschleiß. Der Sechzigjährige, der sich auf irgendeinem Sektor zu viel zumutet, zeigt einen steilen Absturz seiner gesamten Vitalität und seines Kräftepotentials.

Ich würde daher sagen: Zweiter Frühling – nein! Machen Sie's wie ich: Ich genieße den schönen Herbst!

Der Eheurlaub

Das menschliche Gehirn hat die Fähigkeit, sich an Milieusituationen anzupassen und zu gewöhnen. Sie haben z. B. zu Hause in ihrem Zimmer an der Wand schon seit zehn Jahren einen Fleck, aber Sie sehen ihn gar nicht mehr! Sie gehen jeden Tag an einer Häuserfront vorbei, deren Mörtel abbröckelt, aber Sie bemerken das nicht. Das bedeutet, daß wir unschöne, unangenehme Sinneseindrücke verdrängen können; das ist einerseits ein Segen, andererseits aber ein Nachteil.

Es ist ein Segen, weil wir uns dank dieser Fähigkeit unseres Gehirns selbst in einer Zimmer-Küche-Wohnung ganz wohl fühlen können. Es ist ein Nachteil, weil wir uns umgekehrt auch an etwas Schönes so gewöhnen, daß wir uns nach einiger Zeit gar nicht mehr darüber freuen. Da kann man in Salzburg oder in Zermatt oder in Kitzbühel wohnen und adaptiert sich so sehr an dieses schöne Milieu, daß man es gar nicht mehr als besonders wertvoll oder angenehm empfindet.

Mit der Ehe ist das so ähnlich! Die ersten Wochen sind ja wunderbar, aber dann zieht sich's! Zu einer gewissen Abstumpfung, Langeweile und Gleichgültigkeit kommt es ja in jeder Verbindung, nicht nur in der Ehe.

Nun gibt es verschiedene Methoden, diese Gewöhnung zu überwinden.

Etwas Abwechslung bringt die Mode: Die Damen wollen jedes Frühjahr und jeden Herbst wie neu erscheinen. Diese Art von Veränderung ist ein bißchen kostspielig, aber sicher ganz zweckmäßig!

Eine andere Methode besteht darin, daß ein Ehepaar, wenn der Alltag langweilig wird, etwas Neues plant.

Eine Reise, einen Wohnungswechsel, einen Hausbau, die Aktivierung von künstlerischen Interessen. Man soll immer eine Aufgabe haben, sonst wird das Leben fad.

Sehr begrüßenswert ist aus medizinischer, psychologischer und menschlicher Sicht ein getrennter Urlaub.

Nehmen wir als Beispiel einen Strohwitwer, dessen Frau eine Woche nach Mariazell gefahren ist. Am Montag ruft er seinen Freund an: »Du, Pepi, ich bin heut' allein, gemma zum Heurigen!«

»Geht leider nicht, meine Frau ist ja da!«

Schön, am nächsten Tag ruft er eine alte Freundin an: »Du, Monika, gehst' mit mir heut' zum Heurigen?«

»Nein, ich hab' jetzt an Abend-Job, geht leider net!«

Am dritten Tag ist er schneidig und geht allein zum Heurigen. Er fühlt sich ganz wohl, aber nach dem dritten Glas stellt er fest, daß ihm die Dame, die bei ihm sitzt, doch zu entgegenkommend ist. Das freut ihn auch nicht, und er geht nach Hause.

Jetzt ist er drei Tage frustriert. Was glauben Sie, wie sich der freut, wenn seine Frau von Mariazell nach Hause kommt. Die Sehnsucht, die neue Appetenz, nimmt mit dem Quadrat der Entfernung zu!

Jede Trennung ist daher etwas absolut Begrüßenswertes, weil die Partner Abstand voneinander gewinnen und einander dann wieder wie neu erscheinen.

Mit unserer Heimatstadt Wien geht es uns ja genauso: Wir schimpfen über die Wiener, über den Verkehr, über die Umleitungen, über den Schmutz; aber kaum ist man vierzehn Tage weg, sehnt man sich schon wieder zurück. Und so ist es in der Ehe auch.

Mehr als einmal Muttertag

Wenn Sie einmal nach Ankara kommen, dann besuchen Sie unbedingt das Hethiter-Museum. In der Bibel werden die Hethiter zwar als Barbaren bezeichnet, aber wenn Völker in einer kriegerischen Auseinandersetzung gewinnen, werden sie ja schnell als Barbaren apostrophiert. In diesem Hethiter-Museum sieht man eine sehr schöne kleine Elfenbeinfigur in hockender Haltung, also in Gebärstellung; es ist die Göttin dieses Volkes. Die Frau, die Mutter, die das Leben gebiert, war für die Hethiter ein göttliches Wesen, zum Unterschied zum alten Jahwe der Israeliten, der als Vater streng war und die Sünder bestrafte.

Diese Mutterfigur als Göttin ist sozusagen der Archetypus, das Urbild, das jeder im tiefsten, unbewußten Erinnerungsfeld hat. Die Mutter ist für uns nicht nur in den ersten neun Monaten durch die Geborgenheit ihres Leibes die Spenderin von Nahrung und Wohlbefinden, sondern diese Bindung reißt ja auch mit dem Durchschneiden der Nabelschnur nicht ab. Die seelischen und menschlichen Bindungen bleiben zeitlebens bestehen. Der Säugling erfährt von der Mutter seine ersten positiven Umweltbeziehungen: Sie streichelt ihn, sie gibt ihm die Brust, sie singt ihm etwas vor; die ganze Kindheit hindurch werden wir von ihr geleitet und beschützt. Dieses Erinnerungsbild führt dazu, daß wir in jeder kritischen und gefährlichen Situation zur Mutterfigur zurückeilen. Es ist also nur natürlich, daß man einen Tag aus dem Jahr heraushebt und als Muttertag besonders feiert, so wie man zu Weihnachten der Geburt Christi gedenkt.

Der Muttertag ist ein Fest des Gemütes, und man

möchte natürlich seiner Liebe zur Mutter auch durch ein Geschenk sichtbaren Ausdruck verleihen. Die Kaufleute wiederum wissen genau, daß man sich mit der Werbung an das Gemüt wenden muß, wenn man etwas verkaufen will. Nur mit dem Verstand allein hat sich z. B. noch niemand ein Auto gekauft. Nun besteht dabei natürlich die Gefahr, daß durch die Werbung ein Muttertagsrummel entsteht, der mit viel Aufwand verbunden ist und häufig in Kitsch ausartet. Man darf aber auch nicht glauben, daß man sich mit einem Blumenstöckerl und einer Torte für das ganze restliche Jahr loskaufen kann! Es ist ja heute leider so, daß wir alle furchtbar viel zu tun haben. Oft reicht es für nicht mehr als ein paar Worte: »So, Mama, da hast, laß' dir's gut schmecken!«

Der Muttertag sollte ein Anstoß sein, daß man nicht nur an diesem einen Tag denkt: »Jetzt war ich aber wirklich schon lange nicht bei meiner Mutter ...«

Das Richtige wäre, wenn wir unsere Bindung zur Mutter dadurch zeigen, daß wir öfters auf ein kleines Plauscherl zu ihr kommen, ein paar Blumen oder ein Geschenk mitbringen, denn diese Gemütsbindungen sind für Mütter eine echte Freude. Probieren wir's einmal!

Der Alkohol

Kaiser Probus hat schon gewußt, warum er uns den Wein gebracht hat: So hat er die grimmigen Barbaren, die den Römern im Norden ihres Reiches zu schaffen machten, in gemütliche und friedfertige Untertanen verwandelt.

Der Alkohol ist in der Regel ein echter Tranquilizer,

das beste Beruhigungsmittel. Bei Erregung, Nervosität, Angst oder Schlaflosigkeit, wirkt er beruhigend, weil er aus dem Nervensystem Serotonin freisetzt, einen biochemischen Energieträger, der eine Sedierung aller Funktionskreise bewirkt. Es kommt zur Relaxation, zur Entspannung.

Es gibt natürlich »stille Zecher«, die, laut Hermann Leopoldi, »so an Lärm machen« und laut singen und johlen, aber wirklich aggressiv und rabiat werden nur relativ wenige Ausnahmen. Sie sind ebenso regelwidrig wie jene Leute, die nach Kaffeegenuß schläfrig werden.

Bei Geburtstagsfeiern, Hochzeiten und nach bestandenen Prüfungen, mit einem Wort, bei allen freudigen Ereignissen, wird der Alkohol aus Gründen einer gewissen Enthemmung, einer Erleichterung der Kommunikation, d. h. der gesellschaftlichen Begegnung, sehr gerne konsumiert.

Hat der Nervenarzt etwas dagegen? Nein! Im Gegenteil! Auch der Wiener Heurige ist, sofern man ihn nicht zu häufig frequentiert, ein Beispiel für biologisch sinnvollen Alkoholgenuß: Er bietet eine einmalige Atmosphäre des affektiven Wohlbefindens und schafft Möglichkeiten zur Kommunikation. Spätestens nach dem zweiten Glas Wein kommt man mit wildfremden Menschen ins Gespräch, kann seine Sorgen ausschütten und sich so von ihnen befreien. Man kann aber auch die Gesellschaft zum Lachen bringen und den »Schmäh rennen lassen«. Das tut wieder unserem Imponiergehaben sehr wohl. Manchmal kommt auch noch die Musik dazu, die unser Gemüt berührt und, je nachdem, melancholisch-verträumte, oder aktiv-lustige Stimmung hervorzaubert. Der Heurige ist also ein ideales Territorium, um das verlorene Gleichgewicht wieder auszubalancieren. Nur muß man natürlich achtgeben, daß man akut nicht zu viel trinkt, sonst kommt es zu den bekannten Störungen der Bewußtseinslage und der Koordinationsfähigkeit, d. h. zu Störungen im Zusammenspiel der verschiedenen Muskelfunktionen. Sie kennen das ja auch aus den Heurigenliedern, wie: »Wenn ich mit meinem Dackel von Grinzing heimwärts wackel ...« Außerdem kommt es zu einer Verlangsamung der Reaktionszeit. Das Autofahren in diesem Zustand ist berechtigterweise verboten.

Wenn Sie guten Wein getrunken haben, so ist, nach einem tiefen Schlaf, am nächsten Morgen die akute Vergiftung weg, und Sie stehen mit frischem Kopf auf, und alles ist wieder in Ordnung. Leider hat der Alkohol aber auch den Nachteil, daß er von bestimmten Menschen in immer größeren Mengen konsumiert wird. Dann kommt es zu chronischen Schäden des Gehirns und der Leber, die natürlich sehr bedenklich sind. Es kommt zur Abnahme der geistigen Potenz, und zu charakterlichen Veränderungen. Dabei wird ein Alkoholiker natürlich nie ein edlerer Mensch, sondern die schlechten Charaktereigenschaften, die in ihm schlummern, kommen an die Oberfläche. Albert Camus sagt: »Der Alkohol löscht den Menschen aus, um das Tier zu entflammen.«

Die chronische Alkoholvergiftung ist eine schwere Krankheit, und besonders bei Frauen und Jugendlichen nimmt heute der Alkoholismus zu. Das ist ganz bestimmt nicht darauf zurückzuführen, daß der Wein besser geworden ist. Die Belastungen der heutigen Gesellschaftsordnung mit ihrem Leistungsdruck und ihrer Forderung nach immer höherem Lebensstandard können von einem bestimmten Kontingent der Bevölkerung nicht bewältigt werden. Diese Men-

schen sind nicht imstande, mit ihren normalen Funktionen Unluststimmungen, Unbehagen, Kummer, Sorge, Angst usw. zu neutralisieren, d. h. zu überwinden. Daher kommt es zur Flucht in den Alkohol.
Von dem Zeitpunkt an, in dem der Alkohol nicht nur gelegentlich und in mäßigen Mengen getrunken wird, sondern in dem es zu einem Zwang kommt – »Heute bin ich so schlecht aufgelegt, jetzt muß ich einen Kognak haben« –, beginnt die Sucht, die Krankheit. Da gibt es dann nur Aufnahme in eine Anstalt oder strikte Enthaltsamkeit! Natürlich braucht der Kranke auch eine psychische Führung und nach einer Kur ein geschütztes Milieu, in dem die Belastungen der Umwelt reduziert sein müssen, damit er sein durch die Behandlung errungenes Gleichgewicht behält.
Alles in allem: Gegen Alkohol ist nichts einzuwenden, solange er in mäßiger Dosis getrunken wird. Warum soll man denn zur Beruhigung unbedingt Valium oder Librium schlucken, das schmeckt doch nach nichts, während ein guter Wein neben der psychotropen Wirkung ja noch eine Geschmackskomponente hat, die das Lustbild erst abrundet!
Aber nicht zu viel und nicht zu oft, sonst kommt es zum Zwang – und jeder Zwang ist unangenehm!

Die Freßlust und das Hungern

Die Eßgewohnheiten der alten Menschen sind durch ein Zuviel und ein Zuwenig gekennzeichnet.
Es ist der biologische Zweck des Essens, daß man täglich eine bestimmte Kalorienmenge zu sich nimmt, die ausreicht, um die Anforderungen des Tages geistig, körperlich und seelisch zu bewältigen. Daneben

ist die Einverleibung von Nahrung eines der wesentlichsten Lustgefühle, über die der Mensch verfügt. Der jüngste Säugling und der älteste Greis haben außer dieser einen Lust des Schmatzens, Beißens, Schluckens, Hinunterwürgens noch keine Lustgefühle oder keine mehr.

Daher ist es nur verständlich, daß der alte Mensch diese Lust sehr häufig überzieht. Im Prado in Madrid gibt es ein sehr eindrucksvolles Gemälde von Goya: »Fressende Alte.« Sie sitzen vor ihren Näpfen und schaufeln das Essen nur so in sich hinein, und an ihren glänzenden Augen kann man erkennen, welche Lustgefühle sie dabei haben.

Natürlich darf man aber diese Lustgefühle nicht übertreiben. Eine große Gefahr im Alter ist das Übergewicht; jedes Kilo, das man zuviel hat, verkürzt das Leben.

Ich bin zwar kein Drüsenexperte, aber ich bin überzeugt, daß von allen Freßsüchtigen oder Fettsüchtigen höchstens ein halbes Prozent durch eine Drüsenstörung dick wird.

Zum besseren Verständnis der Freßlust und Freßsucht möchte ich Ihnen einen kleinen Scherz erzählen: Zwei Schulfreunde treffen einander nach vielen Jahren; der eine ist dünn, der andere dick.

Sagt der Dicke zum Dünnen: »Sag' amal, wieso bist denn du so schlank?«

»No, i komm' am Abend heim von der Arbeit, mach' den Eiskasten auf, tuat si' nix, leg' i mi' ins Bett! Aber wieso bist du so dick?«

»No weißt – i komm' am Abend heim, leg' mi ins Bett, tuat si' nix – geh' i zum Eiskasten!«

Dieser Scherz demonstriert treffend die biologische Ursache der Freßsucht. Es liegt eine sogenannte »Übersprungshandlung« vor.

Wenn eine Appetenz auf einem bestimmten Sektor nicht befriedigt werden kann, führt das zu einer Erregung des Gemütes, und diese Erregung springt auf einen anderen Funktionskreis über.

»Weil si' im Bett nix tuat ...« geht er zum Eiskasten und beruhigt sein Gemüt durch Essen. Das Umgekehrte gibt es natürlich auch: In Indien z. B., wo die Leute nichts oder nur sehr wenig zu essen haben, bekommen sie viele Kinder; vom Hunger springt der Appetit auf die sexuelle Handlung über.

Die Freßsucht ist also ein rein psychologisches Problem, dessen Wurzeln der Lustgewinn des Beißens, Schluckens, der oralen Einverleibung sind. Natürlich sagen alle Dicken: »I ess' eh nix.« Ja, vielleicht bei den Mahlzeiten, aber häufig ist es ja so, daß aus Langeweile, durch Erregung, zur Ablenkung oder aus einem Gemütsvakuum heraus zwischen den Mahlzeiten viel gegessen wird.

Sie kennen sicher den Terminus des »Kummerspecks«: »Der ist so traurig, daß er immer frißt.« Natürlich wird er dann auch dick!

Die eigentliche Wurzel der Freßsucht ist also die Lustbefriedigung, und da im Alter ja nur wenige Möglichkeiten der Lustbefriedigung übrigbleiben, könnte man fragen: Warum soll er nicht essen?

Weil jedes Übermaß an Kalorienzufuhr, das man nicht verbrennt, zu einem Zuwachs an Körpergewicht führt, lautet die Antwort.

Der Kreislauf, die Gelenke, die Muskelspannung, der Stoffwechsel werden überlastet. Die Folge davon sind Abnützungserscheinungen, die mit schweren körperlichen Defekten einhergehen.

Daher der beste Ratschlag: Man soll nur so viel essen, daß immer noch ein bißchen Appetit übrigbleibt.

Nun gibt es aber auch das Gegenteil der Freßsucht:

Das Sparsamsein, ich möchte fast sagen, das Geizigsein beim Essen. Nach dem letzten Krieg war es so, daß viele arme alte Leute aus dieser Einstellung heraus fast verhungert sind. Diese Angst, im Alter nicht genug zu essen zu haben, steckt unbewußt in jedem von uns. Das kann dazu führen, daß man selbst heutzutage, in einer Zeit der Übersättigung, zu sparsam ist.
Sie kaufen z. B. Ihrer Mutter oder der Oma zum Geburtstag einen Geschenkkorb, weil Sie schon wissen, daß sie sich selber nichts gönnt. Nach einiger Zeit fragen Sie: »Na Oma, wie haben dir denn die Sachen alle geschmeckt?« Darauf sagt sie: »Ich hab' sie noch gar nicht gekostet. Das heb' ich mir alles auf für schlechte Zeiten.«
Es kommt also häufig zu einem sinnlosen Aufheben von Speisen, die dann womöglich verderben.
Am besten ist es, wenn man eine Dose Leberpastete einfach aufmacht und sagt: »So, Oma, das ißt du jetzt, aber gleich!«
Es ist so wie überall im Leben: Man muß auch hier trachten, zwischen den beiden Extremen einen Mittelweg zu finden. Die Eßgewohnheiten des alten Menschen sollen nicht ausufern, weder zur Freßlust noch zum Geiz.

Das Autofahren

Das Tier hat zur Bewältigung seines Lebens nur seine Instinkte. Der Mensch hat noch eine zweite Dimension: seinen Verstand. Mit seiner Hilfe kann er sich zur Erleichterung seines Lebens Geräte bauen. Er tut das auch – und bringt sich damit um.
Eines der drastischesten Beispiele dafür ist das Auto!

Da die tödlichen und schweren Unfälle ein erschreckendes Maß erreicht haben und in der überwiegenden Mehrzahl auf menschliches Versagen zurückzuführen sind, sollten wir die Gründe für dieses Versagen einmal näher beleuchten.
Der Mensch in seiner heutigen Struktur hat eine lange Entwicklungszeit hinter sich. Alle Informationen seiner vormenschlichen und frühmenschlichen Entwicklung sind in seinem Gehirn wie in einem Computer gespeichert. Als einziges Wesen kann er mit seiner Hirnrinde Phänomene verstandesmäßig analysieren, Zusammenhänge kritisch beurteilen und Planungen für die Zukunft vornehmen. Damit wird die Hirnrinde zum wichtigsten Organ, mit dem der Mensch sein Leben gestaltet. In der Tiefe seiner Person, im Hirnstamm, sind aber noch die gesamten Instinktschablonen vorhanden. Sie werden nur in kritischen Situationen zu Rate gezogen, wenn der Mensch mit seiner Vernunft eine Konfliktsituation nicht lösen kann.
Ein Untergebener, der von seinem Chef ständig kritisiert, herabgesetzt, lächerlich gemacht, kurz, frustriert wird, kann mit seiner Vernunft diese Situation nicht meistern. Er greift daher auf frühere Verhaltensweisen seiner Instinkte zurück: Er wird den Chef hassen, er wird träumen, daß er ihn umbringt, er wird wütend, wenn er an ihn denkt . . . Er setzt sich also mit seinen Instinkten zur Wehr, um sein inneres Gleichgewicht wieder zu erlangen. Sofern er nicht in ein Auto steigt, sind solche aggressive Stimmungen weder für ihn noch für seine Umwelt gefährlich! Wehe aber, wenn er sich in seinen Wagen setzt und auf der Heimfahrt seine aufgestaute Wut am Gaspedal abreagiert!
Ein Instinktverhalten, das die Verhaltensforscher als

»Imponiergehaben« bezeichnen, besteht darin, daß z. B. zwei männliche Tiere, die sich im Kampf gegenüberstehen, die Haare sträuben, ihren Brustkorb aufblähen, um durch Größerscheinen dem Gegner zu imponieren. Ein anderes Beispiel: Der Pfau, der das schönste Rad schlägt, wird die meisten Hennen anlocken. Beim Menschen spielt dieses Imponiergehaben auf seinem ganzen Lebensweg eine große Rolle. Wenn ein Jüngling seinem Mädchen seinen kräftigen Bizeps präsentiert oder der ältere Kommerzialrat seine dicke Brieftasche zückt, werden diese Imponiergesten zum Erfolg oder Mißerfolg führen, ohne daß die übrige Menschheit darunter leiden muß. Wenn aber ein Kraftfahrer, ob jung oder alt, auf die Dame seines Herzens mit Geschwindigkeit, Kurvenlage und Beschleunigungsvermögen seines Autos Eindruck machen will, wird das für die Mitmenschen schon viel gefährlicher, denn je intensiver Instinkthandlungen – und das Imponiergehaben ist eine solche Instinkthandlung – ablaufen, um so mehr sind der logische Verstand, die Aufmerksamkeit und damit natürlich auch die Reaktionsfähigkeit reduziert. Ein kausales Motiv, speziell bei alkoholisierten Jugendlichen, geht fraglos auf dieses Imponiergehaben zurück.

Ein weiteres Phänomen ist die sogenannte Übersprungshandlung. Sie setzt bei hochgradig angespannter Gemütsbewegung ein. Eine Entladung auf normalem Weg erscheint kritisch und wird daher nicht verwirklicht. Jetzt springt die gestaute Energie auf einen anderen Sektor über, wo sie ihre Entladung findet. Der schon erwähnte Chef läßt seine üble Laune oder seine berechtigte Kritik am Untergebenen aus, der nicht mit gleicher Münze heimzahlen kann. Statt dessen setzt er sich ins Auto, und im

Übersprung findet die erregte Affektlage ihren Abfluß. Auch hier sind logisches Denken und Reaktionsfähigkeit weitgehend blockiert, so daß die übrigen Verkehrsteilnehmer unter Umständen büßen müssen, was der Chef angerichtet hat.

Die Aggression ist eine biologische Energieform, die Instinkte der Art- und Lebenserhaltung antreibt. Sie ist damit eine an sich wertvolle Kraft und erhöht die Überlebenschancen des dynamischesten und aktivsten Lebewesens. Sie räumt dem einzelnen im Kollektiv mehr Chancen bei der Erringung eines entsprechenden Platzes in der Rangordnung ein.

Während nun beim Tier die Aggression nur dazu dient, den Gegner aus dem Revier zu vertreiben, führt die ungezügelte Aggression beim Menschen zur Tötung des Gegners. Damit wird sie sinnwidrig, da dieses Verhalten in letzter Konsequenz zum Aussterben der Art führen kann. Hemmreflexe, die beim Tier ausgebildet sind und den unterlegenen Partner schonen, sind beim Menschen verkümmert. Der aggressive Kraftfahrer wird dem PS-Schwächeren auf der Straße seine Überlegenheit so eindeutig demonstrieren, daß weder Straßenbelag noch Verkehrsdichte eine Korrektur seiner instinktiven Aggression bewirken. Bis jetzt ist es nicht gelungen, durch logische Erklärungen, Warnungen oder Gesetze die Zahl der Verkehrstoten zu reduzieren. Man müßte die Angst mobilisieren, indem man die Strafen für Verkehrssünder drastisch erhöht. Geringe Geldstrafen und relativ kurzfristiger Führerscheinentzug sind erfahrungsgemäß unzureichend. Aber beim alten Menschen anzufangen, indem man ihm das Lenken seines Autos durch diverse Maßnahmen verleidet, ist bestimmt nicht der richtige Weg.

Die alten Menschen müssen so vieles reduzieren,

warum sollen sie auf das Autofahren auch noch verzichten, um so mehr, als wir aus Statistiken wissen, daß nur 20 Prozent aller Autounfälle durch ältere Menschen verursacht werden.

Welche speziellen Eigenschaften braucht unser Gehirn für das Autofahren? Wir müssen aus der Umgebung eine Summe von Reizen aufnehmen, unser Gehirn muß sie verarbeiten und durch eine motorische Leistung für die Anpassung an die Notwendigkeiten des Verkehrs, der Straßenlage usw. sorgen.

Ich habe als Arzt Untersuchungen über die sogenannte »Flimmerverschmelzungsfrequenz« gemacht. Sie kennen sicher alle das Phänomen vom Kino her: Bei der Vorführung eines alten Films, der schon zu oft abgespielt wurde, flimmert alles, und man hat Schwierigkeiten bei der Wahrnehmung der einzelnen Bilder. Meine Versuche über die Fähigkeit der Wahrnehmung zeigten, daß z. B. das Gehirn eines Jugendlichen in der Lage ist, in einer Sekunde 45 bis 50 Reize aufzunehmen. Mit zunehmendem Alter sinkt die Flimmerverschmelzungsfrequenz ab, und je weniger Reize unser Gehirn aufnehmen kann, um so weniger ist es natürlich imstande, auf diese Reize zu reagieren.

Wir haben bei Jugendlichen etliche Untersuchungen der Flimmerverschmelzungsfrequenz hintereinander gemacht, zwischendurch die Testpersonen aber jeweils eine halbe Stunde rechnen oder lesen lassen. Interessant dabei war, daß die Aufnahmefähigkeit sogar noch angestiegen ist. Beim älteren Menschen sank sie aber schon nach einer halben Stunde ab.

Die Konsequenz für das Autofahren: Mit zunehmendem Alter soll man nicht zu lange fahren!

Eine andere Ursache für die Abnahme der Reaktionsfähigkeit ist das Konsumieren von Alkohol. Sie gehen

z. B. auf Besuch, trinken dort einen Schnaps oder ein Glas Wein, und schon ist Ihre Aufnahmefähigkeit reduziert, Ihre Reaktionsfähigkeit nimmt ab.

Trinken Sie lieber eine Schale Kaffee! Unter seinem Einfluß sehen Sie mehr, hören Sie mehr, spüren Sie mehr . . .

Eine andere wichtige Funktion, die wir auch zum Autofahren brauchen, ist die Helligkeit unseres Bewußtseins. »Tramhappert«, wie man in Wien sagt, darf man nicht sein! Gleichbleibende monotone Umweltreize führen zur Senkung der Bewußtseinshelligkeit.

Während man bei Fahrten in der Großstadt oder auf schwierigen Alpenstraßen viel eher reaktionsfähig bleibt, bewirkt das monotone Fahren auf einer Autobahn rascher eine Senkung der Aufmerksamkeitsschwelle und eine Verlangsamung der Reaktionsfähigkeit. Daher soll man auf diesen Strecken öfters Bewegungs- und Kaffeepausen einschalten.

Die Bewußtseinshelligkeit wird von einer Stelle im Gehirn reguliert, die durch biochemische Stoffe sozusagen wach erhalten wird. Im Alter sinkt diese Quantität an biochemischen Überträgerstoffen, und daher ist der ältere Mensch natürlich nie so hellwach wie etwa ein zehnjähriges Kind. Wenn man das weiß, ist es kein Problem mehr, weil man sich auf diesen Umstand einstellen kann.

Die Bewußtseinshelligkeit ist sozusagen ein Moderationszentrum, das unsere Aufmerksamkeit, unseren Pulsschlag, aber auch unsere emotionale Beteiligung reguliert, und allem, was wir ohne Emotion, ohne Gefühl, ohne Gemüt machen, fehlt etwas, ob man nun etwas Kreatives produzieren will, oder ob man Auto fährt!

Deshalb: Zum Autofahren brauchen wir Bewußtseinshelligkeit mit persönlicher Beteiligung und Aufnahmefähigkeit für möglichst viele Reize, sonst lassen wir es lieber sein und fahren mit der Straßenbahn!

Die Spielleidenschaft

Glücksspiele werden von Gesetzes wegen toleriert, weil der Staat ein Monopol auf sie hat und an ihnen verdient! Und welcher Bereich unseres menschlichen Wesens ist verantwortlich für die Spielleidenschaft?
Da müssen wir etwas weiter ausholen. Das Tier regelt seine Beziehungen zur Umwelt mit seinen Instinkten. Ein Geruch, ein Anblick lösen z. B. auf dem sexuellen Sektor als Schlüsselreize eine Handlungskette aus, die zur Befriedigung des Bedürfnisses führt. Diese Handlungskette ist nicht willkürlich modifizierbar, sondern läuft automatisch ab, ist also typisch für den Instinktbereich. Der Mensch wird zweifellos noch weitgehend von Instinkten gesteuert, aber darüber hinaus hat er einen Verstand, die Ratio. Mit diesem Verstand kann er ein Phänomen analysieren, ein Urteil fällen, Entscheidungen treffen, Pläne für die Zukunft schmieden.
Über dieses rationale Denken, also über die Vernunft hinaus, kann es im menschlichen Gehirn zur Auslösung einer weiteren Funktion, nämlich dem irrationalen Denken kommen. Ein Komponist beispielsweise komponiert ja nicht nur mit der Vernunft, sondern er hat Eingebungen für seine Schöpfungen, die über das Vernünftige hinausgehen. Beim Dichter ist es genauso. Auch Religionsgründer haben Eingebungen, die mit der Vernunft an sich nichts zu tun haben. Der Geisteskranke wiederum kann von Wahnideen geplagt werden, die ihm eine Sendung

auftragen oder die ihn die Umweltereignisse in irgendeiner bestimmten Form sehen lassen.
Das alles ist also irrational, über die Vernunft hinausgehend, und in diesen Bereich gehört auch die Spielleidenschaft.
Jeder vernünftige Mensch weiß: Ohne Leistung – kein Geld! Nur der von der Spielleidenschaft Gepackte glaubt, daß es ihm möglich ist, ohne vorherige entsprechende Leistung einen Gewinn zu erzielen. Der Glaube an den Zufall verführt ihn dazu, stunden-, ja nächtelang, ohne Vernunft, immer wieder sein Glück zu versuchen.
Was bringt einen Spieler dazu? Nun, die Befriedigung eines Instinktbedürfnisses verschafft Lust. Wenn ich Durst habe, trinke ich ein Viertel Wein, und mein Bedürfnis ist mit Lust befriedigt. Wenn ich geistig arbeite, ein Problem löse, verschafft mir diese rationale Leistung auch ein Lustgefühl, das mich befriedigt.
Die Lust bei der Spielleidenschaft besteht darin, daß das Nichtvoraussagbare, das Zufallsgeschehen, das Risiko ein irrationales Bedürfnis in unserem Gehirn befriedigt, das vernunftmäßig nicht zu erklären und auch nicht einfühlbar ist. Aber es ist möglich, daß in tausend Jahren diese irrationalen Funktionen zum steuerbaren Besitz des menschlichen Gehirns gehören werden. Heute ist es noch nicht soweit.

Vom Glück der Fischer

Die Leidenschaft des Fischers hat viele Motive. Eines davon ist der uralte Jagdtrieb. In der Steinzeit war das Fischen ein ganz wesentlicher Ernährungsfaktor. Der Mensch, der gut beobachtete und blitzschnell reagierte, war in der Lage, so viele Fische zu fangen, daß er sich davon ernähren konnte. Ein archetypisches Kontingent dieser Art ist noch immer in unserem Gehirn vorhanden. Man braucht es zwar nicht, weil das Einkaufen in der Fischhalle viel billiger kommt, doch der Jagdtrieb muß befriedigt werden.

Das nächste Motiv ist, daß man beim Fischen absolut abzuschalten hat. Man darf nicht reden, man darf auf nichts anderes hören, man muß sich auf einen Punkt konzentrieren. Das heißt, man kann beim Fischen nicht daran denken, daß der Dollar wieder gefallen ist, daß man sich mit der Frau zerstritten hat, daß die Kinder schlechte Noten nach Hause gebracht haben, daß der Bürovorstand unausstehlich war. Alle Probleme des Alltags verschwinden durch die Konzentration.

Ein weiteres Motiv: Was glauben Sie, wie so ein Fisch, den man gar nicht gefangen hat, von der Alten Donau bis nach Ottakring immer größer und größer wird! Wie dann der Fischer, der fast einen Fisch gefangen hat, seiner Frau erzählt, wie groß der war, mindestens 20 kg schwer. Und alle schönen Epitheta, alle schönen Beigaben, die ein Fischer an einem Fisch schätzt, hat er gehabt. Das gehört alles in dieselbe Lade: Jägerlatein, Fischerlatein . . .

Nun könnte man sich vorstellen, daß es für einen Arzt sehr einfach wäre, einem Patienten, der schlecht schläft, Angstzustände und Schweißausbrüche hat, zu sagen: »Wissen Sie was, gehen Sie fischen!«

Das geht aber leider nicht. Man kann sich eine Leidenschaft nicht verordnen lassen, man muß sie haben!

Sie kennen sicher den alten Scherz: Ein Fischer steht unbeweglich und schaut immer auf seinen Schwimmer. Daneben steht ein Zuschauer und sagt

nach einer Stunde: »Gibt's was Blöderes als Fischen?« Darauf dreht sich der Fischer um und sagt: »Ja, zuschauen!«
Jemandem, der die Gemüts- und Lustbindung an diesen Sport nicht hat, kann man das Fischen auch nicht empfehlen. Für andere aber kann das Fischen die größte Lust bedeuten.
Haben Sie schon einmal das Gesicht und die leuchtenden Augen eines Fischers gesehen, sobald er einen Hecht an der Angel hat und ihn trimmt? Wie er mit ihm kämpft, und endlich hat er ihn beim Boot, und er greift hinter die Kiemen ... jetzt hat er alles erreicht! Man könnte ihn fast beneiden.
Sie sind sehr glückliche Menschen, die Fischer!

Liebe zu Tieren

Eine außergewöhnlich starke Liebe zu Tieren kann verschiedene Wurzeln haben. Am alltäglichsten ist wohl eine Enttäuschung über Menschen: Der Freund hat einem die Frau ausgespannt, im Wettkampf um eine berufliche Position hat der Gegner zu unfairen Mitteln gegriffen und was es halt so an Härten, Niedrigkeiten und Schwierigkeiten gibt. Die Folge davon ist eine Flucht vor der menschlichen Bindung und eine Zuwendung zu einem Tier, das einem eigentlich nie eine Enttäuschung bereitet. Man gewinnt wieder den Glauben an etwas Ehrliches, an etwas Wahrhaftes!
Die affektive Beziehung, der Gemütskontakt zu Tieren ist schon deshalb nicht störbar, weil keine sprachliche Kommunikation besteht, die zu Mißstimmungen führen kann. Ein Hund, der mit dem Schwanz wedelt, eine Katze, die behaglich schnurrt,

zeigen deutlicher als mit Hilfe einer Sprache ihre Zuneigung und ihre Zufriedenheit. Ein lügenhaftes, verlogenes Wedeln ist unvorstellbar.

Die Liebe des Tieres tröstet also über Enttäuschungen und Versagungen; sie ist gleichsam eine Psychotherapie.

Ein anderes Motiv der Liebe zum Tier findet man bei autoritär-aggressiven Persönlichkeiten: Im Beruf hat er nichts zu sagen, zu Hause in der Familie hat er nichts zu reden, aber sein Hund – der muß parieren! »Sitz! Faß . . .!« Und wehe, der folgt ihm nicht, dann wird er's ihm zeigen! Das Tier ist in diesem Fall Objekt zur Neutralisierung von persönlichen Defekten. Die wahre Liebe ist das natürlich nicht.

Der Wunsch, ein Tier liebzuhaben, kann einem Bedürfnis, anderen Lebewesen Gutes zu tun, entspringen. Eine alte Frau, die ganz allein lebt, hat oft ein Tier als einzige Bezugsperson; ein Lebewesen, das sie liebt, mit dem sie sich unterhält, das natürlich auch alles versteht. Die Katze oder der Hund ist für sie das Wesen, auf das sie ihre ganze Liebesfähigkeit projiziert. Es ist die einzige Kommunikation, die sie zur Umwelt hat, und für solch eine echte Bindung sind die Tiere natürlich sehr dankbar.

Je größer also das Vakuum des Menschen zu seiner Umwelt ist, um so ausschließlicher kann die Gemütsbeziehung zu einem Tier sein. Der Unterschied zwischen einer Bindung an ein Tier oder an einen Menschen liegt darin, daß man einen Hund nach einigen Streicheleinheiten wegschieben und ihm sagen kann: »So, jetzt legst' dich schön brav auf dein Platzerl und gibst Ruh'.« Beim Menschen ist das natürlich nicht so einfach; schon gar nicht bei Kindern! Die Liebe zu Tieren ist also lange nicht so belastend.

Auf eines müssen wir allerdings achten: Jedes Lebewesen hat die Tendenz, einen Vorteil zu seiner Lebensverbesserung auszunützen. Kinder sind, wenn Besuch da ist, besonders unausstehlich, weil sie genau wissen, daß sie vor Gästen kein Kopfstückl bekommen. Hausierer haben beim Heurigen die größten Chancen, kleinere Souvenirs zu verkaufen, weil sie wissen, daß Menschen in gehobener Stimmung nicht gerne einem Unglücklichen begegnen und daher lieber etwas opfern. Tiere, die fühlen, daß sie für den sie liebenden Menschen mehr bedeuten als umgekehrt, werden zu Tyrannen ihrer Pflegepersonen, und der bedingungslos liebende Mensch wird zum Sklaven seiner Liebe.

Tierliebe ist etwas sehr Schönes; sie gehört zum Drang des Menschen, andere zu beschützen, zu führen, ihnen etwas zu geben. Aber die Grenze der Liebe sollte mit dem Verstand und nicht mit dem Gemüt gezogen werden. Im Extremfall ist sie eigentlich eine seelische Fehlhaltung, und man müßte sich schon überlegen, ob man nicht einem Tier, das man liebhat, auch einmal genauso energisch begegnen muß wie etwa einem ungezogenen Kind.

Energiegewinn durch Gruppenbildung

Der Mensch ist ein Gruppentier, doch ist die Gruppenbildung keine spezifisch menschliche Verhaltensweise. Schon bei den Vögeln und Fischen gibt es anonyme Gruppen, in denen das einzelne Mitglied austauschbar ist. Es gibt aber auch individualisierte geschlossene Gruppen, in denen die einzelnen Mitglieder, der Rangordnung entsprechend, ihren ganz bestimmten Platz haben.

In allen kritischen Phasen kommt es bei Tier und

Mensch zu Gruppenbildungen. In der Pubertätszeit z. B. schließen sich die Jugendlichen zu Gruppen zusammen, weil der einzelne sich schwach fühlt. Er spürt zwar schon irgendeine Dynamik in sich, aber allein kann er damit noch nichts anfangen. Er fühlt sich der Autorität der Erwachsenen noch sehr ausgeliefert - daher gliedert er sich einer Gruppe ein. Denken wir an die Studentenvereinigungen, an die Pfadfinder, an die jugendlichen Indianergruppen in den Parks, an die Gangs in den amerikanischen Großstädten.
Innerhalb solcher biologischer Gruppen kommt es zu Rangordnungskämpfen, die sich bei Jugendlichen in Form von Raufereien am Sportplatz oder in der Schule abspielen, aus denen sich das Alpha-Tier als Führer herauskristallisiert. Unter ihm ordnen sich die Beta-, Gamma- bis Omega-Tiere ein, was soviel heißt wie: »Einer muß der Nowak bzw. das Bummerl sein.« Dafür nimmt das Alpha-Tier oft das Omega-Tierchen unter seinen persönlichen Schutz. Die Rangordnungskämpfe halten die Gruppe in dynamischer Spannung. Die Anerkennung der Rangordnung und die Anerkennung gewisser Spielregeln innerhalb der Gruppe schränken zwar die Freiheit des einzelnen ein, gewähren dafür aber ein größeres Maß an Sicherheit gegenüber dem Feind. Der Zusammenhalt bzw. die Auflösungsbestrebungen einer Gruppe stehen im Zeichen eines fließenden Gleichgewichts. Steht die Gruppe unter Druck von außen, hält sie fest zusammen. Läßt der Druck nach, besteht eine Wohlstandsatmosphäre, dann überwiegen die Auflösungstendenzen. Gäbe es z. B. keine Kapitalisten, keine Kommunisten, keine Faschisten mehr, würden sich die antikapitalistischen, antikommunistischen und antifaschistischen Gruppen auflösen. Die Angst

vor dem Vorhandensein des jeweiligen Feindbildes muß immer wachgehalten werden; sie schweißt die Gruppe zusammen.
Intelligenz, Kraft, Mut und Entscheidungsfreudigkeit des Alpha-Tieres einerseits sowie die Organisation und Spannung einer Gruppe andererseits sichern deren Überlebenschance und erfüllen damit eine wichtige biologische Aufgabe. Der Zusammenschluß einzelner Mitglieder zu einer Gruppe führt nicht nur zur Summierung, sondern zur Potenzierung der Abwehrkräfte.
Affen haben in der Steppe als Einzeltiere praktisch keine Überlebenschancen. Als Gruppe mit gut organisierter Kampfformation, in der die jungen, kräftigen Tiere an der Spitze und an den Flanken der Formation die Mütter und Kleintiere schützen, sind sie selbst für Löwen oder Leoparden unangreifbar.
Die gleiche Potenzierung der Kraftentfaltung fand sich in der Struktur der römischen Legionäre. Der Germane als Einzelkämpfer war möglicherweise stärker und mutiger als der Legionär, aber das organisierte Zusammenwirken der Legionäre blieb letzten Endes erfolgreich und schuf als Gruppenziel den jahrhundertelangen Bestand eines geordneten Staatswesens.
Je mehr eine Gruppe unter dem Druck einer Daseinsgefährdung steht, um so explosiver und unkontrollierbarer wird ihre Aggressionskraft. Denken Sie an die unterdrückten Bauern des Mittelalters oder an die unterdrückten Arbeiter des Frühkapitalismus. Läßt der Umweltdruck nach, dann verflacht die Dynamik der Gruppe. Die Saturiertheit und der Wohlstand auf allen biologischen Gebieten löst die aggressivste Gruppe auf.
In unserer Zeit ist eine besondere Abneigung gegen-

über Bindungen zu beobachten. In den Religionen – »religio« heißt ja Rückbindung an Gott –, aber auch in der Ehe, in den politischen Parteien, bei Freundschaften, kurz überall findet sich das Phänomen einer verstärkten Lösung aus Bindungen. Auch in den disziplaniertesten politischen Parteien herrscht eine Tendenz zur Loslösung aus der absoluten Bindung in der Gruppe. Die vermehrten Ehescheidungen sind ein weiterer Beweis dieser Aufgabe von Bindungen.

Im Tierreich ist die Spannung zwischen rangbenachbarten Tieren besonders groß. Das Alpha-Tier muß nicht nur für den Kampf nach außen, sondern auch für den Kampf um seine Führungsposition ständig bereit sein. Eine einzige Fehlentscheidung, Unentschlossenheit oder Anzeichen von Angst führen unwiderruflich zum Verlust seiner Position. Diese Steuerung der Macht garantiert eine optimale biologische Führung.

Beim Menschen hingegen besteht eine ganz unbiologische Tendenz zur Fixierung einer einmal erreichten Macht. Alpha-Positionen werden vererbt und damit dem freien Spiel der Kräfte entzogen: Der Sohn eines Firmenchefs erbt die Position seines Vaters, die er oft aufgrund seiner Fähigkeiten gar nicht bewältigen kann.

Die demokratische Gesellschaftsform scheint mir in optimaler Weise die Ablöse eines gescheiterten Alpha-Tieres zu ermöglichen. Eine Demokratie ist natürlich nie die Herrschaft eines Volkes an sich, sondern immer die Herrschaft der biologisch potentesten Gruppe. Die programmierten Gruppenziele mit der Darstellung des Gruppenfeindes dienen dem Zusammenhalt der Gruppe; das eigentliche Ziel aber ist die Macht der Alpha-Tiere. Soweit die Möglichkeit nach einem demokratischen Wechsel der Alpha-

Tiere besteht, ist dieses System biologisch richtig. Die Alpha-Position jedoch, die rein aus der Zugehörigkeit zu einer Religion, einer politischen Partei oder einer elitären Finanzgruppe ausgeübt wird, ist eine Fehlprogrammierung und trägt den Keim des Unterganges in sich.

Es gibt keine gesunde Gruppe ohne hierarchische Struktur. Die Position an der Spitze muß aber das Ergebnis einer Potenz und nicht eines ererbten Privilegs sein. Soweit ist also unsere demokratische Welt die beste.

Selbstverständlich hat die Gruppenbildung auch für den älteren Menschen eine wichtige Funktion. Er braucht zunächst einmal Kommunikation, d. h. affektiven zwischenmenschlichen Kontakt, weil nur dieses Beisammensein mit Gleichgesinnten ihn vor der drohenden Einsamkeit bewahren kann. Es ist dabei ganz gleichgültig, ob es sich um einen Gesangsverein, einen Kegelklub, eine Wandergruppe, einen literarischen Zirkel oder eine Bastlergruppe handelt.

Ferner soll es, wie in jeder Gruppe, zu einer gewissen Rangordnung kommen. In einer Musik- oder Gesangsgruppe gibt es z. B. den Kapellmeister, den ersten Tenor, den zweiten Tenor, die erste Geige, die zweite Geige usw. . . . Da kann sich jeder ein bißchen in die Höhe rangeln; das wirkt leistungssteigernd, gibt Befriedigung, und dadurch verbessert sich der Gemütszustand.

Jemand, der glücklich von einem Gesangsverein oder einer Kegelpartie nach Hause kommt, ist der friedlichste Mensch. Natürlich muß auch die Frau eine Bridgepartie haben, einer Häkelgruppe angehören dürfen, eine karitative Tätigkeit ausüben können . . .

In diese Kategorie von Vereinen gehören natürlich auch die zahlreichen Seniorenklubs, die sich überall in immer größerer Zahl bilden. Dieses Phänomen zeigt, daß ein echtes Bedürfnis unter den älteren Menschen besteht, sich in einer Gruppe zu vereinigen. Sie wollen sich nicht nur gegenseitig ihr Herz ausschütten und ihr Leid klagen können, was ja bekanntlich als Katharsis schon Erleichterung bringt, sondern auch einen gewissen Schutz finden und die Möglichkeit haben, gemeinsam ihre Interessen, Wünsche und Forderungen nach Verbesserung ihrer Situation gegenüber jüngeren Menschen, also anderen Gruppen, durchzusetzen.

So gibt es also in jedem Bezirk, in jeder Pfarre Seniorenklubs. Man jausnet gemeinsam, was natürlich viel lustbetonter ist, als wenn man in seinen vier Wänden, allein, seinen Kaffee schlürft, und man bespricht alle Tagesereignisse. So gesehen ist das ein sehr brauchbarer Ersatz für die seinerzeitige Gemeinschaft des Dorfes, in der sich am Brunnen alles getroffen hat, und für die Bassena am Gang, die ein idealer Umschlagplatz für alle Neuigkeiten war. Der Mensch braucht Treffpunkte zum Austausch von persönlichen Sorgen und zur Mitteilung von freudigen Ereignissen.

Gruppenbildungen im Alter sind also biologisch richtig, allerdings unter zwei Voraussetzungen: Die Teilnahme muß freiwillig sein, und sie muß dem Betreffenden Lust bereiten.

Ein Unmusikalischer darf nicht in einen Gesangsverein und einer, der nie Sport betrieben hat, nicht in den Kegelklub!

Der Lustgewinn, der durch Kommunikation entsteht, verbessert die Lebensqualität im Alter.

Aktivitäten im Alter

Ich erinnere mich an eine Sendereihe im Rundfunk – ich glaube, sie hieß »In den Wind gesprochen«, die knapp nach Kriegsende von Hans Weigel gestaltet wurde. Es war damals sozusagen die Stunde Null, und der Wiederaufbau in Wien hatte gerade begonnen. Auf jedem Gebiet mußte viel geleistet werden, es gab aber naturgemäß auch viel Sand im Getriebe. Zu Beginn und am Ende jeder Sendung, die Mißstände aufzeigte, wiederholte Hans Weigel mit seiner emotionslosen, monotonen, gerade deshalb aber zu besonderer Aufmerksamkeit zwingenden Stimme die Worte, die ungefähr lauteten: »Es muß etwas geschehen, denn wenn nicht bald etwas geschieht, so wird etwas geschehen ...«

Seither ist viel Positives geschehen, aber sehr häufig resigniert der Wiener auch mit stoischer Ruhe und reißt sich »kan Hax'n aus, wenn eben nix g'schiecht«.

Zwischen diesen beiden Pendelausschlägen der Wiener Emotionalität »Es muß was g'schehen« und »Da kann man nix machen« schwankt unser Gemüt.

Jedes Geschehen bedeutet Aktivität, und Aktivität heißt Leben. Das Leben schlechthin ist eine aktive Leistung. Es kommt nur darauf an, daß diese Aktivität sinnvoll ist.

Ein Beispiel sinnloser Aktivität ist der epileptische Anfall: Es kommt zu Verkrampfungen, der Patient wird hin und her gebeutelt; nach einem solchen Anfall hat der Kranke eine Muskelarbeit geleistet, die so groß ist, wie wenn er dreimal auf den Großglockner gegangen wäre.

Der Effekt ist dabei aber Null, es handelt sich also um eine maximale Aktivität ohne Sinn und Ziel, die biologisch selbstverständlich falsch ist.

Ebenso sinnlos ist es, wenn Jugendliche in ihrer Sturm-und-Drang-Phase Auslagen einschlagen oder Autos anzünden. Auch hier geschieht etwas, aber nichts Vernünftiges! Der einzige Sinn solcher Handlungen ist die nachfolgende Beruhigung für den, der sie durchgeführt hat. Es liegt also eine Art von Übersprungshandlung vor. Wollte man aus dieser Erkenntnis eine vernünftige Konsequenz ziehen, müßte man alte Autos für Jugendliche bereitstellen, an denen sie sich austoben können.

Der Grundsatz, daß jede Aktivität zielgerichtet sein und einen Zweck verfolgen soll, gilt natürlich besonders für Senioren.

Wenn ein alter Herr drei Stunden spazierengeht, bedeutet das Aktivität, die zielgerichtet und sinnvoll ist: Seine Muskeln werden gekräftigt, sein Kreislauf wird angeregt, er bekommt Appetit, und er ist befriedigt, weil er etwas getan hat.

Es ist für den Menschen wichtig, mit seiner Aktivität ein Bedürfnis zu befriedigen. Dieses muß freilich nicht immer auf dem sportlichen Sektor liegen. Es kann auch auf geistigem Gebiet sein: Man liest ein Buch, man studiert ein Musikstück. Auch ethische Bedürfnisse gibt es. Ich bin bestimmt kein Heiliger, aber es gibt mir eine Befriedigung, wenn ich manchmal einen armen Teufel umsonst behandeln kann ...

Die Aktivität soll also ein bestimmtes Ziel haben. Und noch etwas ist für Senioren wichtig: die Kontrolle.

Wenn Sie z. B. mit Ihren Enkerln im Wienerwald spazierengehen, sind die Kinder zuerst nicht zu halten. Sie laufen herum, vor und zurück, aber nach einer halben Stunde sind sie müde, und dann heißt es: »Opa, gehen wir ins Wirtshaus ...!«

Dieses Austoben eines Energieüberschusses darf sich ein alter Mensch natürlich nicht mehr leisten. Er muß seine Aktivität unter Kontrolle haben. Wenn es zu einer Überforderung kommt, tritt eine Dekompensation in irgendeinem System auf: die Knöchel, die Knie, das Kreuz, der Kreislauf oder auch die Hirntätigkeit zeigen Ausgleichsstörungen, und gerade die wollen wir ja vermeiden.
Daher: Aktivität, ja! Auf allen Gebieten. Aber: Mit einem Ziel und unter Kontrolle!

Das Selbstwertgefühl

Das Selbstwertgefühl ist die Einschätzung, die jeder Mensch von seiner geistigen, körperlichen und seelischen Leistungsfähigkeit hat. Es gibt dabei natürlich kein objektives Maß; es ist vielmehr das rein subjektive Empfinden und Gefühl dessen, was man sich selbst zutraut. Das Selbstwertgefühl ist unsere lebensnotwendige Energiebatterie, mit der wir allen Umweltanforderungen entsprechen können. Bei Untersuchungen von 65jährigen hat man festgestellt, daß Männer ein viel größeres Selbstwertgefühl haben als ihre gleichaltrigen Geschlechtsgenossinnen. Männer trauen sich auf geistigem, erotischem oder sportlichem Gebiet viel, viel mehr zu als Frauen, die eher dazu neigen, sich im Alter zu unterschätzen. Sie fühlen sich nicht mehr aktiv, nicht mehr angesprochen, nicht mehr kontaktfähig.
Zur Bewältigung des Lebens müßte aber jeder eine richtige Portion Selbstwertgefühl haben, denn ein Mensch, der sich eine Leistung zutraut, hat sie auch schon halb vollbracht!
Ein Skiläufer, der schon vor der Abfahrt sagt: »Bei

diesem Tor werde ich bestimmt einen Stern reißen«, wird stürzen. Der Sportler aber, der sich vornimmt, und überzeugt ist, die geforderte Leistung auch zustande zu bringen, hat durch das Selbstwertgefühl die nötige Energie in seinem Nervensystem gelagert, und die Übung läuft dann von selbst, wie automatisch ab.

Warum ist das Selbstwertgefühl besonders für den alten Menschen so wichtig? Nehmen wir als Beispiel einen 70jährigen Pensionisten: Er liest in der Früh seine Zeitung, dann macht er einen Spaziergang im Beserlpark und trifft dort seine Freunde, mit denen er die neuesten Tagesereignisse bespricht, spielt dann eine Partie Schach, und am Abend hat er noch seine Tarockpartie. Dieser Mann wird sich sicher nicht überflüssig vorkommen; er hat Resonanz, durch seine Aktivitäten bereitet er sich selbst und den anderen Freude, sein Selbstwertgefühl wird durch die verschiedenen Tagesereignisse stimuliert und abgesättigt.

Bei einem Menschen hingegen, der das Gefühl hat, er sei zu nichts mehr zu gebrauchen und der mit sich nichts anzufangen weiß, bei dem kommt es nicht nur subjektiv, sondern auch objektiv zu einem Absinken seiner Leistungen und Tätigkeiten.

Die Kinder, die Enkel, die Freunde und Nachbarn können daher das Selbstwertgefühl eines alten Menschen gar nicht genug stimulieren: »Opa, heut' schaust aber wieder sehr gut aus . . . !« Oder: »Frau Pospischil, wie Sie wieder fesch beinand sind, wie a junges Pupperl!«

Wir wissen das ja alles aus eigener Erfahrung. Wenn wir z. B. mit Kindern eine Wanderung machen wollen, sagen sie schon vorher: »Opa, das ist ja so weit, ich will nicht so lange gehen.«

Wenn man ihnen darauf sagt: »Ihr seid's ja jetzt

schon große, fesche Burschen, ihr schafft's das leicht...«, dann setzt das allein schon Energien in Bewegung.

Das Komplimente-Machen ist ja ein uralter Brauch, um dem Mitmenschen etwas Angenehmes und Schmeichelhaftes zu sagen. Besonders in Frankreich haben die »compliments« und »révérences« Blüten getrieben, die sich in ihren bizarren Auswüchsen oft bis ins Lächerliche verstiegen. Immerhin erschienen sie den Menschen so wichtig, daß sie an Höfen in das Zeremoniell aufgenommen wurden.

Heute macht man sich's leider etwas zu bequem. Wir deuten bei einer Begrüßung häufig nur durch das Wort an, daß wir dem anderen etwas Angenehmes sagen wollen, indem wir murmeln: »Kompliment« – und das muß genügen! Bei älteren Herrschaften sollten wir uns wirklich ein bißchen mehr bemühen, ihnen etwas Nettes zu sagen und sie durch wohldosierte Komplimente, die auch einen individuellen Inhalt haben, schon bei der Begrüßung zu erfreuen und dadurch ihre Stimmung zu verbessern. Denn nichts ist für den alten Menschen schädlicher als Resignation. Er soll lebendig und aktiv bleiben. Nur die dauernde Aktion auf dem körperlichen, geistigen und seelischen Sektor schiebt den Defekt der Senilität, d. h. des Altwerdens, hinaus. Und dazu brauchen wir das Selbstwertgefühl! Es stellt sozusagen einen Aufladungsmechanismus dar, mit dessen Hilfe der alte Mensch seine Energiebatterie auffüllen kann.

Ich weiß natürlich nicht, ob Sie mit einem erhöhten Selbstwertgefühl länger leben, denn es ist ja kein objektives Maß. Aber glücklicher werden Sie sein!

Wo fehlt's denn

ODER
DIE GROSSEN UND DIE
KLEINEN LEIDEN

Ach, dieses Wetter! / Die Einsamkeit / Selbstgespräche / Die Angst / Erinnern und Vergessen / Die sogenannte Verkalkung / Dreimal Schwindel / Die Haltung / Energiestoffe im Gehirn / Die Frustrationstoleranz / Medikamente im Alter / Die Tablettensucht / Den Körper ein wenig betrügen / Der Kranke als Diktator / Gestufte Rehabilitation / Streß / Die Managerkrankheit / Midlife Crisis / Depressionen / Der lange Schlaf

Ach, dieses Wetter!

An manchen Tagen scheinen die Meteorologen unter uns zu sein. Jeder Zweite, der einem begegnet, verkündet:

»Also, heute kommt bestimmt noch ein schlechtes Wetter! Ich spür' so mein Kreuz«, oder »Mein Ischias tut mir heute wieder so weh, und im Kopf hab' ich solche Schmerzen, morgen wird's bestimmt regnen ...«

Wenn ich drauf sage: »Aber das gibt's doch nicht. Im Wetterbericht haben sie soeben ein mächtiges Hoch angekündigt«, dann lächeln sie nur milde und erwidern: »Aber Herr Professor, Sie werden schon sehen. Im Radio erraten sie's auch net immer!«

Welchen Einfluß hat nun tatsächlich das Klima unseres Planeten auf seine Lebewesen?

Eine Orchidee kann nur im tropischen Klima gedeihen, eine Eidechse muß sich im Winter, wenn es kalt ist, verkriechen, sonst erfriert sie, weil sie ein Kaltblüter ist. Der Mensch aber hat eine nervöse Struktur, die es ihm ermöglicht, sich an wechselnde Umweltbedingungen anzupassen. Er ist ein Warmblüter und kann durch Steuerung seiner Stoffwechselvorgänge seine Körpertemperatur konstant erhalten.

Ist das Milieu kalt, dann nehmen Fühler, sogenannte Rezeptoren, die Temperatur auf, leiten die Erregungen zu einer Schaltstelle des Wärmezentrums im Gehirn, von wo Impulse zur Steigerung der Verbrennung ausgesandt werden, was eine Erhöhung der Körpertemperatur bewirkt. Das Zittern bei Kälte ist

ein typisches Zeichen für die Reaktion des Körpers, Wärme zu erzeugen.
Ist das Milieu dagegen heiß, dann meldet wieder ein Rezeptor die Temperatur an das Zentrum, und von dort werden die Hautgefäße weitgestellt, um mehr Wärme an die Umgebung abzugeben. Es kann zur Schweißbildung kommen, wobei die Verdunstungskälte zu einer Senkung der Temperatur führt.
Nicht nur die Temperatur, auch die Feuchtigkeit des Milieus, der Luftdruck, die elektrische Ionisation und die übrigen klimatischen Bedingungen verändern sich dauernd. Alle diese Umweltveränderungen muß der Mensch ausgleichen. Welche Hilfsmittel stehen ihm dabei zur Verfügung?
Im wesentlichen vollbringt er seine Anpassungsleistungen mit Feedbackregulationen. Feedback heißt wörtlich: Rückernährung, im weiteren Sinn: Steuerung durch Rückmeldung.
Eine hohe Außentemperatur wird durch Rezeptoren aufgenommen, und Maßnahmen zur Abkühlung werden eingeleitet. Die jeweilige Körpertemperatur wird dem Zentrum rückgemeldet (Feedback), so daß bei Erreichen der erwünschten Mittellage die Wärmeabstrahlung gestoppt wird, sonst würde es zu einer Unterkühlung des Körpers kommen.
Das erwünschte Ziel ist immer eine Konstanterhaltung der Lebensvorgänge im Inneren des Organismus, die wir »Homöostase«, d. h. gleichbleibender Zustand, nennen. Diese Homöostase ist keine Starre, sondern vielmehr ein Schwingen, ein Pendeln um eine Mittellage. So sind z. B. der Blutzucker, die Körpertemperatur und der Blutdruck vormittags niedriger, am Nachmittag jedoch etwas höher.
Die Konstanterhaltung gegenüber Milieueinflüssen ist natürlich nur innerhalb gewisser Grenzen mög-

lich. So kann man unter Umständen in der Wüste an einem Hitzschlag sterben und auf einem Gletscher erfrieren, denn gewisse Extremsituationen kann der Körper nicht mehr ausgleichen.

Die Feedbackregulationen werden durch sogenannte Transmitter, d. h. Überträger, gesteuert. Das sind chemische Moleküle, die in den Nervenzellen gelagert sind und auf einen Impuls hin freigesetzt werden und eine Funktion zur Konstanterhaltung der Lebensvorgänge auslösen.

Das Noradrenalin z. B. steigert den Blutdruck, die Herzleistung, aber auch die Initiative und die Entschlußkraft. Das Serotonin löst Schlaf, Beruhigung, Blutdrucksenkung und die Regulation der Verdauung aus. Licht und Wärme stimulieren die Noradrenalin-Aktivität, Dunkelheit und Kälte die Serotonin-Aktivität. Wir wissen über diese Vorgänge so genau Bescheid, weil es Krankheiten gibt, die durch ein Defizit dieser chemischen Transmittersubstanzen zustande kommen, z. B. die Depression oder die Parkinsonsche Krankheit. Durch den Mangel an Transmittern sind diese Kranken nicht fähig, Umweltreize zu neutralisieren, und leiden daher besonders unter Wetterverschiebungen.

Wenn ich am Sonntag Tennis spielen möchte, frage ich am Freitag meine Parkinson-Kranken, wie sie sich fühlen. Haben sie keine Beschwerden, dann wird das Wetter gut sein und ich kann mir für Sonntag ein Tennismatch vereinbaren. Auch die depressiven Kranken spüren Wetterveränderungen besonders arg, und nicht selten kommt es in Wetter-Streßphasen zu Selbstmordversuchen.

Es gibt natürlich auch wetterempfindliche Menschen, die konstitutionell über ein zu geringes Kontingent an Überträgerstoffen verfügen und daher auf Wetterveränderungen mit Schlafstörungen, Kopfschmerzen und Herzbeschwerden reagieren. Besonders bei Föhn kommt es zu Entgleisungen, die sich entweder in Erregung, Aggressivität und Spannung oder aber in Apathie, Inaktivität und Schläfrigkeit äußern. Bei der letzteren Gruppe besteht ein Serotonin-Überschuß, bei der ersteren ein Noradrenalin-Überschuß. Als bestes Gegenmittel sind geringe Dosen von antidepressiven Medikamenten zu empfehlen, weil sie das Defizit an Überträgerstoffen auffüllen und damit wieder eine ausgeglichene Gemütslage herstellen.

Im Alter lassen die Beschwerden der Wetterfühligkeit nach. Warum? Weil auch der völlig gesunde Organismus nicht mehr so viele Überträgerstoffe zur Verfügung hat. Das heißt aber nicht, daß im Alter die Wetterveränderungen den Organismus nicht beeinträchtigen! Im Gegenteil! Sie sind für das Alter viel gefährlicher, weil das Meldesystem nicht mehr so gut funktioniert, um ausgleichend wirken zu können. Es kann zu Thrombosen nach Operationen, zu Schlaganfällen, zu Herzinfarkten kommen.

Je rascher und abrupter klimatische Veränderungen eintreten, um so schwerer sind sie von alten Menschen auszugleichen und zu verkraften. Bei Reisen müssen ältere Leute daher besonders aufpassen. Sie können ruhig mit dem Schiff nach Amerika fahren, denn da stellt sich der klimatische Wechsel allmählich und gleitend ein –, aber mit dem Fliegen sollte man sehr zurückhaltend sein!

Jede brüske Klimaänderung birgt für den alten Menschen ein Risiko. Daher der Rat: »Lieber gesund in einem Kaffeehaus in Wien, als tot in Caorle!«

Die Einsamkeit

Wenn ich am Abend nach meiner Ordination nach Hause komme, nachdem mir so ungefähr 30 bis 40 Patienten ihr Herz ausgeschüttet haben, und ich sie geduldig angehört, behandelt und seelisch wieder aufgerichtet habe, ist meine Energiebatterie erschöpft. Ich will niemanden mehr sehen und hören und sehne mich nach Einsamkeit, um in Ruhe wieder aufladen zu können. Meine Frau weiß: Jetzt muß sie mich allein lassen.

In diesem Zeitpunkt ist die Einsamkeit eine Notwendigkeit, eine Wohltat für mich. Es kennt ja jeder von uns das Unbehagen und das Unlustgefühl, das einen überfällt, wenn man zu lange mit vielen Menschen beisammen war; man weiß dann überhaupt nicht mehr, »wo einem der Kopf steht«. Man bedauert, daß man nicht ein Schneckenhaus hat, aus dem man seine Fühler herausstrecken kann, wenn man das Bedürfnis nach Kontakt hat, in das man sich aber sofort zurückziehen kann, wenn man genug davon hat.

Jede Begegnung mit Menschen kostet eben Kraft; sowohl das Sprechen als auch das Zuhören verbraucht Energie. Durch Veranlagung, körperliche Kondition, Wettereinflüsse, jeweilige Stimmung und viele andere Komponenten wird unser Energiekontingent bestimmt. Außerdem ist seine Verfügbarkeit individuell verschieden.

Es gibt daher für jeden Menschen eine Grenze der Kontaktfähigkeit, an der er sagt: »So, jetzt habe ich genug!« Die Einsamkeit, die er sich in diesem Zustand der Ermüdung und Erschöpfung wünscht, hat also den Sinn, den Energiehaushalt und die seelische Bilanz wieder zu normalisieren. In diesem Fall ist das Alleinsein ein Segen.

Sobald man jedoch zur Einsamkeit gezwungen ist, kann sie zu einem Fluch werden. Nehmen wir als Beispiel ein altes Mutterl, das im vierten Stock wohnt, ganz allein ist, nicht mehr Stiegensteigen kann und darauf angewiesen ist, daß ihm einmal am Tag jemand ein warmes Essen bringt. Für diese Frau ist die Einsamkeit eine furchtbare seelische Belastung, denn der Zwang des »Allein-sein-Müssens« bewirkt eine Stimmung der Unlust und des Unbehagens, die bis zur Depression führen kann.
Es wäre andererseits völlig sinnlos zu glauben, daß man einen alten Menschen ununterbrochen unterhalten, ihm etwas zeigen oder ihn irgendwohin führen muß: »Komm Oma, jetzt fahren wir in den Prater, jetzt zeig' ich dir die UNO-City, und im Frühjahr fliegen wir nach Mallorca!« Das ist schlecht, weil es zuviel ist, denn der alte Mensch kann die Fülle von Eindrücken gar nicht aufnehmen und schon gar nicht verarbeiten.
Je älter man wird, um so mehr sinkt die Lebensenergie ab: der Kreislauf, die Muskelkraft, die Konzentrationsfähigkeit, alle biologischen Qualitäten und natürlich auch das Bedürfnis nach menschlichem Kontakt. Der alte Mensch hat, wenn er 20 oder 30 Minuten mit jemandem spricht, zuhört oder sich etwas anschaut, genug. Darum schlafen ja auch die Leute so gut beim Fernsehen ein: Die ersten 20 Minuten hören und sehen sie interessiert zu, dann sind sie müde und schalten ab, aber nicht ihr Fernsehgerät, sondern ihren eigenen Empfangsapparat im Hirn, weil sie nach dem Aufnehmen und Verarbeiten von Eindrücken eine Ruhepause brauchen.
Was können wir gegen die erzwungene Einsamkeit der älteren Menschen tun? Häufige, kurzfristige Besuche, aber nicht aus Zwang oder Höflichkeit und

mit einem Riesengeschenk, sondern aus dem ehrlichen Bedürfnis, sich um den einsamen Menschen zu kümmern und darauf einzugehen, was er braucht und was er gerne hätte.
In einer modernen Großstadt stößt das leider oft auf Schwierigkeiten, weil die Entfernungen zu groß sind. Die Kinder wohnen häufig viel zu weit weg von den alten Eltern. Früher war es diesbezüglich einfacher: Da war Wien ein Dorf, und rundherum wieder viele kleine Dörfer: Meidling, Hernals, Döbling, Währing. In diesen kleinen Lebenseinheiten haben die Kinder ihre Eltern und die Eltern die Großeltern besucht, und die Oma hat auf die Enkerln aufpassen können, wenn sie gebraucht worden ist, und hat nicht erst stundenlang mit der Straßenbahn fahren müssen. Die älteren Leute haben dadurch das Gefühl gehabt, daß sie in der Familie integriert waren. Wenn aber die Großeltern an einem Ende der Stadt wohnen, und die Kinder ziehen ans andere Ende, geht das natürlich nicht.
Diesen Bruch kann man auch beobachten, wenn man versucht, einen alten Hernalser in ein Seniorenheim nach Kagran zu bringen! Dort ist er todunglücklich – da lebt er lieber im Keller in Hernals!
Wir müssen also die dörflichen Einheiten – im übertragenen Sinn – wieder kultivieren, denn nur diese Einheit gibt dem alten Menschen die Möglichkeit, immer wieder aus seiner erzwungenen Einsamkeit herauszukommen und, wenn er genug hat, sagen zu können: »So, Kinder, übermorgen kommts wieder«, und alle sind zufrieden.
Die Einsamkeit ist ein Segen für den gehetzten Politiker, für den Manager, für alle im täglichen Streß stehenden Berufstätigen – sie ist eine Qual für den alten Menschen, der einsam bleiben *muß.* Erinnern

wir uns an das schöne Wort von Karl Heinrich Waggerl: »Schweigen ist ein köstlicher Genuß, aber um ihn ganz auszuschöpfen, muß man einen Gefährten haben, allein ist man nur stumm.«
Haben wir das erst einmal erkannt, dann läßt sich dagegen auch etwas tun. Probieren wir es doch!

Selbstgespräche

Die Einsamkeit kann fallweise so belastend sein, daß einsame Menschen oft Selbstgespräche führen, um sie irgendwie zu überwinden.
Der Mensch ist eben ein Gruppentier und braucht den zwischenmenschlichen Kontakt. Hat er ihn nicht, dann schafft er sich durch Selbstgespräche gleichsam einen Partner, um diesen Mangel auszugleichen. Ein Teil dieses Menschen spricht, und der andere Teil hört sozusagen zu.
Eine Hausfrau beginnt z. B. am Morgen laut zu denken: »Jetzt mach' ich zuerst die Betten, dann geh' ich einkaufen, da darf ich nicht auf das Gemüse vergessen, und auf dem Heimweg muß ich mir noch ein Waschmittel vom Supermarkt mitnehmen ...«
Durch dieses laute Denken hat sie nicht immer das Gefühl des absoluten Alleinseins und programmiert sich gleichzeitig ihre Arbeitseinteilung.
Es gibt auch Menschen, die Selbstgespräche führen, weil sie an einem Verfolgungswahn leiden. Die Frau Pospischil z. B. hört Stimmen von Menschen, die ihr unbekannt sind und die sie beschimpfen. Sie bleibt ihnen natürlich auch nichts schuldig. Solche Geisteskranke müssen nicht immer in eine Anstalt eingeliefert werden. Sie sind ja nicht gemeingefährlich, sie behandeln sich sozusagen mit ihren Selbstgesprächen

und gewinnen dadurch ihr psychisches Gleichgewicht wieder.
Andere Menschen führen Selbstgespräche, weil sie durch ihren Beruf ständig in der Einsamkeit leben müssen; etwa ein Hüttenwirt auf einer entlegenen Schutzhütte oder ein einsamer Bergbauer. Sie müssen Stimmen hören, damit die Sinnesfunktion für akustische Reize nicht verkümmert, denn der Mensch hält absolute Stille genausowenig aus wie ununterbrochenen Lärm. Solche Waldschratt-Typen führen den ganzen Tag Selbstgespräche, um ihre akustische Appetenz zu befriedigen.
Schließlich gibt es Menschen, die unter einem Zwang Wortfetzen herausstoßen, wie Tick-Kranke, die Zwangsentladungen ihrer Gesichtsmuskulatur oder auch stereotype Zuckungen im Schultergürtelbereich haben, die sie nicht unterdrücken können. So ähnlich ist es bei den Zwangsentladungen der Sprache. Manche Menschen stoßen z. B. beim Spazierengehen eine Reihe von Wortfetzen heraus, meist nicht sehr vornehme Wortbildungen, die sie jedoch nicht unterdrücken können.
Es gibt also verschiedene Ursachen und Motive, Selbstgespräche zu führen. Wir sollten Menschen, die das tun müssen, nicht gleich mit Mißtrauen begegnen und einen Bogen um sie machen. Ihre Selbstgespräche sind gleichsam ein Selbstausgleich zur Überwindung eines seelischen Mangels.

Die Angst

Angst ist ein Zustand von Unbehagen und Unlust, und es gibt wohl kaum jemanden, der sich wünscht, Angst zu haben. Nun wissen wir aber, daß Angst jede

Rasse und jedes Alter, vom Kind bis zum Greis, erfassen kann. Da taucht natürlich die Frage auf: Hat die Angst eigentlich eine Funktion im Leben des Menschen?

Wir wissen heute, wodurch Angst entsteht: Sobald Noradrenalin, ein chemischer Stoff, der in den Nervenzellen gelagert ist, nach seiner Freisetzung an bestimmte Empfänger gelangt, hat der Mensch Angst. Wodurch entsteht dieser Vorgang?

Im Hirnstamm, dem ältesten Teil unseres Gehirns, besteht ein nervöses Kommunikationssystem, das eine Verbindung zwischen den Funktionen des Vegetativums, also dem Bereich der unbewußten Lebensvorgänge, den Affekten, d. h. den Gefühlsregungen, und der Motorik herstellt. Es heißt retikuläres (netzartiges) System, weil es durch eine weitläufige netzartige Struktur gekennzeichnet ist. Sämtliche Rezeptoren von Empfindungen, wie Berührungsreize, Wärmereize, Schmerzreize, aber auch optische, akustische, Geruchs- und Geschmacksreize, leiten ihre Erregungen der Hirnrinde zu, wo bewußte Empfindungen aus dem Milieu entstehen. Alle diese Erregungen ziehen durch den Hirnstamm, wo sie Erregungen an das retikuläre System abzweigen, was zu einer Erregungs- und Aktivitätssteigerung der gesamten Hirnrinde führt. Diese Erregung nennt man »arousal reaction« (d. h. wachmachende Reaktion).

Ein Beispiel zur Erläuterung: Ein Mann geht nachts durch einen finsteren Wald. Plötzlich hört er einen Schuß. Der akustische Reiz wird von den Rezeptoren des Ohres aufgenommen und der Hirnrinde zugeleitet. Dort wird ihm der Schuß bewußt. Gleichzeitig gehen im Hirnstamm Erregungen an das retikuläre System ab, wodurch in der gesamten Hirnrinde eine Aktivitätssteigerung ausgelöst wird. Diese kortikale

»arousal reaction« bewirkt, daß der Mann plötzlich hellwach ist. Gleichzeitig kommt es zur affektiven »arousal reaction«: Der Wanderer hat Angst. Ferner zur vegetativen »arousal reaction«: Er bekommt Herzklopfen. Schließlich über absteigende Bahnen zur spinalen »arousal reaction«: Der Muskeltonus wird gesteigert. Diese generelle »arousal reaction« befähigt den Mann zum Kampf oder zur Flucht, also zur Bewältigung der Gefahr auf diese oder jene Art. Eine Aktivierung dieses Systems befähigt jedes Lebewesen, das Zebra in der Steppe genauso wie den Menschen im modernen Großstadtverkehr, lebensbedrohliche Situationen zweckmäßig und erfolgreich zu überwinden.

Das entscheidende Phänomen an dieser biologischen Gesamtaktivierung durch das retikuläre System besteht in einer ganzheitlichen integrierten Reaktion. Durch die retikuläre Stimulierung werden gleichzeitig Affekte der Erregung, der Spannung und der Angst aktiviert, die Bewußtseinshelligkeit gesteigert und die motorische Reaktionsfähigkeit in größere Bereitschaft versetzt. Die Angst bewirkt eine gesteigerte Leistung, sie wirkt also in diesem Fall lebensfördernd. Eine lebensfeindliche Angst sehen wir dagegen z. B. bei Geisteskrankheiten. Ein Schizophrener hört Stimmen oder bildet sich ein, er werde verfolgt. Dabei werden aus seinen Nervenzellen Angstmoleküle freigesetzt, die eine Angst ohne Motiv erzeugen, also eine chemische, eine lebensfeindliche Angst.

Dann gibt es noch die neurotische Angst, die auch sehr lästig sein kann. Sigmund Freud hat sich vorgestellt, daß Schuldgefühle auftreten, wenn man in der Kindheit irgend etwas angestellt hat, und daß aus diesen Schuldgefühlen Angst entsteht. Als Erwachsener hat man dann nur mehr die Angst und weiß gar

nicht mehr warum. Nun hat man versucht, durch die Psychoanalyse diese unbewußten Eindrücke der Kindheit wieder lebendig zu machen und hat erwartet, daß dadurch die Angst aufhört. Das stimmt aber nicht! Wenn die Angst einmal festgefressen ist, läßt sie sich auf diese Weise nicht mehr beseitigen.
Wir haben heute jedoch so wunderbare Medikamente, daß man jemanden gar nicht zwei Jahre auf eine Couch legen und Träume erzählen lassen muß. Man beseitigt die lebensfeindliche, krankhafte Angst durch Psychopharmaka und klärt mit Hilfe einer Motivanalyse die biologische Situation auf. Ein Zuspruch, der das Selbstbewußtsein stärkt, kann einer weiteren Angstreaktion das Motiv nehmen.
Ganz beseitigen soll man die Angst aber nicht! So hat z. B. jeder Politiker, Arzt, Rechtsanwalt, Kaufmann oder Künstler eine gewisse Existenzangst. Was bewirkt sie? Eine Leistungssteigerung. Pragmatisierte haben diese Angst nicht!
Auch die Angst vor dem Tod hat ihre gute Seiten, denn sie führt uns dazu, daß wir ein bißchen mehr auf unseren Körper achtgeben, rechtzeitig zum Arzt gehen, Vorsorge treffen.
Die Angst vor der Zukunft schließlich führt dazu, daß man spart und sich sagt: »Wenn ich alt bin, kann ich von dem Speck ein bißchen zehren.«
Das Lampenfieber der Schauspieler ist auch eine Art von Angst, die ihre Leistung steigert.
Also: Die lebensfeindliche Angst muß mit Medikamenten behoben werden, denn wenn es einmal zu Schlaflosigkeit, Appetitlosigkeit und Depressionen kommt, dann ist sie ein Gemütszustand, der Wohlbefinden und Gesundheit beeinträchtigt.
Aber ein bißchen Angst soll immer im Leben da sein. Ich möchte einen kleinen Vers von Wilhelm Busch

zitieren: »Das Gute – dieser Satz steht fest – ist stets das Böse, das man läßt.«
Und mit ein bißchen Angst unterläßt man sehr viel Böses, und daraus wird etwas Gutes!

Erinnern und Vergessen

An einem sonnigen Herbsttag sitzen drei Pensionisten im Park beisammen und lassen sich's gutgehen. Da geht ein junges, fesches Mädchen vorbei, worauf der erste sehnsüchtig sagt: »Einmal möcht' ich noch so an Mädl a Busserl geben . . .!«
Der zweite meint: »Einmal möcht' ich's noch streicheln . . .!«
Der dritte aber kratzt sich nachdenklich am Kopf und sagt zögernd: »Da war doch *noch* was . . .?«
Wie so oft liegt auch bei diesem Scherz die Pointe in der maßlosen Übertreibung. So alt kann ein Mensch gar nicht sein, daß er sich nicht mehr an seine Instinkthandlungen erinnern kann, denn die Instinkte gehören zum ältesten und wesentlich dauerhafteren Teil unseres Gedächtnisses.
Was ist das überhaupt: Unser Gedächtnis? Wenn wir in einem Computer Informationen speichern, kann er sie wiedergeben, wenn sie verlangt werden. Bei unserem Gedächtnis ist das aber viel komplizierter. Es wird nämlich aus zwei Quellen gespeist: Einerseits durch Erinnerungen und Wahrnehmungen, die wir selbst mit unseren Augen und Ohren sowie mit unserem Tastsinn und unserem Geschmackssinn gemacht haben; anderseits besitzt unser Gedächtnis schon seit 100 Millionen Jahren einen Schatz an Erfahrungen, den unsere Vorfahren gesammelt haben und den wir sozusagen als Erbe

durch unseren genetischen Code mitbekommen haben. Diese Erfahrungen sind wie alte Folianten in einer Bibliothek; sie sind nicht ständig präsent, sind aber greifbar und können in gewissen Situationen hervorgeholt werden und unser Verhalten bestimmen. Dazu gehören die oben erwähnten Instinkte, die wir mit den Tieren gemeinsam haben.

Ein Paradebeispiel dafür ist die »Instinktangst« des Affen vor der Schlange, die sein biologischer Feind ist. Wenn eine Schlange leise auf ein junges Afferl zukriecht, beginnt es schon a priori, ohne daß es vorher jemals schon schlechte Erfahrungen gemacht hätte, in Todesangst zu schreien und flieht in panischem Schreck, denn es hat die Erinnerung an seinen biologischen Feind »Schlange« schon geerbt, es hat sie, wie alle seine anderen Instinkte, mit der Erbmasse in sein Gedächtnis übernommen.

Würde man diesem Affen die Schläfelappen im Gehirn herausschneiden, hätte er auf einmal keine Angst mehr; er würde dann sogar mit der Schlange spielen, weil sein Erinnerungsdepot für diese instinktive Verhaltensweise gelöscht wäre.

Wir sehen also, daß Instinkte und auch persönliche Gedächtnisleistungen an bestimmte Nervenzellen gebunden sind, in denen sie nach Art eines chemischen Code gelagert, gespeichert und jederzeit abrufbereit sind. Diesen chemischen Code können wir uns etwa so vorstellen, wie eine Verständigung zwischen Flugkapitänen oder Astronauten. Sie haben Abkürzungen und Schlüsselwörter, die etwas ganz Bestimmtes bedeuten. Das wäre also das chemische Substrat des Gedächtnisses.

Wie genau oder ungenau wir uns an etwas erinnern können, hängt aber weitgehend davon ab, wie sehr wir an dem in unserer Erinnerung objektivierten Erlebnis affektiv-emotional beteiligt, wie stark wir gefühlsmäßig engagiert waren. So kann es sein, daß zwei Menschen sich an ein und dasselbe Ereignis, das sie sogar gemeinsam erlebt haben, in sehr verschiedenem Ausmaß erinnern können:

Der Playboy hat bei seinem nächsten Flirt schon längst vergessen, wie, wo und wann es ihm gelungen ist, die Mizzi herumzukriegen, während sie dieses Erlebnis wahrscheinlich ihr Leben lang nicht vergessen wird. Nicht weil sie ein besseres Gedächtnis hat als er, sondern weil es für sie ein tiefgreifendes Erlebnis mit Prägungscharakter war, während es für ihn ein flüchtiges Abenteuer mit nur geringer Gefühlsbeteiligung darstellte, dessen Eindruck im Gedächtnis von unzähligen anderen Abenteuern hinweggewischt und überdeckt worden ist.

Je älter im übrigen eine Information ist, um so sicherer ist sie in unserem Gehirn verankert, um so beständiger ist sie. Man begegnet immer wieder alten Leuten, die aus ihrer Schulzeit her noch Hexameter von Homer und Vergil deklamieren können. Wohin sie aber vor zwei Minuten ihre Brille gelegt haben, wissen sie nicht mehr.

Ein anderes Beispiel: Im Rahmen von bestimmten Tests werden alte Leute gefragt: »Wer regiert denn jetzt in Österreich?« – »Jetzt? – Na, ich glaub', der Kaiser Franz Joseph.«

Wenn das Gedächtnis für Namen aus der Gegenwart nachläßt, dann taucht aus der Vergangenheit ein Name auf, der dort schon lange gelagert ist. Wir merken uns auch Gesichter, Haltungen und Gestalten von Menschen leichter als Namen. Das ist verständlich, weil der Name eine Begriffsbildung unserer Hirnrinde voraussetzt, also mit dem Verstand zusammenhängt. Nun ist aber der Verstand jener

Teil des Gehirns, der sich sowohl in der Evolution der Menschheit als auch bei der Entstehung des Individuums später entwickelt hat und daher auch früher störbar ist.

Jeder von uns ärgert sich natürlich, wenn ihm etwas nicht einfällt! Aber je mehr man sich ärgert, um so weniger fällt es einem ein. Die Hauptsache ist, man behält das Wesentliche!

Ich habe einen Trick: Ich ärgere mich nie, wenn mir etwas nicht einfällt. Wenn ich etwas vergessen habe, sage ich mir ganz einfach: Das war eben für mich nicht wichtig!

Die sogenannte Verkalkung

Ein altes Mutterl kommt zum Arzt und sagt: »Herr Doktor, ich bin so schwindlig, hören tu ich nix, und saus'n tut's . . .«

Wenn der Arzt darauf sagt: »Ja, das ist der Kalk, da kann ma nix machen«, dann ist das ein Unsinn, denn es ist fast nie der Kalk, der diese Beschwerden verursacht.

Wenn Patienten an einer sogenannten Arteriosklerose gestorben sind, stellt sich bei der Obduktion immer wieder folgendes heraus: Manche hatten eine totale Verkalkung in den Gefäßen, ließen aber geistig und seelisch überhaupt nichts davon merken; andere wiederum waren geistig völlig abgebaut, ohne daß man in den Gefäßen etwas feststellen konnte. Zwischen einer Arteriosklerose des Gehirns (also einer Gehirnverkalkung) und dem geistigen und seelischen Zustand bestehen also keine absoluten Zusammenhänge.

Ein weiteres Beispiel. Ein 80jähriger Mann kommt zu

mir und sagt: »Herr Doktor, stimmt das – ich soll kein Fett essen?«
Darauf frage ich ihn: »Ja, warum denn?«
»No, weil ich so ein hohes Cholesterin hab'!«
Wieder ein Unsinn! Es kommt bei der Hirnernährung nicht so sehr darauf an, was durch die Blutgefäße fließt, sondern auf das, was vom Hirn faktisch verwertet wird. Die Verwertungsstörung führt natürlich zur Vergeßlichkeit: »Na, wie heißt denn der g'schwind?«, und es fällt uns nicht ein! Aber das hat mit Verkalkung überhaupt nichts zu tun.
Die Verwertungsstörung, die mangelhafte Ernährung des Gehirns ist primär ein Fermentmangel, so wie im Alter z. B. auch die Verdauung oft nicht mehr richtig funktioniert. Da nimmt man dann eben ein Enzympräparat oder etwas ähnliches, und dann geht es wieder!
Das Prinzip, die Ernährung des Gehirns zu verbessern, besteht darin, den Ernährungsdruck zu verbessern. Was heißt das? Vom Herzen bis zum Gehirn werden die Blutgefäße immer kleiner, kleiner und kleiner. Über die kleinsten Gefäße erfolgt dann der Stoffaustausch in das Gehirngewebe, und in diesen kleinsten Gefäßen, die fast nie eine Arteriosklerose haben, muß der Druck natürlich größer sein als in der Umgebung, weil ja sonst nichts herausrinnt!
Wir müssen also trachten, daß der Druck, der das Blut in diese Endstrecken hineinpreßt, erhöht wird. Weiters müssen wir darauf achten, daß das Blut dünner gemacht wird, denn auch Honig rinnt ja z. B. nicht so schnell wie Wasser. Je dünner das Blut ist, um so weniger muß sich das Herz anstrengen, diese Flüssigkeit ins Hirn zu bringen.
Es gibt eine ganze Reihe von Medikamenten, die dazu imstande sind, und es ist sicher keine unzuläs-

sige Propaganda, wenn ich das Strophantin als das günstigste nenne.
Wenn also jemand unter Zeichen einer deutlichen Abnahme seiner geistigen Leistungsfähigkeit und seiner seelischen Verhaltensweise steht, ist es das beste, einerseits mit Strophantin die Kraft des Ernährungsdrucks (nicht die des Blutdrucks) zu erhöhen, und andererseits durch ein Mittel (wir nennen es Plasma-Expander) das Blut so zu verdünnen, daß in die Endgebiete wieder eine optimale Ernährungssubstanz gebracht wird.

Dreimal Schwindel

Der Schwindel ist ein Unlustgefühl, ein Unbehagen im Kopf, bei dem man nicht weiß, was eigentlich los ist. Nun gibt es verschiedene Arten von Schwindel.
Erstens den Dreh- oder Ménière-Schwindel. Eine ältere Dame oder ein älterer Herr liegen im Bett. Auf einmal fängt sich alles zu drehen an. Diese Empfindung wird durch eine Erregung im Gleichgewichtsorgan ausgelöst.
Zweitens kennen wir den Schwindel, den uns Paul Hörbiger und Hans Moser sehr eindrucksvoll in ihren Filmen demonstrieren, wenn sie von Grinzing nach Hause wackeln. Wir wissen ja, wie man sich fühlt, wenn man zuviel Alkohol getrunken hat und dann wie auf einem Schiff herumbalancieren muß, um das Gleichgewicht zu erhalten.
Drittens gibt es noch den sogenannten vaskularen Schwindel, den sicher schon viele erlebt haben. Man macht einen Mittagsschlaf, das Telefon läutet, man springt auf, und plötzlich wird's einem schwarz vor den Augen; man hält sich irgendwo an, und nach ein

paar Sekunden ist alles wieder in Ordnung. Durch die plötzliche Lageveränderung ist es zur Blutleere im Gehirn gekommen, und man hat das Gefühl: Jetzt ist etwas passiert, jetzt könnte ich zusammenfallen. Der erste Gedanke: »Jössas, is' das a Schlagerl?« Nein, es ist natürlich kein Schlaganfall!

Eine Unterscheidung der verschiedenen Arten des Schwindels ist deshalb wichtig, weil man individuell Abhilfe schaffen kann.

Nehmen wir an, Sie sind ein älterer Herr, fahren mit dem Auto aus der Garage, drehen sich um, und bei dieser Gelegenheit wird die Halswirbelsäule, die nicht mehr ganz so knusprig und so beweglich ist wie einst, verdreht und verspannt, wodurch es zu einer Durchblutungsdrosselung in einer Arterie kommt. Diese Durchblutungsdrosselung führt zu einer Erregung in den Kerngebieten des Gleichgewichtsorgans. Die Folge ist ein Drehschwindel. Eine große Sache? Nein! Sie werden zu einem Orthopäden gehen, sich die Halswirbelsäule untersuchen lassen, und sie wird massiert, elektrisch behandelt oder dergleichen. Das läßt sich reparieren.

Auch der Ménièresche Drehschwindel, von dem man im Bett überfallen werden kann, läßt sich behandeln. Wenn er beim Stehen eintritt, kann er gräßlich sein. Patienten erklären es oft mit den Worten: »Da haut es einen direkt zu Boden, so arg ist das!« Gegen diesen Schwindel haben die Ohrenärzte sehr gute Medikamente. Das ist also auch keine schwerwiegende Sache.

Beim vaskularen Schwindel muß man allerdings ein bißchen achtgeben. Wir fahren z. B. mit einer Seilbahn von 800 m auf 1800 m Höhe. Also ein beträchtlicher, plötzlicher Höhenunterschied. Oben steigen Sie aus, sagen noch: »Oh, wie schön!«

Auf einmal kommt es durch eine Mangeldurchblutung zu einem Sauerstoffmangel des Gehirns. Resultat: Ein unangenehmer Bewußtseinszustand, bei dem man das Gefühl hat, jetzt passiert etwas. Also: ein vaskularer Schwindel. Was können wir dagegen machen, wenn kein Arzt in der Nähe ist?
Sofort niederlegen und Ruhe geben. Wenn Sie wissen, daß solche Zustände bei Ihnen öfters vorkommen, müssen Sie zu einem Internisten gehen, damit er Ihren Kreislauf verbessert, wodurch wieder eine optimale Garantie für eine gleichmäßige Hirndurchblutung gegeben ist.
Also: Der Schwindel, den wir erleiden, ist ein Signal, daß irgend etwas mit unserem Gleichgewichtsorgan, mit der Aufrechterhaltung unseres Gleichgewichtes oder mit der Hirndurchblutung nicht stimmt. Sobald man das erkannt hat, läßt man sich's bei einem der erwähnten Ärzte reparieren.

Die Haltung

Die Haltung des Menschen wird durch die Wirbelsäule und durch die Muskelspannung bewirkt. Die Wirbelsäule ist natürlich keine Säule, sondern die einzelnen Wirbelkörper sind wie Zeltstangen ineinandergesteckt und werden durch die Spannung der Muskeln aufrecht erhalten.
Nun können Sie sich vorstellen, daß es mit zunehmendem Alter oder auch bei Krankheiten zu einem Verlust des Muskeltonus, also dieser Muskelspannung, kommt. Der Mensch sinkt dann in sich zusammen. Man läßt den Kopf hängen und kann schwer aufstehen. Was ist die Ursache für diese Erscheinungen?

Aus der Wirbelsäule, sozusagen aus jedem Zwischenwirbelloch, laufen Nerven, Blutgefäße und noch vieles mehr heraus und hinein. Wenn die Wirbelsäule durch ein Nachlassen der Spannung des Muskeltonus zusammensinkt, können an jeder Stelle, an der ein Nerv heraustritt, Reize oder Ausfallerscheinungen auftreten.

Kommt es im oberen Teil der Halswirbelsäule zu Tonusverkrampfungen oder herrscht eine Unterspannung des Tonus vor, dann führt das dazu, daß die Schlagader, die durch die Halswirbelsäule hinaufzieht, gedrosselt wird und das Gehirn zuwenig Blut, d. h. zuwenig Sauerstoff bekommt. Resultat: »Herr Doktor, ich hab' so einen Schmerz vom Nacken bis zur Stirn!« Nun, dieser Patient hat keinen Hirntumor, keine Hirnhautentzündung und keinen Schlaganfall! Das Nachlassen des Muskeltonus in der Halswirbelsäule und eine mangelhafte Sauerstoffversorgung sind an seinen Beschwerden schuld.

Tritt die Störung der Wirbelsäule etwas weiter unten auf, dann kommt das zustande, was Sie auch alle kennen: In der Nacht auf einmal dieses Kribbeln, dieses Ameisenlaufen in den Händen. »Herr Doktor, ist das ein Schlaganfall?« Nein! Das kommt durch das Nachlassen des Muskeltonus in der unteren Halswirbelsäule zustande: Die Wirbelsäule sackt zusammen, und dadurch wird ein Nerv gequetscht oder irritiert. Wenn Sie aufstehen und ein wenig Bewegung machen, kommt wieder Spannung in die Muskulatur, und diese Vorboten eines scheinbaren Schlaganfalls verschwinden.

Das gleiche kann beim Herz vorkommen: Die Nerven, die es versorgen, kommen aus dem Rückenmark und gehen durch die Wirbelsäule, und da kann es vorkommen, daß ein solcher Herznerv ein wenig

gequetscht oder gedehnt wird. Das Resultat sind dann Herzschmerzen.
Schließlich gibt es noch Probleme mit der Lendenwirbelsäule. Es gibt fast keinen Menschen, der nicht im Alter Kreuzschmerzen hat oder beim Aufstehen plötzlich zusammenzuckt: »Jessas, mein Hexenschuß . . . !« Auch in der Lendengegend kann nämlich der Muskeltonus durch zu langes ruhiges Verhalten verkrampft oder durch langes Stehen erschöpft werden. Das Ergebnis: Die Wirbelsäule sinkt zusammen, die sogenannten Bandscheiben quellen heraus, drücken auf die Nerven, und es kommt zu den Beschwerden einer Ischias, die oft monatelang mit Injektionen behandelt werden. Das ist aber ein Unsinn! Man muß vielmehr trachten, den Muskeltonus zu regulieren, und zwar durch Medikamente, die ihn entweder ein bißchen anregen (wir kennen das von den Stemmern, die alles mögliche schlucken, damit sie noch 100 kg mehr in die Höh' bringen) oder lösen.
Es zeigt sich also, wie wichtig eine normale Haltung als Voraussetzung für eine gute Durchblutung des Gehirns, des Herzens, der Verdauungsorgane usw. ist. Man normalisiert durch sie die Stoffwechselbedingungen, das seelische Gleichgewicht, und der Charakter wird durch eine gute Haltung schließlich auch beeinflußt!

Energiestoffe im Gehirn

Energiestoffe sind Substanzen, die etwas Produktives schaffen. Das Geld ist eine Energieform, die verschiedene Ziele verwirklichen kann. Man kann sich darum etwas zu essen kaufen, man kann mit einem

Mädchen wohin fahren, man kann sich ein Haus bauen lassen ... Diese Konvertierbarkeit in die Erfüllung verschiedener Wünsche ist das Besondere an dieser Energieform.

Ich möchte mich aber mit einer Energieform beschäftigen, die in unserem Gehirn gelagert ist. Der Mensch gleicht einem Januskopf: Mit dem einen Gesicht, mit der Hirnrinde, kann er denken, urteilen und sich kritisch mit der Umwelt auseinandersetzen. Mit dem anderen Gesicht schaut er auf die Instinktformeln der gesamten animalischen Entwicklung zurück. Es ist der entwicklungsgeschichtlich ältere Teil des Hirnes, nämlich der Hirnstamm. Er repräsentiert u. a. die Energiequelle, die von bestimmten chemischen Energiestoffen gespeist wird. Diese Energiestoffe sind Moleküle, die in der Nervenzelle gelagert sind, so wie das Gold in einer Bank. Wenn sie freigesetzt werden, lösen sie verschiedene Reaktionen aus.

Das Serotonin ist der Stoff, der Energie aufbaut. Es löst Schlaf aus, reguliert die Verdauung, steuert die Sexualität, fördert die Schleimsekretion, entspannt und ist somit ein idealer Relaxationsstoff.

Das Noradrenalin ist für unsere Aktivität ausschlaggebend, also für den Antrieb, die Entschluß- und Entscheidungskraft; Politiker und Manager brauchen sehr viel davon.

Das Dopamin regelt alle unsere unwillkürlichen, automatisierten Bewegungen. Wenn Sie über die Stiege laufen, Ski fahren, Tennis spielen, eislaufen oder Klavier spielen, wird das alles durch den Überträgerstoff Dopamin bewirkt.

Beim gesunden Menschen herrscht ein Gleichgewicht zwischen allen diesen Energiestoffen: Energieverbrauch, Leistung, Energieaufbau und Wiederherstellung des Gleichgewichtes.

Nun gibt es Zustände oder Krankheiten, bei denen dieses Gleichgewicht gestört ist. Hat jemand zuwenig Serotonin, ist er schlaflos, verkrampft, seine Verdauung ist gestört; hat er zuviel davon, ist er den ganzen Tag trübsinnig.

Hat jemand zuwenig Noradrenalin, ist er entscheidungsunwillig, entschlußlos, apathisch, lethargisch und schiebt alles von sich weg; hat er zuviel, ist er erregt, aggressiv, ängstlich, ruhelos.

Hat jemand zuwenig Dopamin, steht er in der Früh schon müde auf, kann sich nicht umdrehen, nicht bücken; hat er zuviel, dann reißt es ihn dauernd hin und her, und er macht mehr Bewegungen, als für einen bestimmten Zweck erforderlich sind.

Im Alter kommt es automatisch zur Abnahme aller Energiestoffe; daher schläft der ältere Mensch viel kürzer, seine Verdauung ist nicht die beste, er kann sich viel schwerer zu etwas entschließen, seine Gemütsreaktionen sind nicht mehr so lebhaft, er hat eine gebeugte Körperhaltung, er bewegt sich langsamer und ist nicht mehr so lebendig.

Warum bespreche ich das alles so eingehend? Weil wir heute bereits sehr gute Medikamente, unsere Antidepressiva, haben, auf die ich gar nicht oft genug hinweisen kann, weil sie sozusagen als »Geriatrica« eine besonders günstige Wirkung auf den älteren Menschen haben.

Bei jeder Art von Verarmung an Überträgerstoffen, ob sie nun durch eine Depression oder durch das Alter schlechthin hervorgerufen ist, sind sie imstande, das Vorratslager an Energieträgern – die sozusagen das Gold des Gehirns repräsentieren – wieder aufzufüllen, die Balance wiederherzustellen und damit einen normalen Zustand des Befindens und auch einer verbesserten Leistung zu erreichen.

Die Frustrationstoleranz

Eine Frustration ist eine Versagung, d. h. ein Verzicht. Wie groß ist das Kraftausmaß, das ein Mensch zur Verfügung hat, um »Frustrationen« auszuhalten? Wenn mir der Arzt sagt: Ich darf nicht mehr als 500 Meter im Tag gehen, und ich möchte aber gerne drei Stunden lang spazieren, so ist das für mich eine Frustration. Das Energieausmaß, das mich befähigt, diese Versagung auszuhalten, ist die sogenannte »Frustrationstoleranz«. Sie ist eine Kraft, die schon im Charakter und in der nervlichen Konstitution des Menschen gegeben ist.

Nun gibt es Ärzte, die zu ihren Patienten sagen: »Trinken? – Um Gottes willen ... Rauchen? – Kommt überhaupt nicht in Frage ... Spazierengehen? – Sind Sie wahnsinnig? ... Eine Reise machen? – Schon gar nicht ...«

Was ist die Folge, wenn ein Arzt ganz einfach alles verbietet? Es gibt keine Frustrationstoleranz, die so hoch ist, daß der Patient alles aushält und sich an alle Versagungen, alle Einschränkungen seines Lustgefühls hält. Er wird daher die Verbote durchbrechen.

Das Maß an Frustration, das wir einem Patienten zumuten können, müssen wir also ein bißchen abwägen. Einem Achtzigjährigen, der jeden Tag ein Glaserl Rotwein trinkt, wird man sagen, daß er ihn ruhig weiter trinken kann. Wenn einer im Tag fünf Stunden fernsieht und trotzdem gut schläft und sich wohlfühlt, wird man ihm nicht vorschreiben, daß er nur eine Stunde vor dem Apparat sitzen darf.

Der Patient wird alles einhalten, was man ihm glaubwürdig versichern kann. Wenn man ihm dagegen zuviel versagt, gibt er auf! Er wird dann weder eine Diät einhalten noch sonst eine Vorschrift.

Wir müssen also immer zwei Komponenten im Auge haben, wenn wir Vorschriften machen: Wir müssen das G'spür haben für die Kraft, die der Patient hat, unsere Anordnung zu befolgen, und für das Ausmaß der Verbote, die notwendig und erforderlich sind.
Eine Überforderung führt nie zum gewünschten Effekt. Das Wissen um das Maß an Entbehrung, Belastung und Versagung, das man einem Menschen zumuten kann, ist das entscheidende Merkmal eines guten Arztes, eines erfolgreichen Politikers und eines vernünftigen Priesters, der eben seinen Gläubigen nur das an Vorschriften zumutet, was sie mit ihrer Nervenkapazität und Charakterstruktur einhalten können.

Medikamente im Alter

Die Menschheit wollte immer schon die Reduktion der geistigen, körperlichen und sonstigen Funktionen des Alters mit Hilfe von Medikamenten nicht nur verlangsamen, sondern ganz aufhalten oder zurückkurbeln. Diesen Wünschen der alten Menschen kommt die pharmazeutische Industrie in weitestem Ausmaß entgegen. Allerdings nur auf den Werbeprospekten, denn eine Wunderdroge gibt es natürlich nicht.
Die Gefahr bei der Einnahme von Arzneimitteln liegt darin, daß das Nervensystem im Alter auf bestimmte Medikamente weniger oder gar nicht reagiert. Jetzt steigert man die Dosis, und auf einmal wirkt es zu stark.
Zum Beispiel irgendein Schlafmittel: Auf eine normale Dosis schläft der alte Herr nicht, darauf nimmt er die vierfache Menge, und dann schläft er gleich

hinüber! Das bedeutet, daß man bei der Dosierung von Medikamenten im Alter viel vorsichtiger sein muß als in der Jugend. Ein Jugendlicher schluckt 2 Valium, ist ein bißchen müde und sonst geschieht nichts. Ein alter Mann kann sich dagegen mit einer derart stark wirkenden Droge wirklich umbringen.

Es gibt also zunächst einmal Medikamente gegen Krankheiten im Alter. Sie unterscheiden sich von den Medikamenten für andere Lebensgruppen in keiner Weise. Sie müssen im Alter nur längere Zeit verabreicht werden, weil Krankheiten in dieser Lebensphase, z. B. eine Grippe oder eine Lungenentzündung, viel länger dauern als in der Jugend.

Im allgemeinen nehmen kreislaufanregende Medikamente den breitesten Raum ein. Der Kreislauf des alten Menschen ist schon im Ruhezustand voll ausgelastet, um das Blut ins Gehirn und die übrigen Organe zu pumpen. Bei Belastungen körperlicher oder geistiger Art, aber auch bei der Überwindung von an sich banalen Infektionen oder bei Wetterveränderungen reicht die Herzkraft nicht aus, und es kommt zu einer sogenannten Dekompensation: das lebenswichtigste Organ, das Gehirn, erhält nicht mehr genügend Blut. Das Resultat dieser mangelhaften Durchblutung äußert sich in Beschwerden, wie Kopfschmerzen, Konzentrationsschwäche, Schwindel, Verwirrtheit, und schließlich entsteht daraus ein Schlaganfall. Gegen diese altersmäßig bedingten Kreislaufstörungen gibt es ein wunderbares Mittel, das Strophantin. Es stärkt die Herzkraft und bewirkt eine verbesserte Ernährung in den kleinsten Gefäßen des Gehirns, die ihm die Nährsubstanz vermitteln. Der einzige Nachteil des Strophantins besteht darin, daß man es nur intravenös injizieren kann. Es ist daher Krisenzeiten vorbehalten.

Weniger wirksam sind die zu schluckenden Medikamente, weil sie nur die Gefäße erweitern, nicht aber die Pumpkraft des Herzens steigern können, was natürlich nicht zu einer verbesserten Ernährung des Gehirns führt.

Das verbreitetste Kreislaufmittel ist der Kaffee. Er regt Kreislauf und Hirndurchblutung an und ist für den alten Menschen ein notwendiges Medikament. Im Gegensatz zu Jugendlichen und Menschen im mittleren Alter kann er vom alten Menschen sogar am Abend getrunken werden. Der Hirnkreislauf ist in jedem Alter während der Nacht reduziert, er läuft sozusagen auf Standgas. Diese geringe Durchblutung während der Nacht kann beim alten Menschen zu Verwirrtheit usw. führen. Deshalb also der abendliche Kaffee.

Eine zweite Gruppe von Drogen für alte Menschen sind die sogenannten Antidepressiva. Es sind dies Stoffe, die bei der Depression, einer Gemütskrankheit, die durch einen Mangel an bestimmten biochemischen Überträgerstoffen zustande kommt, Verwendung finden. Die Antidepressiva führen zu einer Vermehrung der unzureichend vorhandenen Energiestoffe.

Im Alter besteht an sich eine Verminderung der chemischen Überträgerstoffe, was sich in unzureichender Aktivität, in der vorgebeugten Körperhaltung, im verkürzten Schlaf, aber auch in Gemütserregungen äußert. Der Antrieb zu allen körperlichen und geistigen Leistungen fehlt. Es besteht eine morgendliche Müdigkeit. Die Antidepressiva sind Substanzen, die, wie gesagt, zur Anreicherung der chemischen Überträgerstoffe führen, und die vor allem die morgendliche Inaktivität, den morgendlichen »Grant« der alten Menschen, beseitigen. In niedriger Dosierung –

etwa 3mal 10 Milligramm – können z. B. Tryptizol, Saroten oder Ludiomil jahrelang ohne jeden Schaden genommen werden. Auch die Schlaflosigkeit bessert sich dadurch.

Die dritte Gruppe von Medikamenten für alte Menschen umfaßt die große Summe von Spezialpräparaten, denen die Erzeugerfirmen Wunderdinge über die Wiedererlangung jugendlicher Spannkraft zuschreiben. In solche Drogen mischen die Firmen alles Mögliche hinein, weil sie sich sagen: »Vitamine sind gut, Hormone sind gut, Eisen ist immer gut, geben wir von allem etwas hinein.«

Eines aber muß grundsätzlich festgehalten werden: Eine chemische Substanz, die dem Organismus Energien zur Verfügung stellt, die nicht in ihm enthalten sind, gibt es nicht. Es kann sich also nur um Stoffe handeln, die im Gehirn noch vorhandene Energie freisetzen.

Bei allen diesen Stoffen ist es den Ärzten nicht gelungen, einwandfreie Verbesserungen der geistigen und körperlichen Leistungsfähigkeit nachzuweisen. Es gibt aber eine große Zahl von alten Menschen, die sich nach der Einnahme dieser sogenannten »Geriatrica« wohler fühlen, die glauben, leistungsfähiger zu sein und auf solche Drogen schwören. Wesentlich ist, daß diese Stoffe gefahrlos sind und daß sie keine Weckamine wie Pervitin oder Preludin beinhalten. Weckamine haben die Eigenschaft, aus den Nervenzellen die chemischen Überträgerstoffe freizusetzen, wodurch Leistungssteigerungen zustande kommen. Sie werden als Dopings für Sportler, Manager usw. benützt. Gleichzeitig blockieren sie aber den Wiederaufbau der Überträgerstoffe in den Nervenzellen. Für alte Menschen sind sie daher auf jeden Fall verboten!

Die Zahl der von der pharmazeutischen Industrie

hergestellten Präparate ist unübersehbar. Fast jede Arzneimittelfirma hat ihren eigenen Cocktail. Leider haben alle »Geriatrica« den Nachteil, daß sie relativ teuer sind. Die Krankenkassen kommen verständlicherweise für diese Medikamente nicht auf, weil sie ja keine Heilwirkung haben, sondern nur natürliche Abnützungserscheinungen mehr oder weniger mildern können. Sie müßten ja sonst auch Kölnischwasser, Toiletteseife oder Haarfärbemittel bezahlen, da diese Substanzen zum Wohlbefinden des Menschen beitragen.

Die Tablettensucht

Wenn ein Patient zu mir kommt, darf er sich zuerst einmal so richtig ausraunzen; dann untersuche ich ihn und sage schließlich: »Jetzt zeigen Sie mir einmal, was Sie bis jetzt schon alles genommen haben!«

Da kommt meistens ein Plastiksackerl mit mindestens 30 verschiedenen Packerln und Tabletten zum Vorschein. Ich schaue mir schnell alles durch und sage dann häufig: »Also, 80 Prozent sind Mist. Den lassen Sie weg. Den Rest dürfen Sie nehmen.«

Darauf folgt die erstaunte Frage: »Ja, wieso denn, sind die alle schlecht?«

Ich antworte dann: »Nein, nicht schlecht, aber nicht zweckmäßig für Sie.«

Zum Beispiel: Ein altes Mutterl hat einen Blutdruck von 180. Das ist nichts Besonderes. Ein Arzt schreibt ihr ein blutdrucksenkendes Mittel auf, das sie jahraus, jahrein nimmt. Jetzt ist der Blutdruck nur mehr 120, und sie hat natürlich wieder andere Beschwerden, für die ein anderes Medikament aufgeschrieben wird, das den Blutdruck wieder hebt. Das ist natürlich Unsinn. Ich kann beim Autofahren auch nicht gleichzeitig auf das Gaspedal und auf die Bremse steigen. Wenn ich eine blutdrucksenkende Substanz nehme, dann muß sie auch indiziert, d. h. zweckmäßig sein. Ein Blutdruck, der über der Norm ist, macht natürlich Beschwerden; aber einer, der zu tief ist, ist genauso gefährlich. Außerdem greifen die Blutdruckmittel in den Stoffwechsel bestimmter chemischer Überträgerstoffe ein, und es ist nicht gleichgültig, ob der Kreislauf in der Peripherie und im Gehirn gleichzeitig gesenkt wird. Wenn der Kreislauf im Gehirn nämlich unter eine bestimmte Grenze sinkt, so besteht z. B. die Gefahr eines Schlaganfalls.

Ein anderes Problem bei der chronischen Einnahme liegt in der Gewöhnung. Die Krankenkassen geben jährlich Millionen für Beruhigungsmittel, Psychopharmaka, Analgetica, d. h. für schmerzstillende Pulver, und viele andere Medikamente für die tablettensüchtige Bevölkerung aus! Wenn ich einmal beim Heurigen bin, einen schlechten Wein trinke und am nächsten Tag Kopfweh habe, nehme ich auch eine Pille. Die wirkt! Warum? Weil das höchstens alle Monate einmal vorkommt! Wenn der Organismus aber laufend mit einer Droge behandelt wird, so sinkt die Wirkung, und es kommt zu einer Gewöhnung, zu einem Zwang. Er braucht die Pille schon.

Dazu kommt, daß eine Droge auf lange Sicht auch Gefahren bringen kann. Das Cortison z. B. ist kurzfristig hervorragend, aber auf lange Sicht eine große Gefahr.

Bei der Einnahme von Drogen soll man sich also folgenden Grundsatz zu eigen machen: Bei mittleren Schwankungen im Gesundheitszustand organisiert sich der Organismus von selbst wieder in die normale

Lage, d. h. den besten chemischen Ausgleich macht sich der Körper allein.
Starke Schwankungen im Befinden müssen und sollen dagegen mit Medikamenten ausgeglichen werden. Aber nur für kurze Zeit, denn eine vorübergehende Einnahme ist effektvoll, ständiges Einnehmen führt dagegen zum Zwang. Und wer steht schon gern unter einem Zwang?

Den Körper ein wenig betrügen

Das lateinische »placebo« heißt wörtlich übersetzt: »Ich werde gefallen«, freier übersetzt: »Ich werde nützen, heilen« und ganz frei übersetzt: »Den Körper ein wenig betrügen.«
Wenn man sich nach der Einnahme einer Tablette ohne wirksame Substanz frischer oder schmerzfrei fühlt, ist das auf den »Placebo-Effekt« zurückzuführen.
Was ist ein »Placebo«? Das ist eine Tablette, die aussieht wie ein durch seine chemische Substanz wirkendes Medikament, die aber nichts enthält, so daß nur der Suggestiv-Effekt den Erfolg bringt.
Wir verwenden solche Placebos z. B. um zu testen, ob ein Schlafmittel die Patienten wirklich zum Schlafen bringt oder ob es nur Einbildung ist. Weder der Arzt noch der Patient weiß, was für eine Pille gegeben wird. Die Krankenschwester hakt aber eine Liste ab: Dieser Patient hat nicht geschlafen, jener hat geschlafen usw. Wir wissen dann: »Aha, die Droge Nr. 324 hat eine schlafmachende Wirkung, und die andere Droge ist das Placebo.«
Wie können wir uns die Wirkung eines Placebos erklären? Sie haben sicher schon etwas vom »Pawlow-

schen Reflex« gehört oder gelesen. Er zeigt uns einen Weg zur Erklärung dieses Phänomens. Der russische Gelehrte Pawlow hat einem Hund das Fressen vorgesetzt und gleichzeitig an einer Glocke einen Ton angeschlagen. Es gab also zwei Reize: Den Reiz des Fressens und den Reiz der Glocke.

Beim Anblick des Fressens ist es beim Hund natürlich zu einer Speichelsekretion gekommen, die Pawlow gemessen hat. Nach einigen solchen Versuchen hat er nur mehr die Glocke angeschlagen, ohne dem Hund das Fressen zu geben. Das Resultat war, daß dieser ganz unspezifische akustische Reiz trotzdem die gleiche Speichelsekretion hervorgerufen hat. Das nannte er einen »bedingten Reflex«! Ein »unbedingter Reflex« ist dagegen, wenn einem beim Anblick eines guten Essens das Wasser im Mund zusammenläuft.

Über diese physiologische Schablone des bedingten Reflexes verlaufen sehr viele medizinisch-therapeutische Handlungen ohne chemischen Drogeneffekt. Die Russen benützen z. B. die Methode des bedingten Reflexes für ihre Schlafkuren: Am ersten Tag bekommt der Patient ein Schlafmittel injiziert – er schläft. An den nächsten beiden Tagen bekommt er Wasser injiziert – er schläft auch. Am 4. und 5. Tag muß er dann schon wieder ein Schlafmittel bekommen, weil der bedingte Reflex an Wirkung verliert.

So ähnlich wirken auch die Suggestiv-Pillen: Am ersten Tag hören die Patienten wirklich zu husten auf oder sie schlafen oder die Migräne ist weg. Nach einer Woche hört aber die Wirkung auf.

Die Suggestivkraft solcher Pillen ergibt sich aber auch aus der Funktion unseres Gedächtnisses. Unser Gehirn ist wie ein Computer: In den ersten Lebenstagen des Säuglings wurde der Slogan geprägt: »Alles, was du schluckst, ist gut!« Dieser Eindruck projiziert sich immer wieder als Erinnerung, sobald wir im Laufe unseres Lebens irgend etwas schlucken. Es ist also die Wachrufung eines suggestiven Erlebnisses, die eintritt, wenn wir eine Pille einnehmen.

Schließlich muß auch der Arzt selbst bis zu einem gewissen Grad Suggestibilität haben. Ein Mittel wird wirken, wenn er mit Überzeugung sagt: »Also, Frau Pospischil, mit dem Pulver werden Sie sicher schlafen!« Damit sind bereits 50% des Schlaferfolges garantiert.

Selbstverständlich läßt sich dieses Rezept nicht grenzenlos anwenden. Wenn jemand z. B. eine Rückenmarkverletzung nach einem Verkehrsunfall hat, nützt weder die Suggestivkraft einer Pille noch die Suggestibilität eines Arztes. Wenn aber jemand auf dem Weg vom Gehirn zu einem Muskel irgendwie einen Wackelkontakt hat, kann die Suggestivkraft sehr gut wirken! Echte Wunder gibt's natürlich auch in der Medizin nicht!

Der Kranke als Diktator

Krankheit ist fraglos ein Defekt. Im allgemeinen präsentieren Menschen, wie übrigens alle Lebewesen, nicht ihre Defekte, sondern nur ihre Vorzüge. Wir nennen dieses Verhalten »Imponiergehaben«. Es hat seinen biologischen Zweck: Der Mann mit kräftigen Muskeln hat mehr Chancen, ein Mädchen zu gewinnen, ein Jüngling, der prächtig Klavier spielen kann, wird sich in die Herzen zahlloser Frauen schmeicheln, ein Mann, der mit dem Geld in der Tasche klimpert, wird alle Kellner in einem Restaurant in Trab setzen. Auch in der Tierwelt wird der Platzhirsch alle Kümmerer aus seinem Territorium verdrängen.

Beim Menschen gibt es aber, wie bereits erwähnt, auch ein paradoxes Imponiergehaben: Er präsentiert eine Krankheit, also etwas Negatives, um die Aufmerksamkeit der Umwelt zu erregen. Wir alle kennen Bettler, die durch das Zittern ihrer Hände Aufmerksamkeit und Mitleid erwecken und dadurch eine Einnahmsquelle erschließen. Dabei muß man unterscheiden zwischen dem Präsentieren einer Scheinkrankheit, um daraus Vorteil zu erzielen, und dem Präsentieren einer echten Krankheit, um ein masochistisches Lustgefühl zu erleben.

Das Präsentieren einer Scheinkrankheit hat den Zweck, Vorteile zu erringen. Im Ersten Weltkrieg gab es z. B. zahlreiche sogenannte Zitterer, die mit Hilfe dieses Symptoms versuchten, den Kriegsdienst zu umgehen. Nachdem der hysterische Mechanismus erkannt war, gab es im Zweiten Weltkrieg keine Zitterer mehr, aber dafür Männer, die Lähmungen vortäuschten. Unser Unterbewußtsein ist also imstande, Scheindefekte zu präsentieren, um einer Gefahr zu entkommen.

Es gibt ferner Menschen, die ihre Leiden nicht verstecken, sondern auffallend zur Schau stellen oder ununterbrochen darüber berichten. Der biologische Sinn dieses Verhaltens liegt darin, mangels positiver Eigenschaften Beachtung zu finden. Dieses Erfolgserlebnis schafft ihnen eine kleine Genugtuung für ihre persönliche Benachteiligung, denn das Bedauern durch ihre Familienangehörigen oder Freunde lindert fraglos ihre Beschwerden.

Nun gibt es aber auch Kranke, die in der Darstellung ihrer Defekte so weit gehen, daß sie damit ihre Umwelt beherrschen: Die kranke Frau kommandiert ihren Mann von früh bis spät; der Mann – nach einem Schlaganfall – merkt, daß er die Rolle der Familienführung an die Frau abtreten muß und beginnt nun alle zu tyrannisieren und läßt sich wie ein Pascha bedienen ...

Wie soll man sich in solchen Fällen verhalten? In meiner 25jährigen Tätigkeit im Lainzer Krankenhaus habe ich alle Spielarten menschlichen Verhaltens studieren können. Wenn jemand wirklich hilfsbedürftig ist und mit Dank jede Hilfe durch eine Krankenschwester, einen Arzt oder ein Familienmitglied anerkennt, dann müssen wir helfen und tun es auch gern. Wenn man aber merkt, daß der Kranke einen Defekt ausnützt, um seine Marotten und seine Herrschaftsgelüste abzureagieren, dann muß man den Betreffenden einbremsen, sonst steigert er seine Ansprüche bis zur Unerfüllbarkeit.

Gestufte Rehabilitation

Der Begriff »Rehabilitation« kam nach dem Zweiten Weltkrieg aus Amerika zu uns, aber das Prinzip der Wiederherstellungstherapie ist in Europa schon im Ersten Weltkrieg bei Hirn- und Rückenmarksverletzungen angewandt worden. Rehabilitation heißt Wiederherstellung, und zwar nicht nur durch medizinische Maßnahmen, wie Operation, Geräte und Drogen, sondern auch durch seelische Behandlungen und durch Beschäftigungstherapie.

Die gesamte Persönlichkeit, die durch eine Verletzung oder Krankheit aus dem Gleichgewicht geraten ist, soll rehabilitiert, d. h. wiederhergestellt werden. Nun darf man sich von der Rehabilitation natürlich nicht bei allen Menschen den gleichen Erfolg erwarten. Es ist ein großer Unterschied, ob wir es mit einem jungen oder einem älteren Menschen zu tun haben.

Nehmen wir als erstes Beispiel einen jungen Fußballspieler, der schwer verletzt wird. Er muß zuerst operiert werden, dann wird er eingegipst und muß wochenlang liegen. Wenn der Gips herunterkommt, sind natürlich alle Muskeln geschwunden, und die Gelenke funktionieren nicht mehr. Jetzt setzt die Rehabilitation ein. Durch Übungen im warmen Wasser, durch elektrische Ströme, durch Massage und durch Gymnastik werden die atrophischen Muskeln wieder aufgebaut und die Gelenke wieder funktionstüchtig gemacht.

Und jetzt das zweite Beispiel: Ein 75jähriger Mann erleidet einen Schlaganfall und liegt nun im Spital. Da kommen oft die Angehörigen und meinen: »Herr Doktor, wir haben von einer neuen Abteilung gelesen, da wird mit Strom und Apparaten alles Mögliche gemacht ... Warum geschieht denn mit dem Papa gar nichts?«

»Weil noch nichts geschieht, darum lebt er noch!« muß die Antwort darauf lauten, denn jede Rehabilitation erfordert Energie, und diese Energie hat der Organismus nach einem Schlaganfall noch nicht. Erst wenn er sich wieder etwas erholt hat, erst wenn wieder Reserveenergien vorhanden sind, kann man mit der Rehabilitation beginnen, kann man Massage anwenden und leichte Übungen machen. Wenn man den Patienten dagegen gleich zur Unterwassertherapie in ein warmes Bad legte, wäre sein Kreislauf wieder dekompensiert, man erreicht nicht nur nichts Positives, sondern würde ihn gefährden.

Mein Oberarzt und ich haben im Lainzer Kranken-

haus das Prinzip der sogenannten »gestuften Rehabilitation« eingeführt: Zuerst muß der Patient nur im Bett bleiben, dann kommen Übungen im Sitzen, dann im Stehen und erst zuletzt kommen Unterwassertherapie, Arbeitstherapie usw. Die Rehabilitation bei einem älteren Menschen braucht nämlich viel, viel mehr Zeit als bei jungen Leuten. Deshalb: Wenn Sie einen kleinen Schlaganfall gehabt haben sollten, drängen Sie nicht, daß unbedingt gleich etwas geschieht, sondern warten Sie.
Schön langsam kommt alles wieder!

Streß

Früher, beim Jour, hat die Frau Gräfin zur Frau Baronin gesagt: »Ich weiß gar nicht, was das ist, ich bin jetzt immer so nervös ...« Heute, im Supermarkt, sagt die Frau Maier zur Frau Müller: »Geht's Ihnen auch so? Auf der Straß'n die vielen Autos, da herinnen die vielen Leut', alle machen so einen Wirbel, es ist so a Streß!«
Der Ausdruck »Streß« ist eben ein Modewort geworden, das man täglich hört und gebraucht, doch wissen die wenigsten, woher es kommt und was es eigentlich bedeutet.
Ein berühmter Altösterreicher, Professor Hans Selye aus Prag, der jetzt in Kanada arbeitet, hat den Begriff geprägt: Streß ist die Reaktion des Organismus auf irgendeinen Umweltreiz; wörtlich übersetzt bedeutet dieses englische Wort Druck, Nachdruck, Gewicht oder Drang. Wenn man sich z. B. unter großer Lärmeinwirkung auf der Straße, in einer Werkshalle oder auf einem Bahnhof befindet, mobilisiert unser Nervensystem eine Abwehrreaktion gegen diesen Lärm,

wie z. B. Blutdrucksteigerung, Steigerung der Herztätigkeit, Hormonausscheidung usw. Dopamin und Noradrenalin sind die Überträgerstoffe dieser Mobilmachung.

Wenn wir das Wort Streß gebrauchen, verwechseln wir meistens Ursache und Wirkung. Wir sagen z. B.: »Das ist ein Streß«, wenn Föhnwetter kommt. Der Föhn ist aber kein Streß, sondern die Reaktion des Organismus auf den Föhn – das ist ein Streß!

Ein grippaler Infekt löst also einen Streß aus, der den Organismus mit Fieber und erhöhter Abwehrleistung zur Überwindung des Infekts zwingt. Nahrungsentzug bewirkt einen Streß, der das Individuum zur Aggression anregt, um die Frustration zu überwinden. Das biologische Ziel ist es stets, den Verlust des Gleichgewichtes zu beseitigen und zu einer harmonischen Balance zu führen.

Der Streß ist daher nicht etwas Krankhaftes an sich, sondern eine Summe von Reaktionen auf Reize aus dem Inneren des Körpers oder aus dem Milieu, die den Motor des Organismus in Bewegung hält. Streßreize sind wesentliche, entwicklungsfördernde Phänomene.

Ein Organismus, der imstande ist, auf Umweltreize angepaßt zu reagieren, ist gesund. Für ihn ist diese Dosis von Reizen und diese Dosis von Streß gerade richtig. Wenn allerdings in einem kleinen Raum zehn Leute ihren Arbeitsplatz haben, den ganzen Tag aufeinander schimpfen und unzufrieden sind, entsteht ein Affektstreß, wodurch sich vegetative Nervenentladungen stauen und es zu Aggressionen kommt.

Es geht dabei um das Phänomen der biologischen Distanz! Zwei artgleiche Lebewesen, ob Adler oder Forelle, benötigen zu ihrer Lebens- und Arterhaltung eine bestimmte Größe ihres Territoriums. Den Abstand, der ein reibungsloses Nebeneinanderleben der gleichen Art garantiert, nennt man biologische Distanz. Ein Überschreiten der Distanz-Toleranz wirkt aggressionssteigernd. Wenn z. B. an einem Sonntag Menschen in einem Strandbad fast Körper an Körper in der Sonne liegen, ist bei dieser zwischenmenschlichen Kommunikation die biologische Distanz fraglos unterschritten. Die gesteigerte Aggression merkt man auch sofort, wenn sich der Ball eines spielenden Kindes in eine derart zusammengepferchte Gruppe verirrt. Ergibt sich keine aktuelle Möglichkeit zur Nervenentladung in einer solchen Menschenmasse, speichert sich die Aggression tagsüber auf und führt dann beim abendlichen Nachhausefahren mit dem Auto zu unkontrollierten Entladungen.

Die biologische Distanz ist in unseren modernen Großstädten sehr klein. In vielen Familien gibt es nicht einmal einen Raum oder eine Ecke, die ein Mitglied als sein persönliches Territorium beanspruchen kann. Diese geringe biologische Distanz mobilisiert Aggressionspotentiale, die sinnlos verpuffen, da im permanenten Konflikt der einzelnen Familienmitglieder kein biologischer Sinn oder Vorteil zu sehen ist. Ähnlich geht es in einem Büro zu, in dem es durch den Raummangel zu überdosierten menschlichen Kontakten und Spannungen kommt, die sich während der Bürozeit nicht richtig neutralisieren können.

Ein Mann kommt aus einer solchen Atmosphäre am Abend natürlich nicht beschwingt nach Hause und sagt zu seinem Weiberl: »Du, Schatzi, i möcht' jetzt mit dir ins Theater gehen ...!« Er wird vielmehr so gespannt, ja überspannt und verkrampft sein, daß er eine Zeitlang braucht, um seine normale Mittellage

im Gemütsleben, im Kreislauf und in sämtlichen biologischen Reaktionen zu finden.
Anderseits ist der Streß eine Notwendigkeit für unser Leben, denn er ist eine Energie, die den Körper befähigt, alle Frustrationen, alles, was ihm an Unangenehmem passiert und zustößt, zu überwinden. Er erfüllt also eine biologisch wichtige Funktion.
Nun könnte man argumentieren: Warum versuchen wir nicht das Leben zu verlängern, indem wir uns bemühen, die Frustrationen samt dem Streß, der ja doch viele Lebensenergien kostet, ganz auszuschalten? Zu diesem Zweck müßte der Mensch von seiner Geburt an in einem vollkommen geschützten Milieu, am besten in einem Glaskasten, mit ständig gleichbleibender Temperatur und Luftfeuchtigkeit leben, mit der jeweils erforderlichen selbstverständlich keimfreien Nahrungsmenge versorgt werden usw. Er würde dann wahrscheinlich sehr, sehr lange leben, aber ob dieses Leben reizvoll und erstrebenswert wäre, das weiß ich nicht. Das Leben besteht ja darin, daß mich vom Milieu, von meinen Angehörigen, Freunden und Mitarbeitern Anregungen treffen, mit denen ich mich auseinanderzusetzen habe. Ich muß darauf reagieren, und wenn ich das adäquat, also angepaßt tun kann, ist mein Leben reich, erfüllt und glücklich. Daher ist es auch unsinnig, das Leben von alten Menschen verlängern zu wollen, indem wir es sozusagen durch ständige Gebote und Verbote steril machen: »Opa, reg' di net auf, Opa, iß net zu viel, trink' kan Wein und rauch ka Pfeiferl! Oma, steh' net so lang beim Kochen und sitz' net in der Sonn'...!«
Wenn man ihn so reglementiert, wird der Mensch nur unglücklich! Er braucht genau wie der Jugendliche und Erwachsene Streßreize aus dem Milieu; er

braucht die Wechselbeziehung von Umweltreiz und individueller Reaktion.
Nur: Ein Zuviel ist schädlich! Ein Mensch, der dauernd unter Streß steht, mobilisiert zuviel Noradrenalin, wird zu erregt, kann nicht mehr schlafen und kommt aus seinem biologischen Gleichgewicht.
Also: Unter einem Glassturz kann man nicht leben, höchstens vegetieren!
Daher: Jedem seine richtige Portion Streß!

Die Managerkrankheit

Oft fragen mich meine Patienten: »Herr Doktor, wie bleibt man eigentlich gesund?«
Die Antwort: Gesund ist und bleibt ein Mensch, der eine ausgeglichene Energiebilanz hat, d. h. bei dem sich Energieverbrauch und Energieaufbau die Waage halten. Eine gestörte Energiebilanz führt erstens zu Überreizungszuständen, zweitens zu Erschöpfungszeichen und drittens zu Schäden an einzelnen Organen, am häufigsten im Gehirn und am Herzen. Diese beiden Organe benötigen bei gesteigerter Leistung vermehrten Sauerstoff, der ihnen im Erschöpfungsstadium nicht mehr ausreichend angeboten werden kann.
Die Ursachen einer gestörten Energiebilanz sind heutzutage das rasante Lebenstempo, das gesteigerte Leistungsstreben, die Lebensangst, die Reizüberflutung besonders in den Großstädten, das enge Zusammenleben vieler Menschen auf einem engen Arbeitsraum, Arbeitsüberlastung, Kummer und Sorgen.
Die Beschwerden dieser ersten Phase äußern sich in Schlaflosigkeit, Reizbarkeit, Unruhe, Angst, Appetitlosigkeit, Stuhlverstopfung, Herzklopfen, Kopf-

schmerzen, Schweißausbrüchen. Diese Erscheinungen sind das erste Signal dafür, daß der Organismus zu viel Energien verbraucht und zuwenig in einer Erholungsphase wieder aufbaut. Wenn man sie nicht beachtet, führen sie zur zweiten Alarmstufe: der Erschöpfung. Sie ist gekennzeichnet durch Müdigkeit und Schlafbedürfnis, ohne daß man nach dem Schlafen erholt oder erfrischt ist; man kann keine klaren Gedanken fassen, ist unruhig, der Boden schwankt einem unter den Füßen, man ist depressiv und arbeitsunlustig. Durch Kaffee kann man diesen Zustand vorübergehend verbessern, Alkohol verschlechtert ihn noch.

Dieses »Erschöpfungssyndrom« wird gemeinhin als »Managerkrankheit« bezeichnet. Es ist klar, daß vorwiegend Menschen mit pausenlosem Arbeitseinsatz in verantwortungsvoller Tätigkeit davon betroffen werden. Der Manager, ob Unternehmer oder leitender Angestellter, der mit Ehrgeiz und Spannkraft bemüht ist, sein Unternehmen konkurrenzfähig zu erhalten, kann nicht nach Betriebsschluß abschalten und einen geruhsamen Feierabend verbringen; er wird sich vielmehr bis in die Nacht mit den Problemen seines Betriebes beschäftigen. Dazu kommen noch Besuche von ausländischen Kunden, denen man natürlich die Nachtlokale zeigen muß. Dadurch geht wieder wertvolle Erholungszeit des Schlafes verloren, von der Alkoholschädigung ganz zu schweigen! Am nächsten Morgen wird die Arbeitsunlust und Müdigkeit durch ein paar Espressos überwunden und dadurch das Energiedefizit noch größer.

Jeder Mensch, der nur ein bißchen gescheit ist, sollte sich doch im klaren sein, daß die Müdigkeit, die ihn überfällt, ein Alarmsignal darstellt, das anzeigt, daß sein Energievorrat erschöpft ist und er sich ausruhen sollte, bis die Batterie wieder aufgeladen ist. Vor allem geistige Arbeiter und Selbständige werden von ihr betroffen, wogegen die körperlich Arbeitenden weitgehend verschont werden, weil die Ermüdung bei körperlicher Arbeit einer weiteren Leistungssteigerung einen Riegel vorschiebt.

Wird die Alarmstufe der Müdigkeit nicht beachtet, kommt es zu Durchblutungsschäden im Gehirn oder Herz. Das nächste Stadium ist dann der Herzschlag oder der Hirnschlag.

Was kann man nun gegen diesen vorzeitigen Verschleiß tun? Ein Wundermittel oder eine besondere Spritze, mit deren Hilfe man die jahrelangen Sünden ausgleichen kann, gibt es nicht! Wir müssen vielmehr unsere Lebensführung korrigieren.

Zunächst striktes Einhalten der natürlichen Schlafzeiten, also einen ausgiebigen, mindestens acht Stunden langen Nachtschlaf. Wenn die Nervosität so hochgradig ist, daß man nicht einschlafen kann, sind Tranquillizer kurzfristig ein wirksames, gefahrloses Mittel, um die affektiven Empfindungen zu dämpfen und dadurch Ruhe zu finden. Ferner ein arbeitsfreies Wochenende mit geruhsamen Wanderungen, Fischen, Golfspielen usw. Keinesfalls jedoch Leistungssport, der wieder Energie verbraucht und zu keiner Erholung führt. Ferner wäre ein 2- bis 3maliger, jeweils zwei Wochen dauernder Erholungsurlaub zweckmäßig, den man in einem ruhigen Klima verbringen sollte. Eine Autoraserei über 3000 km mit Besichtigung von 100 historischen Sehenswürdigkeiten, damit man dann zu Hause so richtig damit angeben kann, führt zu keiner Erholung und Entspannung. Intensive Sonnenbestrahlung ist auch schädlich! Sehr förderlich ist eine Mittagspause, die nicht unbedingt mit einem Mittagsschläfchen verbunden sein muß.

Außerdem soll das Mittagessen nicht in einer Büroecke rasch verschlungen werden, womöglich noch mit einer Lärmberieselung durch aufpeitschende Rhythmen.
Prinzipiell müssen also die Entspannungs- und Erholungsphasen ausgedehnt werden. Dadurch steht dann in der Arbeitsphase dem Organismus wieder ein Energievorrat zur Verfügung, der ohne Schaden für die Gesundheit verbraucht werden kann.

Midlife Crisis

Die Amerikaner sind Meister im Erfinden von neuen Ausdrücken für alte Sachen, die schon jeder kennt, die sie aber der Welt als ihre geniale Entdeckung präsentieren.
Unser altes Waldlaufen z. B., das jeder schon einmal praktiziert hat, und von dem jeder weiß, daß es gesund ist, haben die Amerikaner neu entdeckt und nennen es Jogging!
Oder: Ein amerikanischer Psychiater hat den Urschrei erfunden. Wissen Sie, was das ist? Ganz einfach, wenn jemand schrecklich schreit und brüllt. Nun hat man das als therapeutisches Phänomen hingestellt, mit dem man seelisch Kranke von ihren Komplexen, Problemen und Wehwehchen befreien kann. Unter uns gesagt: Bei uns macht das jeder Autofahrer, wenn ihm etwas gegen den Strich geht. Er schreit und befreit sich so von seinen Problemen – ganz ohne Psychiater!
Und jetzt haben die Amrikaner auch noch die Midlife Crisis erfunden, also die Krise im mittleren Lebensalter. Das Wort crisis kommt aus dem Griechischen und heißt Entscheidung. Wenn bei uns in der

Zeitung steht: »Krise in der Staatsoper«, dann heißt das noch lange nicht, daß dort etwas entschieden wird, sondern eher, daß nix geschieht! Im biologischen Bereich ist es dagegen schon so, daß eine Krise immer eine Wende, eine neue Situation bedeutet.

Es gibt nun verschiedene Lebensphasen, die besonders krisenanfällig sind. Die größte Krise im menschlichen Leben ist zweifellos die Geburt. Es ist die einschneidendste Umweltveränderung im Leben. Aus einer Situation der absoluten Geborgenheit im Mutterleib, in dem der Embryo unter optimalen Bedingungen dahinlebte, muß er plötzlich durch einen Engpaß in die für ihn feindliche Umwelt. Er stirbt jedoch nicht, sondern er protestiert mit lautem Schreien und präsentiert die erste Anpassungsleistung an eine Krise.

Die zweite Krise kommt in der Pubertät: In dieser Lebensphase, die drei bis fünf Jahre dauert, macht das Kind einen Entwicklungssprung durch, zu dem die Menschheit Jahrtausende gebraucht hat. Je rascher eine Entwicklung vor sich geht, um so krisenanfälliger ist sie.

In der Pubertätsphase gerät das Kind in einen kaskadenartigen Strudel von freigewordenen Energien, die die Ganzheit der Persönlichkeit fast sprengen. Eine besondere Krise der heutigen, beschleunigten Pubertätsentwicklung liegt in dem zeitlichen Auseinanderklaffen zwischen körperlichem, geistigem und seelischem Funktionsbereich. Der Organismus hat nicht so viel Energie verfügbar, um einerseits seinen Umbau zum ausgereiften Menschen zu vollziehen und gleichzeitig geistige und sportliche Höchstleistungen hervorzubringen. Wir alle kennen das Bild des Leistungsabfalles in der Pubertät mit Konzentrationsschwäche, leichter Ermüdbarkeit und störrischabweisender Haltung. Dieses Verhalten ist Ausdruck der Unfähigkeit, Wachstum und Leistung mit der verfügbaren Energie gleichzeitig zu bewältigen.

Und nun zur Midlife Crisis: Im mittleren Leben kann eine Krise entstehen; sie ist aber nicht zwangsläufig. Zunächst denkt man natürlich an die Wechseljahre der Frau, von denen viele annehmen, daß damit das vollwertige Leben aufhört.

Im Leben unserer Großmütter war das vielleicht eine Krise, denn damals hat man geglaubt, wenn die Frauen nicht mehr unwohl werden, ist mit der Sexualität und mit allem Schluß. Heute ist das ja ganz anders: Bei vielen fängt es um diese Zeit erst so richtig an; also kann von einer Krise nicht die Rede sein. Natürlich kann es passieren, daß eine fünfzigjährige Frau von ihrem Freund verlassen wird. Ist das der Grund für eine Midlife Crisis? Nein! Sie soll sich nur sagen: »Jetzt nehm' ich mir einen Sechzigjährigen, der bleibt mir erhalten!«

Mit 40 Jahren habe ich das erste Mal bemerkt, daß ich einer Straßenbahn nicht mehr nachlaufen kann. Midlife Crisis! Keineswegs! Ich bin eben keiner Straßenbahn mehr nachgelaufen. Mit 50 Jahren war ich am Montblanc, wurde blau im Gesicht, mußte alle zehn Schritte stehenbleiben und nach Luft schnappen. Midlife Crisis? Nein! Ich habe lediglich zur Kenntnis nehmen müssen, daß diese Höhe für Männer in den besten Jahren nicht mehr zumutbar ist.

Eine Krise entsteht eigentlich nur bei Menschen, die nicht in der Lage sind, sich einzuschränken und an eine verminderte Lebenspotenz zu gewöhnen. Ein solcher Mensch wird z. B. unglücklich sein, wenn er plötzlich entdeckt:

»I hab' doch immer sechs Vierteln vertragen, und jetzt kann i nach einem Viertel nimmer stehn ...«

Sie sehen, es gibt eben auch eine Heurigen-Krise!
In der Natur des Lebens liegt es, wie Nestroy so schön gesagt hat, »daß bei der Geburt ein Todesurteil ausgesprochen wird, dessen Vollstreckung auf unbestimmte Zeit vertagt wird«.
In einer Krise will man diesen Ablauf zurückkurbeln, aber das geht halt nicht. Das Phänomen der Reduzierung der körperlichen Leistung, der geistigen Aktivität und der gemütsmäßigen Ansprechbarkeit ist für alle Menschen gleich und daher kein Anlaß zu einer Krisenstimmung.
Wenn jemand mit 50 Jahren entdeckt, daß sein beruflicher Höhepunkt überschritten ist, dann soll er nicht in eine Depression verfallen, sondern versuchen, sein Leben mit erfreulichen Beschäftigungen auszufüllen und sich nicht durch Ehrgeiz in einen Herzinfarkt manövrieren. Es ist bei solchen Krisen eigentlich eine Charaktersache, ob man sie verkraftet oder nicht. Sie sind nur dann bedrohlich, wenn man den verlorengegangenen Fähigkeiten nachtrauert, statt Ersatzhandlungen zu erfinden, die Freude bereiten. Wenn ich mir keine Weltreise mehr leisten oder erlauben darf, fahre ich eben nach Waidhofen an der Thaya.
Es gibt aber Charakterstrukturen, die durch den Verlust einer Fähigkeit in eine krisenhafte Stimmung geraten; das gilt für Menschen, bei denen die Toleranz, Frustrationen, d. h. Versagungen zu bewältigen, sehr niedrig ist. Sie ertragen keine Belastung.
Für den normalen Menschen ist eine Frustration der Anreiz zu ihrer Überwindung. Eine Krise sollte eigentlich schon der Start zur Überwindung und nicht ein Abgleiten in die Depression sein.
Wenn die Menschheit nicht sämtliche Krisen ihrer Entwicklungsphasen bewältigt hätte, säßen wir alle heute noch im Urwald ...

Depressionen

Johann Wolfgang von Goethe hat einmal geschrieben:

Zur Trauer bin ich nicht gestimmt,
Und Freude kann ich auch nicht haben:
Was sollen mir die reifen Gaben,
Die man von jedem Baume nimmt!

Diese Verse treffen genau den Gemütszustand des Depressiven. Wenn man einem Kranken sagt: »Sie haben eine Depression«, erwidert er oft: »Ich bin aber gar nicht traurig.«

Trauer hat also mit Depression nichts zu tun. Diese Krankheit wird durch einen Mangel an chemischen Überträgerstoffen ausgelöst, was unter anderem zu einer »affektiven Apathie«, also einer Gefühlsgleichgültigkeit, einer Gemütsstarre führt. Dadurch ist der Depressive unfähig, Trauer, Freude oder Lust zu empfinden. Es fehlt ihm die emotionale Resonanz, die Gemütsaktivität.

Zwei Beispiele können das am besten erläutern: Eine 56jährige Patientin mit depressiven Phasen wurde wegen Selbstmordtendenz aufgenommen. Während ihres Aufenthaltes im Krankenhaus stirbt ihr Mann an einem Herzinfarkt. Die Kranke klagt nun nicht über den Verlust ihres Mannes, sondern sagt nur: »Ich kann nicht zum Begräbnis gehen, ich habe Herzschmerzen.« Es besteht also kein Affekt der Trauer. Ihr Denken kreist nur um ihr eigenes Empfinden. Erst nach der vierten Elektroschockbehandlung bricht plötzlich ein Tränenstrom aus. Fast glücklich meint sie: »Erst jetzt kann ich weinen!«

Eine andere Patientin erklärt mir: »Ich weiß nicht, was mit mir los ist. Ich habe einen braven Mann, die

Kinder sind gesund und fleißig in der Schule, wir können uns alles leisten, was wir brauchen, und trotzdem habe ich zu nichts Lust und kann mich über nichts freuen.«

Das kritische Detail der Depression ist das »Niedergedrücktsein« der Vitalgefühle und der Vitalaktivität. Man kann an viele Wörter die Nachsilbe -los anhängen und hat dann die Beschwerden der Depression: Antriebslos, lustlos, freudlos, schlaflos, appetitlos, hoffnungslos, konzentrationslos, entschlußlos ... Dieses Nichtzurverfügunghaben, dieser Verlust einer normalen Eigenschaft, macht den Betroffenen so unglücklich.

Der Antriebsmangel z. B ist ein typisches Symptom, das alle Lebensbereiche betrifft. Der depressive Generaldirektor klagt: »Früher habe ich meiner Sekretärin zwanzig Briefe aus dem Handgelenk diktiert, und jetzt sitze ich vor meinem Schreibtisch und verschiebe alle Entscheidungen auf morgen.« Auch banale Arbeitsverrichtungen sind nur mit großem Widerstand zu vollziehen. Die Hausfrau jammert: »Das Einkaufen, das Kochen, alles macht mir jetzt solche Schwierigkeiten. Früher ist mir das leicht von der Hand gegangen. Jetzt brauche ich stundenlang für die kleinste Arbeit, ich muß mich zu allem zwingen und überwinden.«

Die Folge ist natürlich nicht nur eine subjektiv erlebte, sondern auch eine objektiv feststellbare Verminderung der Leistungsfähigkeit. In der Nacht kommt es zu Schlaflosigkeit, zu einem Grübelzwang mit Selbstvorwürfen und Schuldgefühlen: »Ich bin ein Totalversager, ich vernachlässige meinen Mann, meine Kinder, ich bin nicht wert, weiterzuleben ...«

Diese Selbstkritik kann sich bis zu Selbstmordgedanken steigern, die auch in diesen Kreis der

Zwangsmechanismen gehören. Der Selbstmord, der auch schon bei Jugendlichen auftreten kann, ist die einzig echte Gefahr der Depression. Fast 50 Prozent aller Selbstmorde sind auf Depressionen zurückzuführen, weshalb man die Angehörigen der Depressiven eindringlich auf diese Gefahr hinweisen und eine dauernde Beobachtung der Kranken verlangen muß.

Die Angst ist ein weiteres Symptom, das völlig motivlos und spontan entstehen kann. Wenn man die Kranken fragt, wovor sie denn Angst hätten, antworten sie oft: »Ich habe Angst vor allem und jedem.« Ältere depressive Patienten äußern oft, daß sie ganz allgemein vor dem Verhungern oder vor der Verarmung Angst haben.

Interessant ist, daß alle diese Störungen in den Morgenstunden am stärksten in Erscheinung treten und gegen Abend abnehmen. Es gibt Patienten, die sagen: »Am Abend fühle ich mich so gesund, daß ich mir gar nicht vorstellen kann, je krank gewesen zu sein. Und am nächsten Morgen beginnt der Jammer von neuem.«

Diesen gestörten Tagesrhythmus konnte ich mit meinen Mitarbeitern durch unsere seit 1969 durchgeführten Untersuchungen der biochemischen Überträgerstoffe und ihrer Abbauprodukte objektivieren. Damit sind wir bei den Ursachen der Depression, für die eine Gleichgewichtsstörung des Chemiehaushaltes unseres Organismus verantwortlich ist. Die Ausgeglichenheit eines Menschen und seine Fähigkeit, sich der Umwelt anzupassen, hängen, wie bereits einmal erwähnt, vom harmonischen Zusammenspiel dreier biochemischer Substanzen ab: dem Dopamin, das für unsere unbewußten Bewegungen und unsere Haltung, dem Noradrenalin, das für Antrieb,

Aktivität und Aggressivität, und dem Serotonin, das für Entspannung und Schlaf verantwortlich ist. Diese Überträgerstoffe müssen in einer gewissen Menge und Balance im Organismus vorhanden sein.

Wie wir in unserem Institut durch biochemische Blut- und Harnuntersuchungen eindeutig feststellen konnten, besteht bei der Depression eine Gleichgewichtsstörung zwischen diesen chemischen Stoffen. Mangelt es an Serotonin, leidet der Betreffende unter Schlaflosigkeit, Appetitlosigkeit und mangelnder Libido (interessanterweise fehlt immer auch der sexuelle Appetit).

Ist zuwenig Dopamin vorhanden, macht sich u. a. eine schlechte Körperhaltung bemerkbar. Der Volksmund sagt ganz richtig: »Der läßt den Kopf hängen.« Die Folge davon sind Nervenwurzelschmerzen, Bandscheibenschäden und die »unerklärlichen Kopfschmerzen«. Durch einen Mangel an Noradrenalin entstehen Entschlußlosigkeit, Mangel an Initiative, Konzentrationsschwäche.

Die Blut- und Harnuntersuchungen liefern also genauen Aufschluß, welcher Überträgerstoff fehlt. Wodurch kann nun eine Depression ausgelöst werden? Niemand, auch nicht der fröhlichste Mensch, ist vor ihr gefeit. Sie wird nicht durch ein äußeres Ereignis ausgelöst, sondern ist Folge einer Stoffwechselstörung im Gehirn, nämlich im Hirnstamm, dem ältesten Teil, in dem vegetative Regulationen, Gefühle, Affekte, Emotionen und Instinkthandlungen lokalisiert sind.

Streß begünstigt ein Versagen unseres Chemiehaushalts, und es kommt so zum Verlust des Gleichgewichtes. Bei Überforderung braucht man ein großes Kontingent an biochemischen Stoffen, daher kommt es während solcher Zeitspannen besonders leicht zu einer »Erschöpfungsdepression«. Früher hat man geglaubt, daß die Depression immer nur in der Leistungsphase eines Menschen auftritt, also etwa zwischen 30 und 50 Jahren. Heute wissen wir, daß es überhaupt kein Alter gibt, in dem man vor Depressionen gefeit ist.

Eltern, Lehrer und Erzieher müssen wissen, daß bereits in der Kindheit Depressionen vorkommen können. Wenn plötzlich einem braven, netten Schüler nichts mehr gelingt, er nur Fünfer auf die Schularbeiten bekommt, nicht mehr aufpaßt und sich nicht konzentrieren kann, soll man immer daran denken, daß hier ein chemisches Versagen vorliegen kann, dessen Folge die Unfähigkeit ist, das normale Leistungskontingent zu erbringen. Es nützt gar nichts, wenn der Lehrer schimpft: »Der ist faul, der will nicht!« Das ist ganz falsch. Vegetative und affektive Fehlleistungen kann man willensmäßig überhaupt nicht beeinflussen. Man kann auch seine Niere nicht zwingen, rascher die Giftstoffe auszuscheiden!

Der Schüler, der überfordert ist, leidet an Lustlosigkeit, an Konzentrationsschwäche, an einer Depression. Er ist kein fauler Kerl, er hat keinen schlechten Charakter, er ist nur den Anforderungen einfach nicht gewachsen. Ermahnungen, wie: »Nimm dich zusammen!« sind sinnlos. Er gehört zum Nervenarzt, damit dieser Zustand eines Mangels an biologischer Kapazität beseitigt wird.

Depressionen können aber auch in der Pubertät auftreten, wenn der innere Umbau des Organismus durch äußere Leistungen, die der Jüngling erbringen muß, gestört ist. Wenn eine Frau ein Baby bekommen hat, kommt es nach der Entbindung nicht selten zu Depressionen. Ebenso im Klimakterium, in der Involutionsphase bei der Pensionierung und schließlich in der senilen Phase der 70- bis 90jährigen. Mit einem Wort: Immer dann, wenn der Energieapparat unseres Gehirns überfordert wird, kann es zu einem Defizit kommen, wie beim Budget eines Haushaltes. Das Resultat ist eine Depression, eine Erkrankung unseres Gemütes. Zum Glück sind wir heute in der Lage, mit antidepressiven Medikamenten die Depressionen, die vermutlich wegen des vermehrten Leistungsdrucks auf der ganzen Welt zunehmen – gezielt behandeln zu können und einen harmonischen Zustand der Befindlichkeit und des Verhaltens wiederherzustellen.

Im wesentlichen gibt es zwei Gruppen von antidepressiven Drogen: Die einen verbessern den gestörten Antrieb, die anderen reduzieren die Angst. Diese Drogen wirken nicht sofort, sondern benötigen eine gewisse Anlaufzeit. Sie müssen auch nach Abklingen der Beschwerden noch einige Monate in verminderter Dosierung weitergenommen werden.

Da wir also heute zur Behandlung so hervorragende Medikamente zur Verfügung haben, sollten (wie ich in meinem Büchlein »Die Depression« geschrieben habe) nicht nur Ärzte, sondern auch Laien um dieses Krankheitsbild wissen, weil dadurch viele Selbstmorde verhindert werden können.

Noch ein paar Worte über die sogenannte larvierte bzw. maskierte Depression. Sie ist etwas schwieriger zu erkennen, weil sie sich, wie schon der Name sagt, hinter einer Larve bzw. Maske versteckt. Das heißt, daß es durch die Balancestörung der Überträgerstoffe nicht nur zu den depressiven Beschwerden kommt, die wir schon besprochen haben, sondern auch zu Beschwerden, wie Herzklopfen, Magenschmerzen, Gallenblasenbeschwerden, Schweißausbrüchen usw., die manchmal so im Vordergrund stehen können, daß

man primär an einen Organdefekt und nicht an eine Depression denkt. Diese Patienten lassen dann unzählige Laboratoriumsuntersuchungen über sich ergehen, ohne daß pathologische Befunde erhoben werden können. Ihre Beschwerden gehen aber zurück, wenn die Diagnose »Depression« gestellt und eine antidepressive Behandlung eingeleitet wird.
Im Lainzer Krankenhaus, in dem etwa 5000 Patienten in den verschiedenen medizinischen Abteilungen untergebracht sind, hat sich der Slogan eingebürgert: »Wenn man nichts findet, sagt der Birkmayer: Es ist eine larvierte Depression! Und meistens hat er recht!«

Der lange Schlaf

Ich erinnere mich an den Text eines alten Schlagers: »Alle Menschen möchten in den Himmel, aber sterben wollen sie nicht ...«
Nun ist der Tod für den gläubigen Menschen sicher nicht so schrecklich wie für den Nichtgläubigen. Der gläubige Christ erwartet, daß er für seine guten Taten belohnt wird oder daß er für seine irdischen Versagungen und Schicksalsschläge im Jenseits entschädigt wird. Für ihn ist der Tod der Beginn eines neuen, ewigen Lebens.
Der Buddhist, dem es schlecht geht, glaubt, daß er in seinem irdischen Leben für die Sünden seiner Vorfahren büßt und daß er nach seiner Wiedergeburt als ein viel glücklicheres Wesen leben wird.
Der nicht gläubige Mensch hat es schwerer, denn für ihn hört nach dem Tod alles auf.
Ich persönlich glaube, daß ein Phänomen wie der Tod, den ja alle Lebewesen seit Millionen Jahren über

sich ergehen lassen müssen, nicht so furchtbar sein kann.

Ich war mehr als zwanzig Jahre im Altersheim in Lainz tätig. Da sieht man viele Menschen sterben, und dabei habe ich die Erfahrung gemacht, daß kaum zehn Menschen während dieser ganzen Zeit den Tod bewußt erlebt haben. Diese Tatsache ist besonders für die Angehörigen tröstlich. Die letzte Phase des Lebens, in der sich der sogenannte Todeskampf abspielt, wird vom Sterbenden nicht mehr richtig wahrgenommen.

Das Gehirn dieser Menschen ist durch Sauerstoffmangel und durch Stoffwechselgifte schon so geschädigt, daß das Bewußtsein völlig ausgeschaltet ist. Es sieht natürlich für die Angehörigen schrecklich aus, wenn der Sterbende röchelt und stöhnt oder sich herumwirft. Sie kommen dann oft mit der Bitte: »Herr Doktor, können Sie ihm nicht eine Spritze geben, damit er nicht mehr leidet?«

Damit sind wir bei der sehr wichtigen Frage der Verkürzung des Lebens, die ich absolut verneine. Man kann und darf einem Arzt die Verantwortung nicht zuschieben, zu entscheiden: »So, jetzt ist Schluß!«

Wir haben oft Patienten gehabt, die völlig verwirrt waren, nichts mehr essen konnten und ihr Bett durcheinanderbrachten, aber nach einigen Tagen Intensiv-Therapie waren sie, wenn auch reduziert, imstande, ein bescheidenes Leben aufzunehmen.

Wenn man dem Arzt das Recht in die Hand gäbe, ein Leben abzukürzen, öffnete man entweder seiner Willkür Tür und Tor oder stürzte ihn in einen Gewissenskonflikt, dessen Lösung man ihm als Mensch einfach nicht zumuten kann.

Es kommen z. B. die Angehörigen eines Kranken, die für seinen Spitalsaufenthalt zahlen müssen und reden dem Arzt zu: »Schauen Sie, Herr Doktor, der Onkel hat ja nichts mehr vom Leben, könnte man das nicht abkürzen?«

Ein anderes Beispiel: Bekanntlich herrscht in den meisten Spitälern immer Bettenmangel. Eine hohe Persönlichkeit ruft den Primararzt an: »Haben Sie kein Bett frei? Ich brauche dringend eines für einen guten Bekannten.« – »Aber natürlich!« – »Herr Oberarzt, machen Sie ein Bett frei. Der Patient von Zimmer 23 ist unheilbar krank, dem geben wir eine Spritze!«

Welche Instanz könnte eine solche Entscheidung treffen? Euthanasie wäre ein sehr bedenklicher Schritt, gerade in unserer Wegwerfgesellschaft, die allzu leicht bereit ist, sich von allem, was sie nicht mehr braucht und was ihr nicht mehr nützlich ist, zu trennen.

Ich möchte hier ein paar Zeilen aus meinem Buch »Der Mensch zwischen Harmonie und Chaos – Wegweiser durch den Alltag« wiedergeben, die, wie ich glaube, die Problematik und ihren Lösungsversuch am anschaulichsten darlegen: »Kein Mensch hat das Recht, das Leben eines anderen auszulöschen bzw. zu verkürzen. Welche Instanz könnte eine solche Entscheidung treffen? Meine persönliche Auffassung und die meiner Mitarbeiter stellt sich etwa folgendermaßen dar: Ist im Dasein des alten, kranken Menschen ein Rest von geistigem Leben vorhanden, dann bemühen wir uns mit allen Mitteln, dieses Leben zu erhalten. Bestehen zum Beispiel bei einem alten Menschen mit fortgeschrittener Hirnverkalkung noch immer kurze Phasen, in denen sich der geistig Abgebaute über den Besuch seiner Angehörigen freut, mit Lust eine Mahlzeit genießt oder zufrieden einem Rundfunkprogramm zuhört, dann sehen wir

unsere Aufgabe darin, diesen Zustand durch aktive Kreislaufbehandlung möglichst lange zu erhalten. Handelt es sich um einen Menschen mit einem Hirntumor, der nicht operierbar ist, dann döst dieser Kranke wochenlang dahin, ohne das Bewußtsein wieder zu erlangen. In einem solchen Fall werden wir die aktive Behandlung einstellen und das Hineingleiten in den Tod nicht verzögern. Aber zwischen dieser Vorgangsweise und der aktiven Spritze, die den Menschen umbringt, besteht ein himmelhoher Unterschied! Das Leben ist ein zu kostbares Gut, als daß man es der Entscheidungsgewalt der Angehörigen oder eines Arztes anheimstellen könnte.
So dramatisch sich der Eintritt ins Leben wie der Austritt aus dem Leben für die Angehörigen abspielen – die unmittelbar Beteiligten erleben diesen Vorgang nicht im vollen Bewußtsein.« Der Tod kommt wie der Schlaf, sagt Goethe, man merkt es gar nicht und ist eingeschlafen.

Tod ist ein langer Schlaf,
Schlaf ist ein kurzer Tod
– der lindert Dir
und jener nimmt des Lebens Not.
Tod ist ein langer Schlaf.

Zu guter Letzt ein guter Rat

ODER
WAS SENIOREN NOCH
WISSEN SOLLTEN

Grille und Ameise / Der Mückenschwarm in uns / Das Eidechsenprinzip / Der Rosenkäferkomplex / Lernen erhält jung / Späte Liebe / Der alte Mensch und das Kind / Der goldene Mittelweg / Zukunftspläne / Vom An- und Abgewöhnen / Böse Träume / Schuldgefühle / Der Charakter / Zwang oder freier Wille / Rache oder Versöhnung / Die Rhythmen unseres Lebens / Meinem Kind soll es besser gehen / Wie man jung bleibt

Grille und Ameise

Wer kennt nicht die Fabel von der Grille, die den ganzen Sommer zirpt und in den Tag hinein lebt, und der Ameise, die in dieser Zeit arbeitet, um für ihren Wintervorrat zu sorgen?!

Heute, im Zeitalter der Verhaltensforschung, wissen wir natürlich alles viel genauer als Äsop und La Fontaine mit ihren Gleichnissen und Fabeln. Wir haben entdeckt, daß es weder der pure Leichtsinn der Grille noch der löbliche Fleiß der Ameise ist, der sie so und nicht anders handeln läßt.

Die männlichen Grillen müssen nämlich zirpen, um die Weibchen anzulocken. Ihr Zirpen ist eine Instinkthandlung zur Arterhaltung, also ein sexuelles Lockmittel. Sie stehen dabei unter Erfolgszwang, und es ist daher sicher nicht halb so lustig wie es den Anschein hat. Die Ameisen wiederum arbeiten auch nicht freiwillig; vielmehr zwingt sie ihr Instinkt zur emsigen Nahrungssuche, um ihre Überlebenschancen zu garantieren. Es handelt sich also sowohl bei der Grille als auch bei der Ameise um einen Verhaltenszwang, der den biologischen Sinn hat, die Erhaltung der Art bzw. das Überleben zu sichern. Ob dabei das Zirpen der Grille oder das Nahrungssuchen der Ameise angenehmer und lustvoller ist, soll dahingestellt bleiben!

Nun zu unserer Frage: Soll man in den Tag hinein leben oder soll man sich Sorgen um die Zukunft machen? An sich ist das eine Charaktersache, und für den Charakter haben wir noch keine Medizin.

Zweifellos ist ein Mensch, der in den Tag hinein lebt,

glücklicher. Die einzige völlig unbeschwerte Lebensphase ist die frühe Kindheit: Das Kleinkind macht sich weder Sorgen um den nächsten Tag noch macht es Pläne für sein weiteres Leben.
Aber schon in der Schulzeit fangen die Sorgen an, obwohl es heute viele Kinder gibt, die weiter in den Tag hinein leben. Mit zunehmender Reife entwickelt sich dann die Fähigkeit, das Leben zu planen, weil man nur dadurch die Milieuanforderungen bewältigen kann.
Wie ist es nun im Alter? Ein alter Mensch sollte ruhig in den Tag hinein leben und sich keine Sorgen machen! Erstens verändert man durch Sorgen seine Probleme kaum, und zweitens sollte die Einstellung des alten Menschen, daß jeder Tag sein letzter sein könnte und er ihn daher voll genießen sollte, so vorherrschend sein, daß er sich nicht durch Sorgen oder überflüssige Planungen seine Lusterlebnisse trübt. Um fünf Uhr Nachmittag plant man ja auch nichts mehr, sondern genießt den Feierabend. Der österreichische Dichter Rainer Maria Rilke sagt in einem Gedicht über den Herbst: »... Wer jetzt kein Haus hat, baut sich keines mehr ...« und meint damit, daß in dieser Phase mit großen Vorhaben nicht mehr zu rechnen ist. An anderer Stelle sagt Rilke aber auch, daß erst im Herbst die Trauben ihre letzte Reife bekommen, d. h. daß die Phänomene, die im Alter sozusagen von selbst auf den Menschen zukommen, eine Bereicherung der Persönlichkeit bewirken, was etwas sehr Erfreuliches ist.
Nun gibt es allerdings eine Krankheit, die Depression, bei der sich die Patienten Sorgen um die Zukunft machen, alle Lebensaussichten pessimistisch werten und besondere Angst vor der Verarmung, dem Verhungern oder Krankheiten haben. Ein sol-

ches Verhalten ist aber keine Charaktereigenschaft, sondern eben Ausdruck einer Krankheit, die wir aber heute sehr gut behandeln können.

Der gesunde alte Mensch sollte sich daher über das, was ihm das Leben noch schenkt, freuen. Ich würde Ihnen raten, machen Sie es wie ich: Ich arbeite wie eine Ameise und freue mich dabei schon auf das Singen wie die Grille. Und wenn ich dann zirpe, freue ich mich schon wieder aufs Arbeiten, denn zwischen Arbeit und Erholung soll immer eine harmonische Relation bestehen.

Also nicht: *entweder* nur arbeiten und sich Sorgen machen – *oder* nur in den Tag hinein leben; sondern *sowohl* das Leben – soweit man kann – aktiv gestalten *als auch* das Leben mit seiner Lust genießen!

Der Mückenschwarm in uns

Wenn Sie gegen die Abendsonne einen Mückenschwarm betrachten, dann sehen Sie, daß der Schwarm als Ganzes ruhig an seinem Platz steht; in seinem Inneren aber ist alles in Bewegung.

Wenn man einen Menschen vor einen Röntgenschirm stellen und alle Energievorgänge in seinem Inneren sichtbar machen könnte, so sähe das genauso aus wie dieser Mückenschwarm, der in sich dauernd dynamisch bewegt ist, nach außen hin aber ein statisches Bild der Ruhe bietet.

In unserem Körper gibt es verschiedene Funktionskreise: Die Gefäßregulation, die Stoffwechselregulation, die Hormonproduktion, unsere Motorik, aber natürlich auch unser Gemüt, unseren Intellekt usw. Alle diese Funktionskreise bewegen sich gegeneinander und zueinander; so wie im Mückenschwarm.

Es besteht ein Fließgleichgewicht zwischen Aktivität und Entspannung, zwischen Angst und Schlaf, zwischen Denken und Untätigkeit. Dieses Fließgleichgewicht wird von verschiedenen biochemischen Stoffen aufrechterhalten, wie z. B. dem Noradrenalin, das die Aktivität, den Antrieb, die Angst und die Aggression in Gang setzt. Ein anderer Stoff ist das Serotonin, das beruhigt, den Schlaf auslöst und den Energieaufbau bewirkt.

Im Jahr 1951 habe ich das Phänomen der gegenseitigen Beeinflussung der verschiedenen Funktionskreise im Menschen in einer Monographie als »Regel der permanenten Induktion« zusammengefaßt. Sie besagt, daß vegetative Funktionen, Gemüt und Instinkte in ihren Funktionsabläufen ständig voneinander abhängig sind. Sie beeinflussen einander andauernd und wechselseitig: Ein Kummer führt z. B. als Affektstreß zu Schlaflosigkeit, Appetitlosigkeit (vegetativ) und zur geistigen Leistungsverminderung (intellektuell); Durchfall oder Erbrechen führen zu einem Unbehagen im Gemüt; eine depressive Stimmungslage führt zum Verlust der Muskelspannung: der Depressive läßt den Kopf hängen. Aber auch ein chronischer Eiterherd an einer Zahnwurzel oder an den Mandeln kann über den Weg des vegetativen Nervensystems zu Schlaflosigkeit, Schweißausbruch, Herzklopfen usw. führen. Eine seelische Harmonie ohne vegetative Ausgeglichenheit ist also undenkbar. Aber auch eine schöpferische geistige Tätigkeit ist nur auf der Basis einer vegetativen Harmonie möglich. Banal ausgedrückt: Bei einer Magenverstimmung ist jeder höhere Gedankenflug unmöglich, und jede Schlafstörung als Symptom einer vegetativen Dekompensation verhindert ein seelisches Lustgefühl.

Die Regel der permanenten Induktion gilt selbstverständlich nicht nur für krankmachende Symptome: Eine ruhige, reizfreie Umgebung führt im vegetativen Bereich und im Gemütssektor im gleichen Ausmaß zu einer Entspannung.

Wie kann man nun ein Gleichgewicht zwischen all diesen Regulationen bzw. Funktionskreisen erreichen? Am besten, indem man die Bedürfnisse, das Begehren der einzelnen Funktionen absättigt, aber nicht übersättigt!

Also: Hunger und Essen, sexuelles Begehren und Sättigung, geistiger oder motorischer Beschäftigungsdrang und Arbeitsleistung müssen einander ausgleichen.

Ein gutes Beispiel für dieses Begehren und Gewähren sehen wir bei kleinen Kindern: Sie können zeitweise gar nicht ruhigbleiben, sondern müssen einfach herumlaufen und sich austoben. Diesem Bewegungsdrang soll unbedingt nachgegeben werden. Man darf sie nicht zwingen, sich ruhig zu verhalten, denn dann kommt es zum Verlust ihres Gleichgewichts und zu Reaktionen, die sich auf einem anderen Sektor unangepaßt entladen.

Wenn nun im oralen, im genitalen, im motorischen, im affektiven, im emotionalen, im intellektuellen oder auch im ethischen Bereich eine Balance zwischen Appetenz und Sättigung besteht, ist der innere Friede vorhanden. Die chemische Situation im Menschen ähnelt dem Mückenschwarm: Er ist voll Dynamik, aber er steht wie ein Block. Diesen Zustand nennen wir »Homöostase«, d. h. ruhige Mittellage. Sie ist die einzige Ausgangsbasis um andere Menschen zu beraten und zu führen, sei es als Vater, als Lehrer, als Arzt, als Priester oder als Politiker. Die innere Ausgeglichenheit ist die Voraussetzung für

jede Energieabgabe von einem Menschen auf den anderen.
Jemand, der mürrisch und depressiv ist, hat nicht die Ausstrahlung, um Informationen mit der richtigen Emotion anderen weiterzugeben, und jemand, der auf dem geistigen Sektor frustriert ist, weil er z. B. in seinem Beruf nicht weitergekommen ist, kann einen anderen nicht aufrichten oder trösten.
Man kann die Weihnachtsbotschaft »Friede den Menschen auf Erden« auch so verstehen: Der Friede muß zuerst im einzelnen Individuum sein, erst dann kann er auf seine Umgebung ausstrahlen!

Das Eidechsenprinzip

Ich halte nicht viel von der Gesundenuntersuchung für ältere Semester. Nach meinen Erfahrungen steht der Einsatz in keinem gesunden Verhältnis zum resultierenden Effekt. So sinnvoll die Untersuchungen für den Mutter-Kind-Paß sind, so überflüssig sind sie – meiner persönlichen Meinung nach – bei den Senioren. In meiner boshaften Art sage ich meinen älteren Freunden immer: »Mit 60 Jahren läßt man sich nicht mehr untersuchen, da finden 's immer was!«
Jedenfalls möchte ich Senioren dringend empfehlen, nicht dauernd von einem Arzt zum anderen zu laufen; jeder stellt eine andere Diagnose, jeder schreibt ein anderes Medikament auf, und zum Schluß ist eine Erweiterung der Wohnung notwendig, um alle Medikamente aufzunehmen. Bleiben Sie beim Arzt Ihres Vertrauens, der Sie schon lange kennt. Er merkt jede krankhafte Veränderung sofort und ist daher auch in der Lage zu beurteilen, ob eine schwerwiegende Störung Ihrer Gesundheit vorliegt

oder nur eine nervöse Irritation. Wir müssen natürlich zur Kenntnis nehmen, daß jeder früher oder später auf einem oder mehreren Sektoren des Organismus Abnützungserscheinungen aufweist; das können entweder Gelenksabnützungen, also Arthrosen sein, gegen die es eigentlich keine Behandlung gibt, oder Kreislaufdefekte, die zu einer Reduktion der Leistung führen müssen, schließlich auch Erschöpfungsdepressionen und ähnliches. Das Alter ist eben eine Phase der verminderten Leistungsfähigkeit und eines verminderten Wohlbefindens. Dieser Tatsache muß man Rechnung tragen; sie kann durch eine Pille nicht aus der Welt geschafft werden.

Machen Sie es wie ich: Ich halte mich an das Eidechsenprinzip! Sie wissen, die Eidechse opfert in Gefahr ihren Schwanz und rettet dadurch ihr Leben. Das sollten wir alle machen.

Ich war in St. Moritz Ski fahren. Am ersten Tag: Herrliches Wetter, Sonne. Also sofort mit der Seilbahn auf den Corvatsch – 3300 m hoch! Folge: In der Nacht und am nächsten Morgen Extra-Systolen, niedriger Blutdruck. Der abrupte Wechsel des Klimas, die Höhe waren also schlecht. Eidechsenprinzip: Ich bleibe die nächsten zwei Tage im Hotel und erhole mich körperlich. Dafür mobilisierte ich geistige Aktivitäten und schrieb an meinem nächsten Vortrag. Am dritten Tag begann ich dann, körperlich angepaßt an das neue Klima, mein Skiprogramm in der gewohnten Weise.

Und das Schönste dabei: Ich war nicht ein bißchen unglücklich darüber, weil ich gewußt habe, man muß eben zurückschalten können, wenn die Anpassungsleistungen des Organismus nicht mehr so vollkommen funktionieren wie in der Jugend.

Solche Eidechsenreaktionen sollten wir in allen Situationen anwenden, wo wir nach Überforderungen in eine Dekompensation geraten. Wenn Sie nach einem Tennismatch mit jüngeren Partnern noch drei Tage nachher Muskelschmerzen haben, schlaflos sind und Ihre Aggressionen gegen Ihre Umwelt auslassen, dann hilft eben nur das Eidechsenprinzip, d. h. aufhören oder mit älteren Partnern spielen. Sport ist als Ausgleich für Senioren ausgezeichnet, aber jeder Leistungssport führt beim älteren Menschen zur vorzeitigen Abnützung und zu Dekompensationen.

Eine Dekompensation ist der Verlust der biologischen Balance. Jede Überforderung auf körperlichem oder geistigem Gebiet sowie jede Störung des Gemütssektors führen zu Dekompensationsphänomenen. Biologische Funktionen werden bekanntlich durch Feedback-Mechanismen gesteuert, d. h. ein Reiz aus dem Milieu oder aus dem Organismus bewirkt eine Verschiebung des Gleichgewichtes. Diese Verschiebung regt den Organismus an, die Ausgangslage wieder zu erreichen. Wenn sich z. B. ein Körper in einem zu warmen Milieu befindet, dann setzt das Wärmezentrum die Schweißproduktion in Gang, damit durch die Verdunstungskälte die Normaltemperatur wieder erreicht wird. Den mittleren Pegelstand aller biologischen Funktionen bezeichnet man als Homöostase, d. h. gleichbleibender Zustand. Das ist natürlich kein »fixer« Zustand, sondern ein dauerndes Pendeln, ein rhythmisches Schwanken um eine Mittellage. So ist die Körpertemperatur des Menschen in den Morgenstunden am niedrigsten und am Nachmittag am höchsten. Diese Homöostase pendelt zwischen ca. 35,5 bis 36,5 Grad. Unsere nervöse Organisation ist bestrebt, diesen mittleren Schwingungsbereich aller Funktionen konstant zu erhalten. Gerät der Organismus durch einen Streß, etwa eine

Infektion, eine psychische Belastung oder eine körperliche Überforderung, aus der Mittellage, dann bezeichnen wir diesen Verlust der Balance als Dekompensation. Die Wiederherstellung der Balance heißt dementsprechend »Rekompensation«.

Der Eidechsenkomplex gilt natürlich auch für psychische Situationen. Wenn Sie das Beisammensein mit anderen Menschen belastet, Schlaflosigkeit, Appetitlosigkeit, Herzklopfen auftreten, dann denken Sie wieder an das Eidechsenprinzip und stornieren Sie diese Kontakte. Alle Belastungen körperlicher, geistiger, seelischer Art, die ihn aus dem Gleichgewicht bringen, soll der Senior vermeiden.

Ein Student kann vor einer Prüfung seine tägliche Leistungsphase vorübergehend auf 12 bis 16 Stunden ausdehnen. Nach der Prüfung wird er bald wieder den mittleren Schwingungsbereich der Homöostase erreichen. Ein junger Filmregisseur wird unter dem Druck eines Termins nächtelang durcharbeiten können, ohne dadurch in eine Dekompensationskrise zu geraten. In dieser Lebensphase verfügt der Körper über ausreichende biologische Reservekräfte. Später fehlt diese Reserveenergie. Es ist wie beim Bergauffahren mit einem Auto: je früher man zurückschaltet, um so mehr wird der Motor geschont. Dieser sehr mechanische Vergleich trifft für alle biologischen Vorgänge zu.

Es fällt uns natürlich viel leichter, uns nach oben zu adaptieren; daran gewöhnen wir uns sehr schnell. Auf eine Anpassungsnotwendigkeit nach unten reagieren dagegen sehr viele Menschen mit schweren Gemütsfrustrationen. Ein Überangebot an Lust und Genuß akzeptieren wir sofort, einen Mangel bzw. eine Frustration beklagen wir dauernd.

Mir fällt da immer das Lied »Die Nowaks aus Prag«

vom Hermann Leopoldi ein. Darin bringt er zum Ausdruck, daß sich besagte Nowaks als Emigranten in Amerika nicht anpassen und nicht recht durchsetzen konnten. Ihre Dekompensation auszugleichen war ihnen nur möglich, indem sie jedermann schilderten, was sie in Prag alles besessen hatten und wie gut es ihnen gegangen war. – In jedem Menschen, der zurückstecken muß, steckt so ein kleiner »Nowak aus Prag«.

Im übrigen gibt es sehr brauchbare Zeichen, um das richtige Maß zwischen Aktivität und Ruhe, zwischen Appetenz und Sättigung zu finden:

Schläft man nach einer motorischen, geistigen oder sexuellen Aktivität gut, und steht man am nächsten Morgen frisch und in guter Stimmung auf, dann war die Dosis richtig. Hat man aber am nächsten Tag Muskelschmerzen und kann man sich nicht bücken, dann war die motorische Sättigung überdosiert. Hat man nach geistiger Produktion am nächsten Tag Kopfschmerzen und ein Gefühl der Leere im Kopf, dann hat man der Hirnrinde zuviel abverlangt. Ist man am nächsten Tag verstimmt und unlustig, dann hat man mit der sexuellen Kommunikation zuviel biochemische Energien vernascht.

Also: Es lebt sich auch ohne Eidechsenschwanz sehr gut und zufriedenstellend. Für Senioren jedenfalls bringt das Eidechsenprinzip mehr als eine Gesundenuntersuchung!

Der Rosenkäferkomplex

Der Ödipuskomplex ist von Sigmund Freud, und der Rosenkäferkomplex ist vom Birkmayer. Auch nicht schlecht ...

Sie kennen sicher den Roman von Waldemar Bonsels »Die Biene Maja«, in dem sich der Mistkäfer Kurt in die Biene Maja verliebt. Weil er glaubt, als Mistkäfer bei ihr keine Chancen zu haben, gibt er sich als Rosenkäfer aus. Und für einen Rosenkäfer hat die Biene Maja natürlich ihre ganze jungfräuliche Leidenschaft parat.

So ein Rosenkäferkomplex steckt mehr oder weniger in jedem von uns! Wenn ein junger Student in ein Kaffeehaus kommt und der Ober sagt: »Herr Doktor, was darf's denn sein?«, dann erhält er bestimmt nicht die Antwort: »Ich bin gar kein Doktor!« Der junge Mann freut sich vielmehr, daß er mit einem Titel beehrt wird, den er noch gar nicht hat: Rosenkäferkomplex.

Sie parken falsch, es kommt ein junger Polizist, und wenn Sie sagen: »Herr Oberinspektor, entschuldigen Sie ...«, ist die Strafe schon kleiner.

Oder Sie kommen in ein Amt und sagen zu einem jungen Schnösel: »Herr Amtsrat ...«, schon geht die Sache leichter.

Und wenn einer gar keinen Titel hat, so kann man auf jeden Fall »Herr Direktor« sagen, denn eine Sekretärin und eine Bedienerin hat er sicher!

Der Rosenkäferkomplex besteht darin, daß jeder von uns ein bißchen mehr scheinen möchte, als er tatsächlich ist. Das gilt auch für die Damen.

Wenn Sie zu einer Frau, deren Mann Hofrat ist, nicht »Frau Hofrat« sagen, ist das ein schweres Vergehen. Und wenn der Mann erst Professor ist, dann ist das noch viel ärger!

Ist der Rosenkäferkomplex etwas Schlechtes? Eigentlich nicht, er tut ja niemandem weh. Beim Ödipuskomplex wird einer getötet, aber beim Rosenkäferkomplex geschieht ja nichts. Der Mensch freut sich

nur, wenn jemand von ihm glaubt, er ist ein Rosenkäfer!
Einen Haken hat die Sache natürlich schon: Wenn z. B. ein junger Mann mit seiner Freundin im Mercedes spazierenfährt und sie kommt darauf, daß der Wagen nur ausgeborgt ist, so ist das natürlich ein schwerer Prestigeverlust für den jungen Mann, der die Beziehung ernstlich trüben kann.
Ganz ähnlich ist es auch bei Biographien: Wenn z. B. ein Arzt sein Leben schildert, dann war er natürlich schon als Kind nur daran interessiert, die Leiden der Menschheit zu heilen, und es hat für ihn überhaupt nichts anderes gegeben, als Tag und Nacht die Sorge für seine Patienten. Geld hat nie eine Rolle gespielt ... Nestroy würde sagen: »'s is' alles net wahr, 's is' alles net wahr ...«
Eine derart beschönigende und vom Rosenkäferkomplex zu sehr angereicherte Literatur verliert natürlich an Glaubwürdigkeit; denn daß ein Mensch nicht nur gescheit, edel und gütig ist, hat sich sogar schon unter jugendlichen Lesern herumgesprochen.
Daher: Ein bißchen Rosenkäferkomplex – sehr gut, aber nicht zu viel!

Lernen erhält jung

Ich glaube, es gibt nur wenige Eltern, die nicht stolz auf ihre Kinder waren, weil sie sehr früh und sehr schnell Kinderreime und Gedichte lernten und aufsagen konnten. Hat man so einem Knirps von drei, vier Jahren einige Male die Geschichten vom Struwwelpeter vorgelesen, dann hat er sie auch schon auswendig herunterplappern können. Die Kinder wissen oft gar nicht, was die Reime bedeuten, merken sich aber alles sehr schnell und anhaltend. Sozusagen auf Knopfdruck kann das Gewünschte von Anfang bis Ende wiedergegeben werden. Mit der Phonetik wird es dabei nicht so genau genommen; interessanterweise werden aber das Versmaß und der Tonfall mit minutiöser Genauigkeit, fast stereotyp, eingehalten.

Es ist das also ein mechanisches Nachplappern, fast wie bei einem Papagei, ohne den Sinnzusammenhang zu verstehen. Dieses Phänomen nennen wir die »mechanische Lernfähigkeit«. Sie ist bei Kindern und Erwachsenen sehr einfach zu testen: Man läßt die beiden Gruppen z. B. zehn Silben (ba, be, bi, ma, mi ...) nachsprechen, und nach einiger Zeit fragt man, wie viele sich jeder gemerkt hat. Es stellt sich heraus, daß Kinder ein viel besseres mechanisches Gedächtnis haben als die Erwachsenen. Bei Vierzehnjährigen ist die Fähigkeit, mechanische Inhalte wiederzugeben, am besten ausgebildet und sinkt dann beträchtlich ab. Im Alter ist sie sehr reduziert.

Dieses mechanische Gedächtnis ist aber gar nicht so wesentlich. Es ist sozusagen nur eine Vorstufe, eine Art Trainings- und Lehrzeit für das logische Gedächtnis! Man kann es prüfen, indem man eine kleine Fabel erzählt: »Die dankbare Biene. Es ist heiß. Eine Biene fliegt über einen Teich. Sie wird müde, fällt ins Wasser und droht zu ertrinken. Eine Taube sieht das, reißt mit ihrem Schnabel ein Blatt ab und wirft es ins Wasser. Die Biene kriecht darauf, trocknet sich und fliegt weg. Am nächsten Tag sieht die Biene einen Jäger, der gerade auf die Taube zielt. Sie sticht ihn, der Schuß geht daneben, und die Taube ist gerettet!«

Und nun kommt das Interessante: So eine Geschichte mit etwa zwanzig Sachinhalten und einer logischen Folge behält der ältere Mensch besser als der junge!

Diese Erkenntnis sollte uns bestärken, auch im Alter nicht aufzuhören, unseren Geist zu trainieren, und zwar nicht durch Auswendiglernen von irgendwelchen »Items«, wie die Amerikaner sagen, also von irgenwelchen Daten oder Details. Es hat gar keinen Sinn, einem alten Menschen zu sagen: »Trainiere deinen Geist! Lerne das Telefonbuch auswendig!« Die Zeit des mechanischen Gedächtnisses ist ja für ihn vorbei und kommt nicht wieder!

Um so weniger dürfen wir aufhören, dem logischen Gedächtnis Nahrung zu geben und es zu beschäftigen. Wir sollen uns neue Inhalte aneignen, die wir auf Grund unserer Vorbildung verstehen und die uns interessieren. Dadurch können wir unser Wissen und unsere Persönlichkeit erweitern. Das Neuerworbene kann dann auch in unserem Gehirn wie in einem Computer richtig programmiert und auf Abruf reproduzierbar untergebracht werden.

Ein sehr wichtiger Rat für ältere Menschen: Je mehr man den Geist übt, um so weniger kommt es zu einem geistigen Verfall! Der Vergleich mit körperlicher Aktivität liegt nahe: Es wäre vollkommen falsch, würde man jemandem empfehlen, sich ins Bett zu legen und sich zu schonen, weil es dabei zum geringsten Energieverbrauch kommt. Im Gegenteil! Je mehr Bewegung man macht, natürlich mit Maß und Ziel, um so leistungsfähiger ist der Kreislauf, je mehr man seine Muskeln übt, um so weniger kommt es zu einer Muskelatrophie, zu einer Schwäche.

Also: Die Lernfähigkeit für logische Zusammenhänge ist im Alter fast besser als in der Jugend. Sie soll geübt werden, indem man sich mit Themen beschäftigt, zu denen man eine innere Beziehung hat. Nicht lernen um des Lernens willen, sondern lernen um auf dem Gebiet, auf dem man Spezialist, Interessent oder Liebhaber ist, eine Bereicherung zu erfahren. Mit diesen neuen Kriterien kann man dann auch operieren; wohingegen der Versuch des Auswendig-Büffelns von uninteressierenden Daten, die keinerlei Bezug zu seinem persönlichen Leben haben, für den älteren Menschen völlig sinnlos ist. Logisches Lernen ist dagegen ein Training, das den geistigen Verfall im Alter weit hinausschiebt. Marie von Ebner-Eschenbach hat diese Erkenntnis in den schönen Satz gefaßt: »Man bleibt jung, solange man noch lernen kann.«

Späte Liebe

Goethe sagt: »Liebe ist Trunkenheit ohne Wein.« Leidenschaft, Idealismus, himmelhoch jauchzend, zu Tode betrübt, überschwenglicher Gefühlsausdruck, sind Kennzeichen der Jugend. Der Werther von Goethe hat sich mit zwanzig Jahren aus unglücklicher Liebe umgebracht. Ein siebzigjähriger Werther wäre jedoch nicht vorstellbar.

In der Entwicklung des Menschen ist es so, daß zu jedem Zeitpunkt etwas bestimmtes geschehen soll und muß. Das kleine Kind soll Daumenlutschen, damit es zu keinen Frustrationen im oralen Bereich kommt, der Jüngling befriedigt sich auf andere Art und Weise, und dann kommt das natürliche Begehren und Bindungsvermögen zwischen heterosexuellen Partnern, unbewußt oder bewußt. Auch das geschieht in einem bestimmten Lebensabschnitt.

Für die Eltern ist es sehr wesentlich zu wissen, daß die Partnerwahl ihres Kindes eine Instinkthandlung ist und nie mit logischen Vernunftgründen vollzogen werden soll. Dabei spielen Schlüsselreize aus dem

»Archetypus« der Persönlichkeit eine entscheidende Rolle. Unter diesem Terminus verstand der Schweizer Psychoanalytiker C. G. Jung alle Qualitäten und Verhaltensmuster des Menschen, die in seiner Vergangenheit fixiert wurden. Sie sind seinem Bewußtsein und seiner logischen Beeinflussung völlig entzogen. Dieser Archetypus sucht sich also einen Partner, wobei sich nach meiner Erfahrung die Verbindung von gegensätzlichen Charakterqualitäten für das spätere Leben als beständiger erweist. Das Prinzip »Gegensätze ziehen sich an« hat mehr Gültigkeit als der Grundsatz »Gleich und gleich gesellt sich gern«! Eltern sollten prinzipiell nie versuchen, mit logischen Gründen dem Kind einen Partner aufzuschwatzen oder auszureden.

Viele Leute glauben nun, daß die Funktion einer Ehe in der Gewährung eines jahrzehntelang andauernden Lusttaumels besteht, daß sie demnach hauptsächlich in der Befriedigung von sexuellen Bedürfnissen besteht. Wenn die Ehe diese Funktion hätte, wäre sie eine biologische Fehlkonstruktion, denn vierzehn Tage nach der Hochzeit schielt der Mann schon wieder nach dem Busen einer anderen Frau. Der biologische Sinn der Instinkthandlung zur Arterhaltung ist nicht die erlebte Lust, die diesen Akt auszeichnet, sondern die Bildung einer Gemeinschaft, die auch den zweiten Teil der Arterhaltung umfaßt, nämlich die Brutpflege, um eine optimale Entwicklung der Kinder zu erreichen.

Wenn man dieses Ziel vor Augen hat, dann ist die Ehe die beste Form einer zwischenmenschlichen Vereinigung. Nur in einer hierarchischen Familie mit Führung durch ein Alphatier, aber mit kritischer Machtkontrolle durch die ganze Familie, entwickeln sich Kinder optimal.

Jede Bindung – und natürlich auch die Ehe – bringt den Partnern einen Zuwachs an Sicherheit und Kraft. Sie befreit von Angst, geht aber einher mit einer gewissen Freiheitseinschränkung: Ich kann dann nicht mehr tun, was ich will! Eine eheliche Bindung kostet natürlich auch Energie: Man muß sich anpassen, man muß auf die Schwächen des anderen eingehen, man muß ihn aufrichten, man muß ihn anhören, auch wenn man selbst gerade nicht in der Stimmung dazu ist... Das Zusammenleben ist also dann richtig, wenn jeder dem anderen etwas von seiner Persönlichkeit, seiner Energie und seiner Potenz gibt, um ihn sozusagen auf die gleiche Höhe zu bringen.

Im Alter stehen ganz allgemein nicht mehr so viele Energien zur Verfügung. Gerade emotionale Phänomene erfordern aber ein gewisses Ausmaß an Kraftentfaltung. Wenn ich mich aufrege – aus Lust oder aus Zorn –, braucht mein Herz mehr Kraft, der Kreislauf muß mehr arbeiten, ich muß mehr atmen... Diese Luxusvorgänge kann sich der alte Mensch nicht mehr leisten. Er kann sich daher gar nicht mehr so sehr für einen anderen Menschen begeistern, ebensowenig wie für eine neue Religion, eine neue Partei, eine neue Politik! Diese gewisse Starre und der Verlust der Möglichkeit, eine neue gefühlsmäßige Bindung einzugehen, sind ein Schutz, und daher biologisch richtig.

Nun fragen wir uns einmal, welche Motivation jemand im Alter haben kann, um noch eine Bindung einzugehen. Da gibt's z. B. den alten Witwer, der merkt, daß ihm das Kreuz weh tut, das natürlich jemand einreiben sollte; oder es tun ihm die Füße weh, und die gehören gefascht, also heiratet er noch einmal, damit jemand für ihn sorgt und ihn pflegt. Die Frau, die keine richtige Versorgung hat und auf

ein besseres Dasein hofft, bindet sich auch noch einmal im Alter. Oder zwei alte Menschen sagen sich:
»Die Einsamkeit ist das Entsetzlichste, wenn ich nur irgend jemanden hätte, mit dem ich reden könnte, dann wär' mir schon leichter ...«
Man kann die Einsamkeit durch eine Vereinigung überwinden, man kann miteinander Reisen machen, diskutieren, man kann sogar miteinander schlafen, nur soll man sich nicht einreden: »Das ist jetzt die große Liebe, die ich in meinem ganzen Leben gesucht, auf die ich gewartet habe!«
Sie erinnern sich bestimmt noch an den Film »Der blaue Engel«, in dem sich ein ältlicher Professor in eine Tingeltangel-Sängerin verliebt und so getan hat, als ob das eine echte Leidenschaft wäre. Das war eigentlich schon ein Zeichen einer arteriosklerotischen Verblödung.
Man muß daher alten Leuten raten, sich nicht in falsche Gefühlswege manipulieren zu lassen, denn gefühlsbetonte Handlungen und Leidenschaften sind für sie zu strapaziös. Gegen eine Ehe im Alter aus Vernunftgründen, die beiden Partnern Vorteile bringen kann, ist nichts einzuwenden, obwohl man natürlich einschränkend sagen muß, daß sie nicht so belastbar sein wird, wie eine Ehe, die in der Jugend mit echter Gefühlsbeteiligung geschlossen wird.
Es gibt wohl eine Ausnahme: Die Bindung zwischen einer sitzengebliebenen Jungfrau und einem Mann, der sich nie etwas getraut hat, der zu schüchtern war und immer an der Mutter gehangen ist. Jetzt ist er 65, die 85jährige Mutter stirbt, und nun ist er plötzlich allein. Wenn sich zwei solche Omega-Tierchen finden, die ihr Leben lang immer die letzten in jeder Rangordnung waren und irgendwie an den Rand der

menschlichen Gesellschaft gedrängt worden sind, kann das manchmal sehr positiv sein und recht gut gehen.

Der alte Mensch und das Kind

Die Sehnsucht älterer Menschen, die kinderlos geblieben sind, nach Kindern ist verständlich und einfühlbar. Das Leben pflanzt sich ja nicht nur aus Liebe zu Kindern fort, sondern auch aus dem Wunsch, eigene Ideen zu projizieren, Sehnsüchte zu erfüllen, Ehrgeiz zu befriedigen ... Mit zunehmendem Alter denkt man öfter an den Tod. Und die einzig sichere Tatsache, daß irgend etwas von uns weiterlebt, sind Kinder.

Dieser unbewußte Wunsch nach Unsterblichkeit kehrt in allen Religionen wieder. In der christlichen Religion ist die Seele unsterblich und gelangt entweder in den Himmel oder in die Hölle. Im Islam stehen sogar sieben Himmel zur Verfügung, und für gute Taten wird man mit dem jeweiligen Stockwerk belohnt. Im Buddhismus schließlich wird man nach dem Tod wiedergeboren: Entweder als häßliches, verabscheuungswürdiges Tier, wenn man als Mensch schändliche Taten gesetzt hat, oder als herrliches Wesen, wenn man als Mensch gelitten hat. So ein armer, kranker, leidender Buddhist ist daher nicht traurig über sein irdisches Dasein, sondern freut sich auf seine strahlende Wiedergeburt. Solche religiöse Sentenzen sind psychotherapeutische Bemühungen, den Menschen in ihren schweren Stunden zu helfen.

Für den Naturwissenschaftler ist die Seele dagegen eine Funktion des Gehirns. Mit dem Tod stirbt daher auch die Seele. Unsterblich an sich ist nur das Erbgut,

das wir von unseren Vorfahren empfangen haben und an unsere Kinder weitergeben. Sollte man nun alten Menschen raten, Kinder zu adoptieren? Ich glaube nein.
Jede Adoption ist eine unsichere Sache, denn Sie kaufen dabei nicht nur die Katze, sondern auch die Erbmasse im Sack. Sie wissen so gut wie nichts über die Charaktereigenschaften des Kindes. Bei den eigenen Kindern da weiß man: »Aha, die Eigenschaft hat er von meiner Frau, das hat er von mir ...«, und man kann sich leichter auf die Entwicklung und Erziehung des Kindes einstellen.
Wenn junge Menschen keine Kinder haben können und sich sehnlich welche wünschen, dann sollen sie nach gründlicher Untersuchung der Kleinkinder durch Psychologen, Kinderärzte und Soziologen ein oder zwei Kinder adoptieren. Diese Jungen haben noch die Energie, Kinder aufzuziehen. Aber bei Senioren würde ich das nicht empfehlen. Man muß sich darüber im klaren sein, daß die Aufnahme eines Kindes ein Energieproblem ist. Die Erziehung eines Kindes erfordert eine maßlose Kraft. Darum sind ja die Lehrer vor den Ferien total fertig, wie die Politiker nach einer Wahlschlacht. Eine Mutter, die sich den ganzen Tag mit ihren Kindern beschäftigt, ist am Abend erschöpfter als eine Telefonistin. Man muß dem Kind Nestwärme, Liebe, Anregungen, Erziehung, Entwicklungsmöglichkeiten geben. Das kostet Kraftübertragung, die den alten Menschen überfordert. Das Zusammenleben mit Kindern erfordert neben der Hingabe eine dauernde Anpassungsleistung; man muß mit ihnen reden, lachen, singen, Sport betreiben ... Gerade das ist für alte Menschen zu beschwerlich.
Ich selbst habe acht Enkelkinder, und ich habe sie

alle sehr gern, aber wenn sie bei mir sind, bin ich nach einer Stunde ganz froh, wenn sie wieder weggehen. Wir haben eben nicht mehr die Energie und die Ausdauer, junge Menschen zu formen und ihnen Leitbild zu sein.

Dazu kommt noch etwas: Jedes Kind braucht im Lauf der Erziehung öfters einen kräftigeren oder leichteren Klaps, denn ohne kleine Korrekturen des Verhaltens ist es nicht auf die richtige Bahn zu bringen. Bei einem adoptierten Kind fallen diese Möglichkeiten schon viel schwerer, denn ein fremdes Kind schlägt man nicht gern. Es entsteht dann meist eine »overprotection«, eine Überfürsorge, d. h., diese älteren Eltern sind bemüht, dem Kind alles aus dem Weg zu räumen und jede Frustration zu vermeiden. Das ist aber schlecht, denn jede Frustration kräftigt den Charakter; durch die Versagung entwickelt er sich erst richtig. Den Kindern ohne Frustrationsreize fehlt eine echte Resistenz, eine Widerstandskraft.

Der Terminus »Frustration« wurde von Sigmund Freud geprägt und leitet sich vom lateinischen »frustra« - vergeblich - ab. Eine Trieb-Appetenz kann durch Befriedigung abgesättigt werden, oder dem Individuum wird die Befriedigung versagt. Das nennt man Frustration. Freud fiel bei seinen Analysen auf, daß seinen Kranken in den frühkindlichen Lebensphasen Triebbefriedigungen versagt wurden. Entweder wollte der Säugling noch länger an der Mutterbrust saugen, was ihm verwehrt wurde, oder die Mutter bestrafte das Kind für eine Unart mit ein paar Klapsen und sperrte es zur Strafe in ein finsteres Zimmer. Dieser Liebesverlust durch die Mutter, die dem Kleinkind einen Triebwunsch versagte, war nach Freud der Auslöser für spätere seelische Fehlhaltungen.

Die »Frustrationstoleranz« stellt nun das Maß an Entbehrungen und Versagungen dar, das man einem Menschen zumuten kann, ohne daß später psychische Dekompensationen auftreten. Dieses Maß ist natürlich großen individuellen Schwankungen unterworfen.

Sigmund Freud folgert aus seinen Untersuchungen: Wenn eine Frustration eine so schreckliche Wirkung auf die Entwicklung des Menschen hat, dann muß man in der Erziehung eben alle Frustrationen vermeiden. Praktisch heißt das, jede autoritäre Erziehung hat zu unterbleiben, damit der jungen, empfindlichen Pflanze »Mensch« keine Frustration zugefügt wird, durch die er Schaden an seiner Seele nehmen könnte. Die Auswirkungen sehen wir in unserer heutigen Gesellschaft: Die antiautoritäre Erziehung, das Negieren jeder hierarchischen Struktur, das Ausleben aller Bedürfnisse ist das Ergebnis.

Ich weiß nicht, ob der gute, alte Jahwe über seinen Sohn Siegmund sehr glücklich ist, denn dieser Gott hat sein auserwähltes Volk seit seinem Bestehen mit den schwersten Frustrationen belastet. Ich glaube, daß durch die mehrtausendjährige Frustration die Kapazität dieses Volkes – nämlich Frustrationen zu ertragen – so hochgeschraubt wurde, daß es jedem Selektionsdruck (Auslesedruck) begegnen konnte und – wie ich annehme – auch begegnen wird.

Stellen wir uns einmal theoretisch vor, wie die Erziehung eines Menschen ohne jegliche Frustration möglich wäre: Wie sorgfältig man die Entwicklung des Kindes auch steuern mag, einmal wird es mit einer Situation konfrontiert, der es nicht gewachsen ist, die es nicht bewältigen kann. Die Frustrationstoleranz dieses Menschen wäre Null.

Er würde einem Eskimo ähneln, der nie mit einem

Schnupfenvirus in Berührung gekommen ist und bei dem die erste Infektion mit diesem harmlosen Virus eine tödliche Krankheit auslöst.

Die Frustration ist also ein wesentliches biologisches Phänomen, das in jedem Lebewesen Kräfte mobilisieren kann, mit denen es dem Auslesedruck im Leben erfolgreich begegnen kann. Die Frustration ist somit der Stimulus zur Überwindung der Frustration. Sie ist ein wesentlicher Faktor zur individuellen und kollektiven Entwicklung; Erfindungen entstehen z. B. meist aus Frustrationen.

Die Schwierigkeit liegt natürlich, wie immer, in der Steuerung. Wieviel Frustration erfordert die Erziehung junger Menschen und wieviel freies Absättigen der Triebwünsche kann gewährt werden? Der goldene Mittelweg wäre auch hier der beste, d. h. weder die spartanische Erziehung als Kulminationspunkt einer Frustration noch ein völlig vorurteilsfreies Aufwachsen in einer Kommune scheint dem normalen Menschenverstand zweckmäßig.

Bei älteren Adoptiveltern besteht immer die Gefahr, daß sie dem Kind alle Frustrationen aus dem Weg räumen und es damit jeglicher Widerstandskraft und Belastbarkeit für sein späteres Leben berauben.

Daher: Für das Kind ist die Adoption durch ältere Ehepaare nicht günstig.

Und wie ist es mit den Eltern? Warum adoptieren ältere Ehepaare überhaupt Kinder?

Ein Mann sagte mir z. B. einmal: »Schauen Sie, Herr Doktor, meine Frau braucht eine Beschäftigung, da hat sie etwas zu tun, wenn ein Kind da ist . . .«

Ein anderes Motiv liegt darin, daß der Mann einer berühmten Familie entstammt, die Ehe kinderlos geblieben ist und die Linie nicht aussterben soll. Im Unterbewußtsein spielt manchmal auch die Angst

vor der Einsamkeit des Alters eine Rolle. »Vielleicht wird es sich dankbar erweisen ...?«
Aber wie ist das mit der Dankbarkeit? Ich bin natürlich dafür, daß der Mensch möglichst viel Gutes tun soll, aber er soll es immer ohne den Hintergedanken tun, jemals Dank dafür zu ernten; denn bei jungen Leuten ist kein Dank zu erwarten, besonders heute nicht.
Meine 70jährigen Fans, die zu mir kommen und mir zuhören, sind anhänglich, treu und dankbar, aber die 17jährigen Mädchen, die einen Playboy anhimmeln, haben nach vierzehn Tagen von ihm genug.
Ich glaube also, daß es für ältere Menschen besser ist, wenn sie nicht ein Kind adoptieren, sondern ihre überschüssige Liebe und ihre nicht verbrauchte Menschenfreundlichkeit auf mehrere Kinder projizieren. Gerade in unserer Zeit gibt es viele Kinder, die nicht materielle Not, aber ideell an einem Vakuum an Liebe leiden, weil die berufstätigen Eltern keine Zeit für sie haben. Solche Kinder soll der Senior in ein Theater, zu einer sportlichen Veranstaltung, zu einem Ausflug oder in ein Eisgeschäft einladen. Das gibt dem Gebenden und dem Beschenkten eine große Befriedigung.
Also nicht adoptieren, dazu haben wir nicht mehr die biologische Kraft, und auch nicht tausende Schillinge für irgend etwas spenden, sondern individuell möglichst vielen Kindern ihr Vakuum an Liebe auffüllen. Und dafür keinen Dank erwarten.
Wenn Sie den wollen, dann nehmen Sie sich lieber einen Hund, aber keinen mit einem langen Stammbaum, sondern einen vom Tierschutzverein! Der ist Ihnen lebenslänglich dankbar!

Der goldene Mittelweg

Es ist schwieriger, einen ausgeglichenen Menschen zu definieren als einen unausgeglichenen. Ein Kind, das sich auf den Boden wirft und strampelt und schreit, wenn es irgend etwas haben will, was es nicht bekommt, ist unausgeglichen.

Ein Mann, der sich beim Essen den Mund verbrennt und daraufhin wütend seiner Frau den Teller aufsetzt, ist unausgeglichen.

Ausgeglichensein bedeutet aber nicht völlige Ruhe, denn dann wären wir eigentlich erst im Grab ausgeglichen. Wenn man aber auf Ereignisse aus dem Milieu nicht zu stark und nicht zu lange, mit einem Wort angepaßt, reagiert, dann ist man ausgeglichen.

Wenn vor mir ein Autofahrer z. B. plötzlich bremst, dann erregt mich das, und wenn's nicht gerade ein älterer Herr ist, schreie ich eben: »Du Trottel, kannst net achtgeben?« Nach zwei Minuten ist aber wieder alles vorbei, meine Erregung ist abgeklungen und meine Stimmung wieder ausgeglichen.

Wie kommt es zu dieser Ausgeglichenheit? Ich verwende nicht gern Fremdwörter, aber in diesem Fall ist es notwendig.

Der Ausdruck »Feedbackmechanismus« kommt aus dem Englischen und bedeutet soviel wie »Rückkoppelungs- oder Rückmeldevorgang«.

Am besten erkläre ich diesen Mechanismus am Beispiel eines Kühlschranks: Ist die Temperatur in diesem Gerät zu hoch, wird eine Antenne, ein Rezeptor erregt, der diese Meldung an ein Zentrum weiterleitet, worauf der Motor zur Kälteerzeugung eingeschaltet wird. Ist die gewünschte tiefere Temperatur erreicht, schaltet sich – wieder durch einen Rezeptor angeregt – der Motor wieder ab.

Beim Menschen ist es ähnlich. Ist z. B. der Blutzucker zu niedrig, wird das mit Rezeptoren festgestellt und an ein Zentrum gemeldet, das eine Adrenalin-Ausschüttung veranlaßt, worauf der Blutzucker steigt. So pegelt sich dann eine Mittellage ein. Mit unserer Stimmung und unserem Affekt ist es genauso.
Ein Ereignis kann und soll mich erregen, aber nur bis zu einer gewissen Grenze; dann schaltet sich eine Rückkoppelung - eben dieser Feedbackmechanismus - ein, und es kommt wieder zu einer Beruhigung. Wir kennen heute die beiden Überträgerstoffe unseres Gehirns, die für unser Verhalten maßgebend sind: Das Noradrenalin, das Angst, Wut, Zorn und Aktivität bewirkt, und das Serotonin, das, im Gegensatz dazu, Schlaf, Entspannung und Müdigkeit auslöst. Wenn sich diese beiden Stoffe in Ausgewogenheit befinden, entsteht in uns jene Harmonie, über die ich in einem meiner Bücher so viel geschrieben habe und die für uns so wichtig ist.
Wenn z. B. jemand darunter leidet, daß er immer wieder zornig wird, kann er durch ein systematisches Training, z. B. das autogene Training, das in Entspannungsübungen besteht, dieses Überschießen seiner Reaktionen mittels Feedbackmechanismen unter Kontrolle bringen. Es läßt sich ja fast alles trainieren. Durch steigende Belastungen kann man erreichen, daß man das biochemische Gleichgewicht beibehält.
Eine andere Möglichkeit, unser Verhalten auszubalancieren, haben wir mit der Einnahme von Psychopharmaka. Es gibt Schauspieler, Dirigenten und Pianisten, die so nervös vor einem Auftreten sind, daß sie mit irgendeinem Psychopharmakon ihre Ausgeglichenheit herstellen müssen. Das gleiche kann einem Politiker passieren, der eine Rede halten muß, oder einem Sportler in einem Wettkampf.

Zur Korrektur einer verlorengegangenen Balance stehen uns im wesentlichen »Energizer« und »Tranquillizer« zur Verfügung. Letztere blockieren die Rezeptoren, sie verschließen gleichsam das Schloß, und kein Schlüssel kann hinein. Wenn jemand Valium oder Librium nimmt, werden die Rezeptoren gleichsam verklebt und die Überträgerstoffe der Angst, der Unruhe, der Spannung und der Erregung finden keinen Rezeptor. Der Mensch wird daher ruhig. Dieser Wirkungsmechanismus zeigt, daß die sogenannten Tranquillizer nur die Leitung unterbrechen, ohne Korrektur einer speziellen Fehlsteuerung, die natürlich im Einzelfall vom Arzt vorgenommen werden müßte. Es ist also sinnlos und sicher schädlich, wenn Menschen monate- und jahrelang Tranquillizer ohne ärztliche Kontrolle schlucken. Außerdem blockieren diese Drogen nicht nur die Rezeptoren der Angst oder der Erregung, sondern sämtliche Rezeptoren, deren Blockierung gar nicht beabsichtigt war. Dadurch treten unerwünschte Nebenwirkungen auf. So wirkt z. B. Valium sehr gut gegen Angstzustände, es blockiert aber auch die Rezeptoren, die den Blutdruck bzw. den Muskeltonus regulieren. Dadurch kommt es zur Nebenwirkung der Blutdrucksenkung und einer Erschlaffung der Muskulatur. Man bemerkt beim Autofahren plötzlich, daß man den Gashebel nicht mehr hinunterdrücken kann. So segensreich die Wirkung der Psychopharmaka ist, auf längere Dauer ist ihre Einnahme nur unter ärztlicher Kontrolle empfehlenswert.

Die zweite Gruppe, die Energizer, lösen eine Freisetzung der Überträgersubstanz aus den Nervenzellen aus. Dadurch kommt es natürlich zu einer Leistungssteigerung und zu einer Hochstimmung. Die Aktivierung des Bewußtseins, des Antriebs, der Kreislaufaktivität und die raschere Steuerung der Instinktbewegungen führt Leistungssportler dazu, in mehr oder weniger versteckter Form solche Drogen einzunehmen. Durch die totale Entleerung der Energiespeicher kommt es zu einer vorübergehenden Leistungssteigerung, die aber von einer Erschöpfungsphase gefolgt und nicht ungefährlich ist.

Wenn Hermann Buhl bei seinem Alleingang auf den Nanga Parbat die letzte Strecke in 8000 m Höhe nur mit Pervitin bewältigen konnte, so ist das medizinisch noch vertretbar, weil er vermutlich ohne diesen Energizer erfroren wäre. Trotz seiner Jugend und seiner einmaligen Kondition hatte er aber unter der Drogenwirkung Halluzinationen und konnte mehrere Nächte nicht schlafen.

Der dauernde Konsum solcher Energizer ist ärztlich absolut zu verbieten.

Der relativ harmloseste Energizer ist der Kaffee, und der harmloseste Tranquillizer ist der Alkohol.

Der Kaffee setzt Überträgerstoffe frei; dadurch vertreibt er den Schlaf und regt Kreislauf- und Herztätigkeit an. Zum Ankurbeln der morgendlichen Leistungsphase ist gegen eine Schale Kaffee nichts zu sagen.

Der heutigen Gepflogenheit nach wird allerdings bei jeder Ermüdungsphase sofort ein Espresso konsumiert, der die Müdigkeit vertreibt, die uns aber als Schutzreflex zu einer Ruhepause veranlassen sollte.

Wenn ein 60jähriger, der von seiner Arbeit schon ermüdet ist, sich für eine Konferenz mit Kaffee aktiv macht, preßt er aus seinem Nervensystem Noradrenalin heraus, wodurch das an sich schon ermüdete Herz aufgepeitscht wird; möglicherweise kann das zu einem örtlichen Versagen, zu einem Herzinfarkt führen.

Nun zum Alkohol. Wilhelm Busch sagt: »Wer Sorgen hat, hat auch Likör.«
Diese Worte kann man biochemisch eindeutig interpretieren: Sorgen, Kummer, Streß mobilisieren Noradrenalin, was zu Erregung, Spannung, Unruhe, Angst führt. Das kann man durch Alkohol – also durch die Freisetzung von Serotonin – neutralisieren. Unlust und Unbehagen werden mit Kognak hinuntergespült! Das Resultat ist eine entspannte Behaglichkeit, ein Lustgefühl. Der besonders hohe Alkoholkonsum unserer Gesellschaft zeigt, daß eine kollektive Unfähigkeit vorhanden ist, Unluststimmungen zu ertragen.
Schließlich noch eine Sondergruppe von Drogen, die man nach ihrer Hauptwirkung »Antidepressiva« nennt. Durch eine Verarmung an Überträgerstoffen kann das Krankheitsbild einer unerklärbaren und uneinfühlbaren Unlust, die wir Depression nennen, entstehen. Die antidepressiven Drogen führen einerseits zu einer verstärkten Wirkung der Energieüberträger, anderseits stellen sie die Balance zwischen den einzelnen Überträgersubstanzen wieder her. Sie wirken daher nicht nur bei Depressionen günstig, sondern auch bei allen Zuständen, wo es zu einer Verarmung an Überträgersubstanzen kommt, also besonders im Alter. Hier bringt ihre potenzierende Wirkung sehr günstige Erfolge. Außerdem haben die antidepressiven Stoffe den Vorteil, daß sie zu keiner Gewöhnung und zu keiner Dosissteigerung führen. Man stoppt den Konsum, wenn die Balance, d. h. das Wohlbefinden wiederhergestellt ist. Eine schädliche Wirkung dieser Drogen besteht nicht, trotzdem müssen sie unter ärztlicher Kontrolle eingenommen werden.
Bei allen Drogen oder Genußmitteln zur Wiederer-

langung einer harmonischen, ausgeglichenen Stimmungslage sollte immer wieder das griechische »Meden agan« (nichts zu viel), also der goldene Mittelweg, unser Leitbild sein!

Zukunftspläne

Der Mensch als einziges Lebewesen weiß, daß es eine Zukunft gibt. Das Tier kennt die Zukunft nicht, auch das kleine Kind lebt nur in der Gegenwart. Wenn Sie einem Knirps sagen: »Der Papa wird in fünf Tagen wiederkommen«, dann rechnet der Kleine: »Wie oft muß ich da noch schlafengehen?« Das ist für ihn der Zukunftsbegriff.

Im Gegensatz zum Tier, das seine Triebe zur Lebenserhaltung und Arterhaltung ausschließlich mit Instinkthandlungen bewältigt, hat der Mensch eine zusätzliche Dimension der vernunftmäßigen Erfassung von Sinnzusammenhängen; eine Fähigkeit, Sachverhalte zu analysieren, kritische Urteile zu fällen und für die Zukunft planmäßige Handlungen zu gestalten. Der Cortex, seine Hirnrinde, ist ein entscheidender Funktionsträger seines Daseins geworden.

Die Eindrücke der Gegenwart und die Erfahrungen der Vergangenheit erfaßt und verwertet sein Gehirn. Das Erkennen der Zukunft ist seiner Hirnfunktion jedoch völlig verschlossen. »Vermauert ist den Sterblichen die Zukunft« hat schon Schiller gesagt! Das Bewußtsein, daß es ein Zeitmaß gibt, das auf den Menschen zurollt, dem er sich stellen muß, an das er sich anpassen muß, ist eine spezifisch menschliche Eigenschaft. Dieses Zeitmaß kann er weder mit seinen Instinktformeln noch mit seinen geistigen Erkenntnissen steuern. Es ist daher nur menschlich, und auch

begründet, wenn er sich vor diesen großen Unbekannten fürchtet.
Unsere Großeltern haben ihr Geld nach dem Ersten Weltkrieg verloren, unsere Eltern haben es nach dem Zweiten Weltkrieg verloren. Wenn man jung war, konnte man sich ja wieder eine neue Existenz aufbauen, aber ein alter Mensch schleppt die Existenzangst mit, ist dadurch in seinem Wohlbefinden beeinträchtigt und verliert seine Lebenslust.
Es gibt auch heute keine finanzielle Sicherheit; das Geld als Äquivalent einer Leistung verliert seit Jahrzehnten dauernd seinen Wert.
Die modernen Lebensverhältnisse gewähren zwar dem Individuum fraglos mehr Lust als früher, aber eines gewähren sie nicht: Sicherheit! Durch die Unsicherheit entsteht, bewußt oder unbewußt, eine Angst, die einen dauernden Mehrverbrauch an sympathischer Energieleistung bewirkt und jede Erholungsphase, wie Schlaf und Entspannung, verhindert.
Was kann man gegen die Angst vor der Zukunft tun? Man kann sich z. B. versichern lassen. Die Versicherungsanstalten leben ja von der Angst der Leute, angefangen von der Krankenversicherung bis zur Lebensversicherung. Es ist klar, daß jemand, der eine Autoversicherung hat, keine so große Angst mehr vor einem Autounfall haben wird, als einer, der nicht versichert ist. Und erst bei der Lebensversicherung ...! Was glauben Sie, wie sich einer auf die Auszahlung seines Geldes freut – wenn er's erlebt! Er macht schon jahrelang vorher die herrlichsten Pläne, vom Swimmingpool im Schrebergarten bis zur Weltreise mit seiner Frau!
Der römische Dichter Horaz hat in einer Ode den Satz geprägt: »Carpe diem«, d. h. »Pflücke den Tag«.

Was will er damit sagen? Wir müssen zurück zur Gegenwart; je mehr wir uns an ihr erfreuen, um so mehr vertreiben wir die Angst vor der Zukunft. Also nicht den Dingen nachtrauern, die für uns nicht mehr erreichbar sind, sondern sich an den Dingen erfreuen, die für uns noch greifbar sind, die wir noch »pflücken« können. Und dazu gehört das Plänemachen für die Zukunft. Diese Pläne sind natürlich nicht nur Gedankenspielereien, damit das Hirn irgendwie beschäftigt ist. Sie haben auch eine ganz bestimmte biologische Funktion: Die Pläne, die man für die Zukunft macht, erleichtern das Leben in der Gegenwart.

Der Kaufmann macht Pläne, wie er aus seiner Pleite wieder herauskommt und was er zukünftig tun wird, um einen neuen Rückschlag zu vermeiden; der Wissenschaftler macht Pläne, wie er ein neues Heilmittel entdeckt; der Trainer macht Pläne, wie er aus seiner Mannschaft das Optimum herausholen wird, und der Arbeiter macht Pläne, wie und wo er seinen nächsten Urlaub verbringen wird.

Das Interessante ist, daß die Zukunftspläne sozusagen mit einem Feedback, mit einem Rückkopplungsmechanismus, die biologischen Aktivitäten, den Antrieb und die Entschlußfähigkeit für die Gegenwart verbessern und steigern.

Mein Freund Viktor Frankl erzählt immer wieder, wie er sich im Konzentrationslager dadurch am Leben erhalten hat, daß er für die Zukunft, für die Zeit »danach«, Pläne gemacht hat, was er dann alles unternehmen, was er alles schreiben wird ... Resultat: Die anderen, die keine Pläne gemacht, die sich aufgegeben haben, sind am Fleckfieber gestorben. Er hat den Flecktyphus überlebt.

Es ist also ein sehr bedeutungsvolles Phänomen, daß

Pläne für die Zukunft dem Menschen die Kraft geben, die Gegenwart zu ertragen, zu bewältigen. So wird z. B. ein alter Herr, der im März plant, wie er seinen Sommerurlaub verbringen wird und der mit Freude die Fahrpläne oder Prospekte studiert, eine Grippe wesentlich besser überleben, als ein anderer, der resignierend sagt: »Mi' interessiert nix mehr, mi' freut nix mehr . . .«
Es ist klar, daß dieser Mensch keine Kraft zum Überleben aufbringen wird, wenn er für die Zukunft nichts mehr vorhat und sich nichts mehr von ihr erwartet. Ich habe dem Sohn eines jungen Kollegen einmal ins Stammbuch geschrieben:
»Plane so viel, wie wenn Du ewig leben würdest,
und bemühe Dich, die Pläne so abzuschließen,
wie wenn Du morgen sterben müßtest.«
Dieser Grundsatz gilt natürlich auch für ältere Menschen, denn ein Leben ohne Zukunftspläne blockiert das Glück der Gegenwart.

Vom An- und Abgewöhnen

Es passiert gar nicht so selten, daß ein siebzig- oder achtzigjähriger Opa zu mir in die Ordination kommt und ganz verzweifelt sagt: »Herr Doktor, ich bin so unglücklich, meine Frau hat g'sagt, ich muß mir's Rauchen abgewöhnen . . .«
»Ja warum denn?«
»Sie hat in der Zeitung g'lesen, daß man vom Rauchen Krebs kriegt.«
»Wieviel rauchen S' denn so im Tag?«
»No – halt drei bis vier Pfeiferln.«
Es wäre der größte Unsinn, wollte man diesem Mann das Rauchen verbieten. Die Entbehrung, die er durch

diesen Verzicht erleiden würde, wäre gesundheitsschädlicher als der Nikotinkonsum von drei oder vier Pfeifen. Wenn natürlich jemand im Tag 60 Zigaretten raucht, muß man ihm sagen: »Passen Sie auf, das gibt einen Lungenkrebs!«

Wenn man sich etwas abgewöhnen will, sollte man sich immer die Frage stellen: »Was bringt es?«

Ein altes Mutterl klagte mir einmal, daß sie zum Frühstück so gern ein Ei gegessen, jetzt aber gehört hat, daß in einem Ei sehr viel Cholesterin enthalten sei, was zu Arteriosklerose führen soll. Ich habe ihr erklärt, daß es noch gar nicht sicher ist, ob Cholesterin ein ursächlicher Faktor der Arteriosklerose ist, oder ob es nur ein Symptom ist, das eben bei Arteriosklerose aufscheint. Selbst wenn Cholesterin eine Arteriosklerose verursachte, müßte man schon mit 20 Jahren aufhören, Eier zu essen. »Jetzt, mit 80, dürfen Sie's ruhig tun!« Genauso gibt es Leute, die dem niederen Blutdruck die Schuld für ihre Depression geben; tatsächlich ist aber der niedrige Blutdruck ein Symptom und nicht die Ursache der Depression.

Immer wieder hört man auch die Frage, ob Kaffee- oder Alkoholgenuß gesundheitsschädlich ist und man sich ihn abgewöhnen soll. Für einen alten Menschen, der am Abend ein bis zwei Glas Rotwein trinkt und dann besser schläft, ist der Alkohol wie eine Medizin, weil er beruhigend und relaxierend wirkt, und daher zu tolerieren. Wenn aber jemand nach dem Genuß von zwei Glas Wein am nächsten Tag schwindlig und benommen ist, darf er eben keinen Alkohol trinken.

Das gleiche gilt für den Kaffee. Es gibt Patienten, die sagen: »Herr Doktor, ich möcht' so gern nach dem Essen ein Schalerl Kaffee trinken, aber ich trau' mich nicht wegen meinem hohen Blutdruck.«

»Wie hoch ist er denn?«
»Ja, er schwankt so zwischen 160 und 170.«
Diesen Menschen schadet eine Schale Kaffee morgens und mittags sicher nicht. Der Kaffee stimuliert den Kreislauf und verbessert dadurch die körperliche und geistige Leistungsfähigkeit. Deswegen wird er ja getrunken! Wenn natürlich ein Kaffeegenuß am Nachmittag zu einer Schlafstörung am Abend führt, muß man sich eben einschränken.
Leider gibt es auch Situationen, wo man sich etwas radikal abgewöhnen muß! Vor einiger Zeit habe ich selbst nach einer schweren Virusinfektion einen Herzanfall gehabt und mußte mir von heute auf morgen das Rauchen abgewöhnen. Ich war ein leidenschaftlicher Pfeifenraucher, und dieser plötzliche Entzug war für mich eine ganz, ganz harte Entbehrung.
Daraus müßte man eigentlich folgern, daß es am gescheitesten wäre, sich gar nicht erst an etwas zu gewöhnen! Man sollte sich nie einem Zwang beugen müssen, denn jeder Zwang ist unangenehm. Sobald man sich etwas angewöhnt, ist es schon mit einem Grad von Unfreiheit verbunden!
Und nun noch eine wichtige Frage: »Wie ist das eigentlich mit dem Wein? Wann ist man Alkoholiker?« Alkoholiker ist man dann, wenn man sich so an den Alkohol gewöhnt hat, daß er einem abgeht, sobald man ihn einmal nicht hat.
Ich trinke sehr gern am Abend ein bis zwei Glaserln Wein; aber manchmal prüfe ich mich selber und trinke ein paar Tage hintereinander keinen. Dann sehe ich, ob er mir abgeht.
Also, bis jetzt bin ich noch kein Alkoholiker!

Böse Träume

Der Traum ist ein Aktivitätszeichen unseres Gehirns, genauso wie das bewußte Denken. Wenn Sie sich einen Eisberg vorstellen, so entspricht das bewußte Denken gleichsam dem sichtbaren Teil, während der unsichtbare – also weitaus größere Teil – von unseren Träumen ausgefüllt wird.
Das Tier hat zu seiner Bewährung im täglichen Leben fixe Handlungsweisen entwickelt, die wir Instinkte nennen. Mit der menschlichen Entwicklung rücken die Hirnregionen, die die Instinktformeln repräsentieren, in die Tiefe und werden von der Hirnrinde als Region des bewußten Empfindens und Handelns, des kritischen Erkennens und bewußten Vorausplanens überlappt. Sosehr ein Großteil der menschlichen Verhaltensweise vom Logos der Hirnrinde gelenkt wird, so existent sind die unveränderlichen Instinkte seiner Tiefenperson.
Der Mensch in seinem Schmerz, in seiner Wut, seiner Lust, seiner Angst, in seinem Triebverlangen, kurz in seinen Affekten und Emotionen, ist seit seiner frühesten Entwicklung gleichgeblieben. Religionen und Philosophien haben versucht, diese Instinktformeln der Aggression, des Raubes, der Vergewaltigung zu sublimieren, zu veredeln – bisher mit geringem Erfolg! In der Tiefe unseres Gehirns brodelt es wie in der Tiefe der Erde. Werden Spannungen und Druck zu groß, dann brechen die Instinkte – gleich einem Vulkan – hervor und blockieren vorübergehend jede logische Kritik der Hirnrinde.
Ein Phänomen, das uns einen begrenzten Zugang in die Tiefenschichten unserer Person erlaubt, ist der Traum!
Die Struktur des Traumes als seelisch-geistige Sub-

stanz ist völlig verschieden von den Verhaltensweisen des Wachzustandes. Die Elemente des Wachzustandes fallen weg. Willensakte fehlen, das Sinnesmaterial ist ohne Bezugssystem. Man träumt, daß einem der Chirurg den Bauch aufschneidet, und man sieht dabei zu, oder der Druck der Bettdecke wird zu einem Gebirge, unter dem man liegt. Der Zusammenhang zwischen Sinnesempfindung und zugehöriger Bedeutung ist gelöst, der Zusammenhang zwischen Raum und Zeit, die Grenze zwischen Subjekt und Objekt, zwischen Wirklichkeit und Phantasie ist verwischt. Unsere Traumerlebnisse repräsentieren Aktivitäten der Tiefenperson im Hirnstamm, d. h. nach Ausschaltung der Hirnrinde im Schlaf erleben wir die unkontrollierten Instinkte einer Walpurgisnacht. Nietzsche sagt: »Im Traum machen wir das Pensum früheren Menschentums noch einmal durch.« Ich möchte ergänzen: Im Traumerleben treten auch Verhaltensweisen früherer biologischer Entwicklungsstufen an den Tag; im Traum leben wir in einer alogischen Welt.

Als Antrieb zur Bewältigung unserer gesamten Lebensaufgaben fungieren der Trieb zur Lebenserhaltung und der Trieb zur Arterhaltung, die natürlich nicht selten in Konflikt geraten. Sind solche Konflikte mit dem logischen Verstand nicht entwirrbar, dann werden die alten Engramme unserer Instinktschablonen mobilisiert. Die Hirnrinde stöbert sozusagen in der uralten Bibliothek des Hirnstammes und sucht nach Lösungen oder Entscheidungen. Der Traum projiziert nun vormenschliche oder frühmenschliche Verhaltensweisen in unser Bewußtsein. Dieses Traumverhalten ist dem Logos direkt nicht zugänglich; daher die vielen Traumdeutungen und Traumtheorien.

Sigmund Freud war der erste, der mit naturwissenschaftlicher Beobachtung versucht hat, die unbewußten Tendenzen des Traumerlebens zu deuten. Auch heute noch ist anerkannt, daß sich unbefriedigte Wünsche und frustriertes Streben im Traum demaskieren, allerdings in einer entstellten Symbolik. Nicht mehr anerkannt wird heute die Deutung aller Trauminhalte als Sexualsymbole. Ein Stock, eine Schlange, ein fester schlanker Gegenstand ist nach Freud immer ein Phallussymbol, eine Schachtel oder eine Vase dagegen ein weibliches Sexualsymbol.
Diese Deutung ist fraglos zu einseitig. In der Zeit der Jahrhundertwende, einer Phase der oralen Übersättigung, spielte das Überspringen von nicht verbrauchten Lebensenergien auf die Aktionen der Arterhaltung eine wesentlich größere Rolle als etwa in einem KZ oder in einem Kriegsgefangenenlager. Es wäre geradezu absurd, den Traum eines Gefangenen, der von einer Schachtel träumt, die er auf alle möglichen Weisen zu öffnen versucht, um den Inhalt zu verschlingen, als Spiel mit einem weiblichen Sexsymbol zu deuten.
Sicher ist aber, daß die Traumwelt einen Zugang zur Tiefenperson eines Menschen ermöglicht. Im Traum finden alle Triebe, sowohl die der Lebens- wie der Arterhaltung, so sie unbefriedigt sind, eine Projektion in das Wachbewußtsein. Durch die Maskierung steht man bei der Deutung von Trauminhalten oft so hilflos da, wie der Archäologe vor einer Tafel mit Schriftzeichen aus der Inkazeit.
Träume sind jedenfalls Versuche des Lebewesens, nicht bewältigte Situationen des Wachzustandes zu lösen. Da diese Äußerungen des vormenschlichen oder frühmenschlichen Verhaltens mit dem logischen Verstand nicht erklärbar sind, ist bei allen Deutungs-

versuchen größte Vorsicht notwendig. Wenn Freud bei zahlreichen seiner neurotischen Patienten Träume entdeckte, in denen diese ihren Vater töteten, leitete er daraus seinen Ödipuskomplex, mit dem Inzestwunsch nach der Mutter, ab. Es ist aber doch ohne weiteres möglich, daß der Träumer ein von seinem Vater unterdrückter und bestrafter, kurz, frustrierter Sohn ist, der im Streben nach Lösung von der väterlichen Autorität seinen Vater im Traum tötet. So hat jeder Traum seinen biologischen Sinn.

Natürlich entspricht die Sprache des Traumes nicht der Ausdruckswelt des Wachzustandes. Das Traumgeschehen hat immer Symbolcharakter, wobei Tagesreste konkrete Sachverhalte liefern. Wenn man abends in einer anregenden Gesellschaft über interessante, aber letztlich ungelöste Probleme diskutiert, kommt es im Traum zu einer Reproduktion, aber nicht zu einer Kopie. Bekannte Gesichter fließen mit völlig unbekannten Physiognomien ineinander. Die Gespräche sind natürlich nicht identisch mit der tatsächlich geführten Konversation. Der Tagesrest wird sehr häufig mit Lösungen eigener unbewußter Probleme vermischt. Es kommt zur Verbindung von objektiven Erlebniseindrücken und ungelösten individuellen Problemen.

Der Traum, so undurchsichtig und sinnlos er auch erscheinen mag, erfüllt immer die biologische Aufgabe eines inneren Energieausgleiches im Menschen. Er treibt den Säumigen zum Entschluß, dämpft den Aggressiven zu harmonischem Verhalten, sättigt die nichtbefriedigte Appetenz und bewirkt das Gleichgewicht zwischen der logischen Hirnrinde und der triebhaften Tiefenperson.

Wie im Makrokosmos jede Kraft- und Energieentfaltung eine Gegenkraft mit dem Ziel eines stillen Aus-

gleiches mobilisiert, so strebt im Organismus jede Energieentfaltung oder Energiestauung nach Ausgleich. Der Traum ist dieser Ausgleicher, der Kompensator, der, bewußt oder unbewußt, den stillen Ausgleich herstellt; so wie der Teil des Eisberges, der sich unter Wasser befindet, die Stabilität des Ganzen garantiert, so stellt der Traum die Einheit und die Harmonie der Persönlichkeit wieder her.
Den Beweis dafür, wie wichtig die Träume für uns sind, gibt das folgende Experiment: Man kann mit bestimmten Schlafmitteln und Psychopharmaka die Träume unterdrücken. Das Resultat: Die Menschen werden neurotisch oder psychopathisch, also seelisch krank. Die Träume sind für uns also eine Notwendigkeit. Es kommt zwar sehr häufig vor, daß wir in der Früh aufwachen und glauben, in der vergangenen Nacht nichts geträumt zu haben; das stimmt aber nicht! Beim Schlafen wechseln dauernd Tiefschlafphasen mit Traumphasen ab. Gerade dieser Wechsel ist charakteristisch für den gesunden Schlaf.
Es gibt verschiedene Arten von Träumen. Da sind zuerst einmal jene, die Frustrationen ausgleichen. Ein banales Beispiel: In der Kriegsgefangenschaft oder in einem Lager hat jemand dauernd Hunger. Nun beschert ihm der Traum ein herrliches Menü, so daß ihm sogar tatsächlich das Wasser im Mund zusammenläuft. Und nun kommt das Verblüffende: Beim Aufwachen ist sein Hunger befriedigt, und er hat sein seelisches Gleichgewicht wieder.
Tatsächlich finden im Traum alle Begierden nach Besitz, Macht und sexueller Beute eine Neutralisierung. Der Traum erfüllt jedoch nicht nur unser Triebbegehren, sondern hemmt gelegentlich auch unsere verzerrten Triebwünsche und stellt damit die Homöostase der Tiefenperson wieder her. So wird ein

übertriebener Machtrausch z. B. durch Trauminhalte von Verfolgung und Todesgefahr wieder zur Mittellage des normalen Verhaltens gesteuert.
Das Musterbeispiel eines solchen Angsttraumes hat uns Grillparzer in seinem Drama »Der Traum, ein Leben« sehr schön vor Augen geführt: Ein Traum wird hier zum Regulator des Lebens, zur Deutung und Läuterung eigener Triebe und Wünsche. Die reale Rahmenhandlung hebt sich sehr deutlich von der sprunghaft geführten und, besonders zum Schluß hin, mit allen Kennzeichen des echten Angsttraumes ausgestatteten Traumhandlung ab. Da ist der jugendliche Held Rustan, dessen ungestümes Wesen ihn aus der Stille des ländlichen Lebens in die große Welt der Abenteuer und des Kriegsruhms drängt. Vor seinem endgültigen Aufbruch schläft er noch einmal zu Hause und träumt nun seinen Angsttraum von falschem Ruhm, Lüge, Intrige und Mord, bis zu seinem verzweifelten Absturz in den Abgrund, den wir ja alle aus eigener Traumerfahrung kennen! Seine wilden Angstrufe gehen über in das Erwachen am Morgen. Nun ist er ausgeglichen, geläutert und zufrieden mit seinem bisherigen Leben. Grillparzer hat jahrelang seine eigenen Träume studiert und Beobachtungen darüber angestellt, bevor er dieses Drama geschrieben hat.
Nun aber zu den bösen Träumen: Sie können sich sicher schon vorstellen, warum und wann ein Mensch böse Träume hat. Damit Sie nicht glauben, ich schimpf' immer nur auf die anderen, erzähl' ich Ihnen jetzt einmal einen bösen Traum, den ich gehabt habe: Vorausschicken muß ich, daß ich während meiner Schulzeit immer der beste Mathematiker in der Klasse war. Nun gibt es bei mir so gewisse Phasen, in denen ich leicht überheblich bin, in denen

ich mir einbilde, ich komm' in der Rangordnung gleich nach dem lieben Gott. Wenn mich also der Hafer sticht, träume ich auf einmal, daß ich bei der Matura sitze und eine Viertelstunde vor dem Abgeben meiner Arbeit noch kein einziges Beispiel gelöst habe. Wenn ich dann vor lauter Verzweiflung munter werde, weiß ich: Halt, jetzt hast wieder einmal irgendwen beleidigt oder gekränkt oder Aggressionen losgelassen. Dieser Traum ist also für mich das Zeichen, ein bißchen zurückzuschalten; er leitet mich wieder demutsvoll auf mein normales Maß zurück.

Wenn Sie böse Träume haben sollten, denken Sie einmal nach: »Wem habe ich etwas angetan?« Und wenn Sie's dann wieder gutgemacht haben, werden Sie nicht mehr schlecht träumen.

Schuldgefühle

Schuldgefühle sind etwas spezifisch Menschliches. Tiere haben sie nämlich nicht. Ich kann mir nicht vorstellen, daß ein Löwe Schuldgefühle hat, wenn er ein Zebra tötet, oder das Krokodil, wenn es einem Menschen einen Fuß abbeißt. Und wenn ein Dackel im Zimmer ein Lackerl macht, schaut er wohl ängstlich um sich; er hat aber keine Schuldgefühle, sondern nur Angst, daß ihm was passieren kann.

Schuldgefühle hat ein Mensch immer dann, wenn er etwas tut, von dem er genau weiß, daß er es nicht tun darf! Wie reagiert er dann?

Da gibt es ein uraltes Beispiel aus der Bibel. Der liebe Gott fragt Kain: »Wo ist dein Bruder Abel?«

Und Kain antwortet schreiend: »Bin ich der Hüter meines Bruders?«

Das ist eine Schablone für ein typisches Verhalten nach einem Schuldgefühl: Es wird durch eine Aggressionshandlung wieder kompensiert. Wir kennen das ja alle: Der Ehemann kommt spät nach Hause, hat ein schlechtes Gewissen und – schimpft mit seiner Frau. Die Aggression muß sich dabei nicht immer gegen einen anderen richten, sondern sie kann sich auch gegen denjenigen wenden, der die Schuldgefühle hat: Er bestraft sich gleichsam selbst mit einem Magengeschwür oder mit einem Herzinfarkt.
Schuldgefühle können auch manipuliert werden, z. B. durch Religionsvorschriften, die besagen, daß sexuelle Handlungen Sünde, also etwas Böses sind. Derartige Schuldgefühle können dann sogar Störungen hervorrufen. Das bekannteste Beispiel dafür ist die Selbstbefriedigung von Knaben, die als etwas Furchtbares hingestellt wird, aus dem sich dann Rükkenmarksleiden oder ähnliche Erkrankungen ergeben können. Das sind natürlich Ammenmärchen, die ins Gruselkabinett des 19. Jahrhunderts gehören! Das Resultat dieser Haltung: Sensible Männer können dann oft ihr Leben lang keinen normalen Verkehr ausüben.
Wenn ein Kind zwischen seinen Beinen herumnestelt und von der Mutter einen Schlag auf die Hand bekommt, dann bewirkt dieser Prägungsreiz, daß die ganze Region zum Tabu wird. Das heißt nun nicht, daß dieses Tabu für immer unüberschreitbar bleibt, denn der menschliche Geist hat, beginnend mit der Vertreibung aus dem Paradies, immer wieder Tabus durchbrochen. Wenn sich die Menschheit immer an die Prägungssätze der Zehn Gebote gehalten hätte, wäre ja eine paradiesische Welt erhalten geblieben. Die Bedeutung eines Tabus als geprägtes Phänomen liegt darin, daß durch die Überwindung oder Über-

tretung ein Schuldgefühl mit Angst auftritt, wodurch ein psychiatrischer Regelkreis aktiviert wird.
In der sexuellen Erziehung sind alle Tabus wegzuräumen, damit nicht später Angst und Schuldkomplexe den Ablauf der normalen Instinkthandlung blockieren und Ursache für weitgehende Fehlhaltungen werden, die oft nur mit größtem Einsatz und Schwierigkeiten, mit Hilfe eines Psychiaters oder gar nicht mehr zu korrigieren sind.
Daher ist es wichtig, daß Eltern und Erzieher am gleichen Strang ziehen. Äußerst negativ wirkt es sich aus, wenn zwischen der Einstellung des Elternhauses und der des Erziehers eine Kluft besteht, wie zwischen einer absoluten Monarchie und einer modernen Demokratie. Das Kind darf nicht mit zwei divergierenden Werturteilen konfrontiert werden. In der Schwierigkeit der persönlichen Entscheidung verliert der Jugendliche den Fixpunkt sowohl der elterlichen Prägung als auch der Auffassung des Erziehers.
Nun gibt es leider auch Menschen, die überhaupt keine Schuldgefühle haben; sie sind besonders gefährlich. Es handelt sich um die sogenannten gemütslosen Psychopathen, die ohne jede Gemütsbeteiligung etwas anstellen und gar nicht empfinden, daß sie etwas Böses getan haben. Dazu gehören die Verbrecher. Im Gegensatz dazu gibt es aber auch überempfindliche Menschen, die sich hundertmal entschuldigen, wenn sie nur beim Spazierengehen an jemand ein wenig anstreifen und die dann den ganzen Tag über ein schlechtes Gewissen haben.
Wie ist nun das normale Verhalten? Üblicherweise soll es so sein, daß man sich bemüht, Schuldgefühle zu rekompensieren und dadurch die mittlere Gemütslage wieder herzustellen. Man zeigt durch eine liebevolle Geste, durch eine aufmerksame Handlung:

»Weißt du, ich habe dir etwas angetan, aber es tut mir leid ...« Dann freut sich der Betreffende, und man ist seine Schuldgefühle los.
Und schließlich schläft man auch wesentlich besser ohne Schuldgefühle!

Der Charakter

Ich werde immer wieder gefragt: »Wie ist das eigentlich mit dem Charakter?« Nun: Wir müssenBuns das so vorstellen, daß der liebe Gott bei der Entstehung eines Menschen, in dem Augenblick also, in dem sich die männliche Samenzelle mit der weiblichen Eizelle vereinigt, gleichsam mit seiner Hand am Klavier einen Akkord spielt. Wenn er C-Dur erwischt, dann bleibt diese Tonart für das ganze Leben bestimmend für das Verhalten des betreffenden Menschen; spielt er dagegen a-Moll, dann wird dieser Mensch im großen Welttheater eben nicht die »lustige Person« zu spielen haben, sondern seine Rolle eher melancholisch-gedämpft anlegen müssen.
Der Charakter ist also durch die Potenz, die Kapazität des genetischen Code, jener chemischen Erbmatrize gegeben, die bei der Befruchtung entsteht und aus der sich dann sämtliche Qualitäten entwickeln, mit denen der Mensch in seiner Umwelt existiert. Es ist eine fixierte Verhaltensweise, die jeden zwingt, sich in einer Situation so zu verhalten, wie es seine Charakterstruktur vorschreibt.
Ganz trocken und theoretisch ausgedrückt: Als Charakter können wir vorwiegend die Summe der Willens-, Temperaments- und Gefühlsbegabung zusammenfassen.
Von Geburt an sind die Erscheinungsformen des

Charakters bei allen Menschen so verschieden wie die körperlichen Anlagen. Der Charakter hat eine gewisse Wandlungsbreite; seine Eigenschaften sind als Möglichkeiten gegeben, die sich im Lauf der leiblichen und seelischen Entwicklung entfalten. So können durch die Umweltverhältnisse verschiedene Formen verwirklicht werden. Es kann eine Gruppe von Eigenschaften, die besonders hervorstechen, zurückweichen und andere treten hervor. Jeder Kliniker kennt solche Tatsachen aus der Pubertät und aus dem Klimakterium. Seelische Einwirkungen können nicht die Grundlagen des Charakters, wohl aber seine Äußerungen beeinflussen.

Unter den Gelehrten gibt es nun zwei Meinungen. Die einen sagen: »Das Verhalten wird nur durch die Vererbung bestimmt.« Die anderen erklären: »Nur das Milieu ist ausschlaggebend.«

Beides stimmt zur Hälfte: Die Amerikaner haben z. B. Versuche mit Mäusen gemacht: Sie haben dabei sehr aggressive Mäusekinder von friedlichen Mäusemüttern aufziehen lassen. Das Resultat: die aggressiven Kinder sind aggressiv geblieben. Dann hat man es umgekehrt gemacht: Sanfte Mäusekinder sind von aggressiven Mäusemüttern aufgezogen worden. Resultat: Die Kinder sind sanft geblieben. Nun würde das heißen, daß die Vererbung ein Übergewicht hat.

Der banale Gegenbeweis: Läßt man sanfte Mäuse hungern, dann werden auch die sanftesten unter ihnen aggressiv. Das zeigt also, daß ein frustrierendes Milieu sehr wohl die vererbten Anlagen beeinflußt.

Ein optimales Milieu kann eben nicht aus allen Menschen Engel machen und ein schlechtes Milieu nicht alle guten Eigenschaften eines Menschen ruinieren. Um noch einmal auf den Vergleich mit dem Akkord zurückzukommen: Wir können sagen, daß die Verer-

bung das Thema unseres Charakters darstellt und das Milieu die Variationen schafft; aus diesen beiden Komponenten ergeben sich dann die schillernde Vielfalt und die reizvolle Verschiedenartigkeit der Charaktereigenschaften des Individuums.
Die Erziehung, als ein Faktor des Milieus, kann die angeborenen Eigenschaften des Charakters zu dämpfen oder zu fördern trachten. Entscheidend ist, daß man aus jedem Charakter das Beste herauszuholen versucht. Das soll das Ziel der modernen Erziehung, der angewandten Verhaltensforschung und der politischen Gestaltung sein.
Ich erinnere mich an eine interessante Diskussion über unser Sportgymnasium in Stams. Ein Journalist erklärte dabei: »Das ist eine Erziehungsanstalt für Sportkrüppel.« Der Unterrichtsminister hat ausführlich dazu Stellung genommen und schließlich resümiert: »Man muß die schlummernde Potenz in jedem Jugendlichen fördern; das ist die Aufgabe der Gesellschaft.« Das heißt, daß ein Kind mit musikalischer Begabung musikalisch geschult und ein Kind mit sportlicher Begabung sportlich geschult werden muß. Warum ist dieser Grundsatz so förderlich? Wenn man einen jungen Menschen zu einer Leistung führt, zu der er fähig ist, gibt ihm das Befriedigung, und nichts ist entwicklungsfördernder als eine mit Lust und Erfolg vollbrachte Leistung. Wenn dagegen ein Ungeschickter in so ein Sportgymnasium kommt, wird er dauernd frustriert sein, sich den Fuß brechen oder das Knie verstauchen. Dadurch wird er dann zu einem Neurotiker und Psychopathen. Wenn man andererseits einen Unmusikalischen in eine Musikschule steckt, so wird er nur Minderwertigkeitsgefühle bekommen, und seine Aggression gegen die Umwelt ist dann verständlich.

Der beste Weg zu einer Prägung, einer Erziehung zum Positiven für den jungen Menschen besteht nicht in Vorschriften und Dogmen, sondern in der Präsentation von Leitbildern, nach denen sich der Jugendliche orientieren kann. Früher einmal hat man den Kindern das Skifahren mit endlosen theoretischen Beschreibungen beigebracht: Ausstemmen, Gewicht verlegen, beiziehen ... Heute läßt man die Kinder zuschauen, und sie kopieren sozusagen den Skilehrer als Leitbild.

Gerade in unserer Zeit ist der Pubertierende in einer schwierigen Situation. Biologisch richtig für diese Phase ist die Abnabelung von der mütterlichen Bevormundung und die Identifizierung mit einem väterlichen Leitbild. Die eigenartige, labile, richtungslose, auf kein konkretes Ziel zustrebende Dynamik der heutigen Jugend ist durch den Verlust der Vaterfigur in unserer Gesellschaft ausgelöst. In Ländern, in denen die patriarchalische Struktur noch halbwegs erhalten ist, ist die Zahl der sozial Entgleisten lange nicht so hoch wie in Ländern, in denen das Vaterimago völlig beseitigt wurde, wie z. B. in den USA. Der Vaterverlust unseres Zeitalters erschwert meiner Ansicht nach eine ruhige Entwicklung unserer Jugend. Dieser Verlust der Autorität, Führung und Entscheidungsgewalt ist heute überall zu beobachten: Der Monarch hat im besten Fall noch repräsentative Funktionen, dem Universitätsprofessor wird von streikenden Studenten gedroht, ihm seine Machtbefugnisse zu entziehen, und sogar der Papst – als Oberhaupt einer statisch fixierten Hierarchie – ist seiner absoluten Macht nicht mehr sicher.

Wie konnte es zu dieser Situation kommen? Mißbrauch der Macht führt über Feedback-Steuerung immer zum Abbau der Macht. Dieser Abbau schießt zunächst weit über jedes Maß hinaus. Auch für das Wechselspiel Macht und Freiheit gibt es eine Homöostase eines optimalen Pegelstandes. Jede Verschiebung eines biologischen Zustandes mobilisiert Gegenkräfte, die nicht nur zur Beseitigung dieses pathologischen Zustandes führen, sondern über die Mittellage weit hinauspendeln.

In den vergangenen Jahrhunderten hatten wir es mit einer Zeit pathologischer Machtansammlung zu tun, die Gegenregulationen weit über die gesunde Mittellage in Gang setzte. Derzeit befinden wir uns so ziemlich auf dem Kulminationspunkt der Freiheit und werden uns wohl wieder einem normalen Maß nähern.

Das Faszinierende der Jugend ist die dynamische Potenz und der permanente Antrieb, der alle ihre Aktionen auszeichnet. Nun gibt es keine Lebensphase, in der zwischen Wollen und Können eine so große Divergenz besteht wie in der Pubertät. Das Wollen ist aber die Prämisse zur Veränderung der Welt. Das Vaterimago kann durch eine echte Autorität diese Divergenz ausgleichen, indem es das Können durch Beratung steigert und das Wollen auf eine kleinere Flamme stellt.

Der Vater muß sich seiner Rolle als Leitbild bewußt sein. Es ist natürlich leichter und macht viel weniger Mühe, sich hinter seiner Berufsarbeit zu verschanzen und für seine Kinder einfach keine Zeit zu haben. Der Vater muß sich aber vor Augen halten, daß er damit die wesentlichste Chance verpaßt, die guten Charakteranlagen seines Kindes zu fördern. Entzieht er sich seiner Verpflichtung, dann überläßt er sein Kind sogenannten Ersatzvätern, die sich ihm massenhaft anbieten, wie etwa religiöse, weltanschauliche oder politische Fanatiker, die den jungen Menschen berauschen und in seiner charakterlichen Entwicklung hemmen.

Apropos, Fanatiker. Der bedeutende österreichische Psychiater Julius Wagner-Jauregg hat einmal gesagt: »Wenn einer einen Charakter hat, braucht er keine Grundsätze.« Das heißt, daß ein völlig ausgereifter Mensch weiß, wie er zu entscheiden hat und was er unbedingt ablehnen muß; er wird also nicht betrügen, lügen oder stehlen. Nur für einen schwachen Menschen sind Grundsätze die Zementsäulen, an denen er sich anhalten kann. Auch in den verschiedenen politischen und weltanschaulichen Systemen haben wir immer wieder gesehen, daß die größten Fanatiker nicht die starken Männer, sondern die schwachen, die unsicheren Psychopathen waren.

Einzelne Charakterzüge lassen sich durch moderne Psychopharmaka stimulieren bzw. dämpfen. Es gibt antriebsschwache Menschen, die sich sehr schwer entschließen können, weil ihnen jede Initiative fehlt. Für sie gibt es Drogen, die über den Weg einer Anreicherung der Energieüberträgerstoffe Dopamin und Noradrenalin zu einer Steigerung dieser Minussymptomatik der Antriebsschwäche führen. Ebenso gibt es explosiv aggressive Menschen, die durch ein dämpfendes Medikament zu einem ausgeglicheneren Verhalten zu führen sind.

Diese Psychopharmaka können charakterliche Spitzen ausgleichen; die Charaktergrundlagen bleiben jedoch unbeeinflußbar.

Wollte man diese Grundlagen verändern, müßte man dem lieben Gott schon sehr ins Handwerk pfuschen, indem man den genetischen Code, also unsere Erbmatrize verändert. Die Wissenschaft ist auf dem besten Weg dazu; es fragt sich nur, ob es tatsächlich der beste ist. Welche Instanz könnte den guten Vorsatz überwachen und garantieren, solche Veränderungen nur zum Positiven vorzunehmen? Die Vorstellung, daß dieses Instrument in die Hände von gewissenlosen Machthabern fallen könnte, ist jedenfalls beängstigend!

Wie steht es nun mit den charakterlichen Eigenheiten im Alter? Es gibt Kinder, die sind streitsüchtig, andere wiederum sind sensibel und empfindlich. Diese Grundzüge wandeln sich im Laufe der Jahre nicht, nur erfahren alle Charaktereigenschaften im Alter eine Akzentuierung, eine Zuspitzung: Der Sparsame wird geizig, der Empfindliche und Sensitive wird paranoid und glaubt, daß ihn alle verfolgen oder über ihn schimpfen, der Streitsüchtige wird unduldsam, intolerant und aggressiv.

Daraus ergeben sich natürlich Schwierigkeiten im Zusammenleben mit alten Menschen, bis man schließlich einsieht: »Die Oma ist eben so, die können wir nicht mehr ändern ...«

Eine charakterliche Fehlhaltung läßt sich nur durch Dressur so weit bringen, daß ein Zusammenleben möglich ist. Nun ist man in der modernen Lebensführung zwar bemüht, Dressurakte, wie sie in Diktaturen an der Tagesordnung sind, soweit wie möglich auszuschalten, doch kann man anderseits aber auch nicht der Freiheit des einzelnen, in unserem Fall des alten Menschen, so grenzenlos Raum lassen, daß man resigniert: »Der ist halt so, dem ist alles erlaubt.«

Ich kann Ihnen aus meiner Erfahrung sagen, wie das in einem Altersheim gehandhabt wird. Da gibt es Menschen, die vertragen sich nicht in einem Zweibettzimmer und nicht in einem Vierbettzimmer. Da müssen eben Vorschriften gegeben werden, um eine Anpassung zu gewährleisten, und das gilt genauso für alte Menschen, die in einer Familie leben.

Jeder Mensch nützt seine Macht aus, wenn er kann und man ihn läßt; der alte Mensch ganz besonders! Wenn er aber diese Macht mißbraucht, dann muß man ihn eben ein bißchen stutzen, damit seine charakterlichen Auswüchse nicht zur Qual für seine Umgebung werden.
Unsere Bemühungen den uns anvertrauten Menschen gegenüber müssen in einer Beeinflussung zum Guten liegen; zu einer Prägung und einer Entwicklung der in der Erbmasse vorhandenen Eigenschaften zu einer optimalen Größe. Damit kann man weitgehend alle krankhaften Verhaltensweisen dem Milieu gegenüber verhindern. Ich sage: Weitgehend, denn ein kleiner Teufel steckt ja in jedem von uns!

Zwang oder freier Wille

Über den Willen des Menschen streiten Religionsgründer und Philosophen seit Tausenden von Jahren. Die einen sagen: Der Mensch kann mit seinem Willen bewußt Gutes oder Schlechtes tun. Die anderen sagen: Nein, er ist eigentlich determiniert, also vorausbestimmt, und der Wille ist nur eine Art von Steuer, einmal ein bißchen links und einmal ein bißchen rechts.
Der Psychiater hat da natürlich gewisse Einschränkungen. Der Willensbereich, d. h. also der Bereich, in dem der Mensch mit seinem Willen frei entscheiden kann, ist relativ eng. Sie können mit Ihrem Willen weder Ihr Herz rascher schlagen lassen noch Ihre Verdauung beschleunigen, und auch Ihre Sexualorgane können Sie mit Ihrem Willen nicht beeinflussen. Ferner unterliegt es im Bereich des Gemütes und der Emotion nicht Ihrem Willen, ob Sie sich für

etwas begeistern, sondern: Sie sind entweder begeistert oder es gefällt Ihnen etwas nicht.

Wichtige Bereiche des Daseins, alle vegetativen Regulationen, sowie das Gemüt und das Gefühl, sind also Ihrem Willen entzogen. Das gleiche gilt erst recht für den Instinktbereich. Instinkte sind fix programmierte Handlungen, die der Lebens- und Arterhaltung dienen; sie sind erblich geprägt und von unserem Willen nicht beeinflußbar.

Ein Lustmörder, der unter einem triebhaften Zwang steht, kann mit seinem Willen nicht mehr entscheiden, was gut oder schlecht ist; er ist krank. Ein Alkoholiker, der weiß, daß ihm der Alkohol schadet – und trotzdem trinkt, kann mit seinem Willen sein Lustbegehren nicht unterdrücken.

Aber auch nach einer Gehirnerschütterung oder nach einer Vergiftung ist unser Wille weitgehend ausgeschaltet. Ich kann ein Beispiel aus eigenem Erleben erzählen. Im Zweiten Weltkrieg war ich in Rußland an der Front und bin verwundet worden. Nach drei Jahren mußte mir – als Folge dieser Verwundung – in Wien von Professor Schönbauer ein Abszeß herausoperiert werden. Nach der Operation wurde ich in ein Krankenzimmer gebracht; als ich munter wurde, saßen zwei Herren von einer Arzneimittelfirma an meinem Bett und wollten mit mir über ein Präparat verhandeln; ich glaube es war gegen Epilepsie. Ich habe mit ihnen eine halbe Stunde lang gesprochen und meine Dispositionen gegeben. Nachher legte ich mich zurück, schlief wieder ein, und nach dem Erwachen hatte ich von der ganzen Unterredung nicht die blasseste Ahnung.

Jeder, der mir zugehört hätte, würde gesagt haben: »Der war doch bei klarem Bewußtsein, der hat mit seinem Willen klar entschieden.«

Das heißt: Wenn unser Gehirn irgendwie vergiftet ist – und jede Narkose ist ja eine Vergiftung –, ist die freie Willensentscheidung blockiert.

Schließlich haben wir noch das Phänomen der »Prägung« zu berücksichtigen, das den freien Willen ebenfalls sehr beeinträchtigt.

Wir verdanken diesen Begriff Konrad Lorenz. Er lockte eine eben aus dem Ei geschlüpfte Graugans mit artspezifischen Rufen zu sich. Diese Prägung bildete im Gehirn der jungen Gans ein Engramm, d. h. eine biochemische Erinnerungsmatrize, die die Gans in ihrem weiteren Leben zwang, immer dem Lockruf von Lorenz zu folgen und nicht mit ihren Geschwistern zum Teich zu watscheln.

Die Prägung ist ein Lernvorgang, der dem unbeeinflußten Gehirn ein Verhalten aufzwingt, das in späteren Lebensphasen eine entscheidende Dominanz ausübt. Je unbeeinflußter, je jünger das Gehirn ist, um so leichter und dauerhafter ist eine Prägung fixierbar.

Zur praktischen Erläuterung eine biographische Skizze: Als kleines Kind wurde ich von meiner Mutter an schönen Sonntagen in den Türkenschanzpark spazierengeführt und durfte dort in einer Sandkiste spielen. Einmal begann ich plötzlich, die anderen Kinder mit Sand zu bewerfen. Nach einigen Ermahnungen meiner Mutter, die mich natürlich nicht störten, packte sie mich, und ich mußte den ganzen Sonntag auf einer Bank bei ihr ruhig sitzen. Diese massive Frustration, die ich natürlich als völlig ungerecht empfand (welcher Aggressor würde eine Bestrafung nicht als ungerecht empfinden?), war eine echte Prägung. Ich kann mich nicht erinnern, in meinem späteren Leben jemals wieder Aggressionsakte gegen Unschuldige durchgeführt zu haben.

Für alle Prägungsvorgänge ist entscheidend, daß die reine Information mit einem großen Quantum an Affekt und Emotion verbunden sein muß, um einen vollen Erfolg zu erzielen. Wenn man einem Kind hundertmal vorsagt: »Du sollst nicht lügen«, wird das vermutlich keinen Prägungseffekt erzielen. Eine Mutter aber, die sieht, wie ihr Bub einer Fliege die Flügel ausreißt und ihm im gerechten Zorn eine saftige Ohrfeige verabreicht, wird wahrscheinlich einen Dauererfolg haben.

Die Vorteile, die sich aus einer Prägung ergeben, machen sich alle Religionen, Weltanschauungen und politischen Parteien zunutze, indem sie mit ihren Thesen besonders die Jugend prägen, um im noch unbeeinflußten Gehirn eine möglichst starke Tiefen- und Langzeitwirkung zu erreichen.

Für die kommunistische Jugend ist daher der Amerikaner der imperialistische Aggressor schlechthin, und für die Amerikaner ist der Kommunist ein seiner Freiheit beraubter Mensch usw. Dieses Gedankengut bestimmt das Verhalten dieser Menschen für ihr ganzes Leben, so daß sie auch später nicht mehr frei entscheiden können: Was ist gut, was ist schlecht, was ist richtig, was ist falsch? Sie müssen ganz einfach nach ihrer Prägung entscheiden.

Zweifellos lebt sich ein weitgehend geprägter Mensch leichter, weil er sich im aktuellen Ereignis, in zweifelhaften Situationen nicht aktiv entscheiden muß. Er hat ja ein Muster, eine Schablone, nach der er handeln kann. Anderseits ist aber dadurch natürlich jede freie, objektive Urteilsfähigkeit blockiert. Als vollausgereifter Mensch ist jedoch nur jemand anzusprechen, der sich vom geprägten Zwang befreien und in jeder Situation eine freie Willensentscheidung treffen kann.

Wie lautet nun die Zauberformel zur Erlangung der menschlichen Reife? Zu viele Prägungen schaffen fixierte Verhaltensweisen, anderseits ist das Leben ohne steuernde Prägung wie eine ungeregelte, ungehemmt wachsende Krebsgeschwulst. Halten wir uns deshalb wieder einmal an die alte Weisheit der Griechen: »Meden agan« – nichts zu viel!

Ich persönlich bin der Meinung, daß dem geprägten jugendlichen Menschen Kontakte geboten werden müssen, die ihn Werte, Verhaltensweisen und Standpunkte in der breitesten weltanschaulichen, religiösen und politischen Streuung erleben lassen. Die Fülle dieser neuen Begegnungen knabbert von seiner geprägten Haltung so viel ab, daß er später in den wesentlichen Entscheidungen seines Willens flexibler wird.

Rache oder Versöhnung

Aus dem Alten Testament kennen wir den Satz: »Auge um Auge – Zahn um Zahn.« Kann dieser Satz heute Richtschnur für unser tägliches Handeln sein? Ich glaube nicht!

Die Israeliten waren damals ein Hirtenvolk, das auf dem Weg von einer Weide zur anderen ständig von Feinden bedroht war. Unter den Gefahren des Überlebens hatte dieser Grundsatz vielleicht Gültigkeit. Heute kann dadurch weder das Überleben des einzelnen noch das eines Kollektivs garantiert werden. Anderseits muß es aber in den tiefen Schichten des menschlichen Gehirns ein Bedürfnis nach Rache geben, weil so viele religiöse Vorschriften von uns verlangen, daß wir unseren Schuldigern vergeben. So sagt z. B. Budha: »Überwinde den Zorn durch Herzlichkeit.«

Was ist nun eigentlich Rache? Sie ist eine emotionale Reaktion auf eine Beleidigung, eine Bedrohung meiner beruflichen Position, eine Gefährdung meiner Lebenssicherheit oder eine Schmälerung meiner Rechte. Nimmt man z. B. einem jungen Menschen sein Mädchen weg, wird er zornig und will sich rächen. Es wird also im Gehirn ein Engramm produziert, d. h. ein Erinnerungsbild, das in Zukunft ähnliche Frustrationen verhindern soll.

Interessant ist, daß Rache als biologische Funktion im Tierreich nicht vorkommt, weil sie dem Rachsüchtigen keinen biologischen Gewinn bringt. Wenn ich durch den feindlichen Akt eines anderen Menschen Schaden erleide, schafft mir meine Rache keine Chance, diese Scharte auszuwetzen. Es ist etwa so, wie wenn ein Schüler, der vom Lehrer einen Fünfer bekommen hat, jeden Tag betet, daß der Lehrer krank wird. Dadurch wird der Schüler auf keinen Fall gescheiter. Die Rache bringt also nicht nur keinen Gewinn, sondern blockiert überdies alle Energien geistiger und seelischer Art, die zur Bewältigung der Daseinsschwierigkeiten gebraucht werden.

Also keine Rache, sondern Versöhnung?

Das ist eine sehr schwierige Frage. Der christliche Grundsatz: »Liebet eure Feinde«, die Forderung, daß man auch die linke Backe hinhalten soll, wenn man einen Schlag auf die rechte bekommen hat, liest sich ja sehr schön. Ich kenne aber kaum jemanden, der das schon gemacht und tatsächlich die zweite Backe hingehalten hat. Im Gegenteil: Es zuckt einem in der Faust, und man möchte gerne zurückschlagen!

Jedenfalls muß man bei der Beurteilung einer Verhaltensweise auf die im Menschen vorhandene Reaktionsweise Bedacht nehmen. Natürlich gibt es Versöhnungsgesten, aber unser Instinkt lehnt sich ei-

gentlich gegen Versöhnungen auf. Außerdem kann sich nur der Stärkere mit dem Schwächeren versöhnen und nicht umgekehrt.
Man kann aber auch mit anderen Mechanismen sein Rachebedürfnis beseitigen, z. B. durch Übersprungshandlungen. Wenn wir sagen: »Den soll doch der Teufel holen«, meinen wir das absolut wörtlich. Durch diese Verwünschung erleichtern wir uns und bekommen unser normales seelisches Gleichgewicht wieder.
Schließlich können wir die Rache aber auch nach dem Freudschen Prinzip »verdrängen«, d. h. daß wir Frustrationserlebnisse, die ein Rachebedürfnis auslösen, in unser Unterbewußtsein verbannen. Das Unterbewußtsein ist sozusagen eine Rumpelkammer unerledigter psychischer Erlebnisse. In dieser Rumpelkammer rumort es dann hie und da; in Träumen kommen die verdrängten Rachegelüste an die Oberfläche des Bewußtseins, aber schon beim Erwachen sind sie weg.
Die Rache ist also ein Phänomen, das biologisch keinen Gewinn für das Individuum bringt. Durch Übersprungshandlungen oder durch Verdrängen ins Unbewußte ersparen wir deshalb viel seelische Energie und erreichen wieder unser Gleichgewicht.

Die Rhythmen unseres Lebens

Der Herzschlag ist ein biologischer Rhythmus. Er besteht aus zwei Phasen: Zusammenziehen, das ist Energiegewinn, und Entspannen, das ist Erholung.
Das Herz hat also keinen vierwöchigen Urlaub wie wir, sondern nur jeweils eine halbe Sekunde Erholung – und das ein ganzes Leben lang!

Das wesentliche Merkmal eines biologischen Rhythmus ist der gleitende Beginn einer Aktion bis zum allmählichen Höhepunkt der Kraftentfaltung und die wieder gleitende Entspannung. In der Natur sind die Übergänge zwischen Tag und Nacht, zwischen Sommer und Winter Phänomene solch gleitender Rhythmen. Auch beim Menschen erfolgen die Rhythmen zwischen Aktion und Ruhe, also zwischen Tätigkeit und Schlaf, in gleitender Schaltung, d. h. man schläft nicht so ein, wie man einen Lichtschalter ausknipst, sondern man gleitet in den Schlaf, wie die Dämmerung in die Nacht. Das ist der große Unterschied zwischen dem Menschen und einer Maschine, die ruckartig einsetzt und auch wieder abrupt stoppt. Sie sind sicher schon einmal nach dem Mittagsschlaf aufgestanden, und es ist Ihnen ganz schwarz vor den Augen geworden, oder Sie waren schwindlig und haben geglaubt: »Mein Gott, jetzt hab' ich ein Schlagerl ...« Nach ein paar Sekunden haben Sie dann wieder klar gesehen, und die Attacke einer Blutleere im Gehirn war vorüber. Das Ganze war ein Kippvorgang, den besonders der ältere Mensch vermeiden sollte, da er an den Energiehaushalt zu große Anforderungen stellt.

Die gleiche Ermahnung gilt für das Urlaubmachen: Man soll nicht am Freitagabend noch schnell zehn Akten erledigen, zwanzig Patienten behandeln oder dreißig Abschlüsse tätigen, sich dann ins Auto setzen und in der Nacht an die Adria fahren, um am nächsten Tag in der Sonne rösten zu können. Man soll auch als älterer Mensch im Winter nicht nach Afrika fliegen: Sie steigen bei Minusgraden ins Flugzeug, und nach ein paar Stunden steigen Sie in sommerlicher Hitze aus. Das ist ein Temperaturunterschied von 30 bis 40 Grad, den der Körper nicht so ohne weiteres verkraften kann. Auch das ist ein Kippvorgang, den man vermeiden sollte, indem man sich schrittweise an das neue Klima gewöhnt.

Vergessen wir nicht, daß die biologischen Rhythmen, denen wir unterworfen sind, seit Millionen von Jahren gelten. Seit unser Kosmos existiert, ist die jeweilige Lichtphase ident mit Aktion und Energie, während die jeweilige Dunkelphase gleichbedeutend mit Einsparung von Energie und Wiederaufbau ist. Das gilt für den Menschen und alle anderen Lebewesen. Der 24-Stunden-Rhythmus hat für uns die Bedeutung, am Tag etwas zu leisten und in der Nacht die verbrauchte Energie wieder aufzubauen.

Natürlich gibt es auch längerfristige Rhythmen. Für die Frau z. B. den 28tägigen Rhythmus oder für uns alle den Rhythmus von Sommer und Winter, wobei wieder im Sommer durch den Lichteinfluß eine vermehrte Aktivität und im Winter eine verstärkte Erholungsphase programmiert ist. Unser Organismus ist also seit Jahrmillionen auf den Rhythmus von Aktivität und Relaxation geprägt. Parallel zu diesen kosmischen Rhythmen laufen alle unsere Funktionen mit dem minimalsten Kraft- und Energieaufwand ab; sie sind also zweckmäßig.

Die Steuerung dieser Funktionen geht vom sogenannten autonomen Nervensystem aus, das der Mensch mit allen Lebewesen gemeinsam hat. Es ist für alle unbewußten Vorgänge unseres Lebens verantwortlich; d. h. es steuert die Verdauung, den Kreislauf, den Stoffwechsel, die Hormonproduktion, den Schlaf ... Dieses System ist von unserem Willen nicht beeinflußbar und berührt unser Bewußtsein nicht. Erst eine fehlerhafte Funktion spüren wir bewußt; z. B. einen Magenkrampf, starkes Herzklopfen oder einen Hustenanfall.

Das autonome Nervensystem ist das Bindeglied für alle Lebewesen und somit der älteste Teil unseres Nervensystems. Gerade dieses Alter garantiert den optimalen Ablauf aller Funktionen. Eine nervöse Organisation, die Konstruktionsfehler aufwiese, hätte schon längst zum Aussterben der betreffenden Art geführt.

Im einzelnen ist das autonome System in zwei Strukturen gegliedert, die gegensätzliche Funktionen zu erfüllen haben.

Der erste Sektor umfaßt das sogenannte sympathische System und steuert alle energieverbrauchenden Vorgänge. Der zweite Sektor umfaßt das sogenannte parasympathische System und steuert alle energieaufbauenden Vorgänge.

In der Übersicht sieht das so aus:

Autonomes Nervensystem

Sympathisches System	Parasympathisches System
Aktion, Leistung	Ruhe, Entspannung
Energieverbrauch	Energieaufbau
Blutdrucksteigerung	Blutdrucksenkung
Herzbeschleunigung	Herzfrequenzdrosselung
dominiert am Tag	dominiert in der Nacht
wird stimuliert durch	wird stimuliert durch
Kaffee	Alkohol
Licht und Wärme	Dunkelheit, Kälte

Gesund, d. h. in einem harmonischen Gleichgewicht, ist ein Organismus dann, wenn er in der sympathischen Tagesphase nicht mehr Energie verbraucht, als er in der parasympathischen Nachtphase wieder aufbaut. Es ist wie beim Budget eines Staates, das wir dann als ausgeglichen bezeichnen, wenn sich Aus-

gaben (Sympathikus-Prinzip) und Einnahmen (Parasympathikus-Prinzip) im Gleichgewicht befinden.
Dieser rhythmische Wechsel ist eine biologische Grundregel, die in der einzelnen Zelle wie im gesamten Organismus Gültigkeit hat. Nun ist aber unsere Zivilisation dadurch ausgezeichnet, daß wir versuchen, diesen Rhythmus weitestgehend umzukrempeln, zu nivellieren und uns über ihn hinwegzusetzen. Resultat: Eine Unsumme von seelischen, neurotischen, depressiven, aber auch von organischen Störungen.
Leider gibt es in unserer Gesellschaftsordnung Menschen, die gezwungen sind, den programmierten biologischen Rhythmen entgegenzuarbeiten: Dazu gehören die Feuerwehrleute, die Krankenschwestern, die Ärzte usw. Wenn sie Nachtdienst machen müssen, sind sie arm dran: Wer in der Phase, in der schon vor Millionen von Jahren in unserem Hirn ein Programm mit dem chemischen Muster gesetzt wurde: »In der Nacht schläft man«, arbeiten muß, braucht die doppelte Energie. Er muß nicht nur arbeiten, sondern auch die Schlafphase unterdrücken! Daher müßte man sich wohl Gedanken darüber machen, diese Leute, sobald sie 50 Jahre alt sind, nicht gerade zu pensionieren, sie aber doch für Dienststellen einzusetzen, wo sie ihre Arbeit während der Tagesphase zu verrichten haben. Das wäre eine wichtige Entscheidung, die sich aus der Auswirkung des biologischen Rhythmus auf den Menschen ergibt.
Nun eine zweite Empfehlung, die sich jeder selbst zunutze machen kann: In unserer Zeit reisen nicht nur Staatsmänner und Geschäftsleute, sondern auch sehr viele Touristen rund um die Welt. Wenn es in Wien acht Uhr früh ist, dann ist in Tokio gerade der Tag vorüber. Nun fliegt man dorthin und soll sofort

an einer Verhandlung teilnehmen oder sich die Stadt ansehen; dabei kommt man während der Schlafphase von Wien in den hellichten Tag in Tokio!
Normalerweise braucht man ungefähr zwei Wochen, bis man sich an einen neuen Rhythmus anpaßt. Je älter man ist, um so länger dauert es aber. Daher die Schlußfolgerung:
Wir sollen uns möglichst an unsere natürlichen Rhythmen halten, d. h. wir sollen die gleitenden Auf- und Abbewegungen miterleben und nicht dagegen ankämpfen. Und wenn man eine Reise in ferne Länder macht, soll man nach der Ankunft und nach der Rückkehr mindestens ein paar Tage Ruhe geben, damit keine echten Schäden entstehen!

Meinem Kind soll es besser gehen

Der Wunsch der Eltern, daß die Kinder etwas Besseres, etwas Höheres werden sollen, ist auf der ganzen Welt gleich. Wenn aber ein gleichartiges Verhalten bei allen Menschen, unabhängig von Religion, Rasse oder Volksgruppe, zu beobachten ist, dann bezeichnen wir das als »Archetypus«, als eine Eigenschaft, die sich schon vor 500 Millionen Jahren, also noch vor jeder Differenzierung, entwickelt hat und auch jetzt noch eine wichtige Funktion erfüllt.
Worum geht es eigentlich bei diesem Wunsch aller Eltern nach einem besseren Leben für ihre Kinder? Gehen wir einmal zurück bis zur Entstehung der Erde. Schätzungsweise vor 5 Milliarden Jahren gab es den großen sogenannten Urknall, bei dem das Wasserstoffatom entstand. Es hatte in der Mitte ein Proton, und rundherum sauste ein Elektron. Nach einer gewissen Zeit fing sich – durch Zufall oder Be-

stimmung, darüber streiten die Gelehrten und Religionsforscher noch immer - dieses Wasserstoffatom ein zweites Elektron. Das ging so weiter, immer neue Elemente und neue elektronische Teilchen zog das Wasserstoffatom an sich, und es entwickelten sich der Kohlenstoff, der Stickstoff, der Sauerstoff.

Daraus entstand die sogenannte »Ursuppe«, die Flüssigkeit, in der sich alle diese Atome bewegten. Dann bildeten sich Kettenmoleküle, die sich aneinanderreihten und zu hochwertigen Elementen wurden.

Und nun kommt etwas Verblüffendes. Bereits in diesem frühen Stadium der Entwicklung gibt es schnellere Teilchen, die andere Atome an sich zogen, und langsamere Teilchen. Die schnelleren überlebten, die langsameren aber - gingen zugrunde! Schon in dieser molekular-biologischen Stufe gab es also das Leistungsprinzip! Der berühmte Entwicklungsforscher Charles Darwin hat die Feststellung geprägt »The survival of the fittest« und damit gemeint: Wer sich am besten anpassen kann, am geeignetsten und am besten ausgestattet ist, der überlebt.

Dieser Grundsatz des Überlebens des Fittesten, also des Tüchtigsten, ist auch das Motiv der Eltern, die sich wünschen, daß ihre Kinder mehr erreichen sollen. Denn der Fitteste erwirbt natürlich mehr Besitz, mehr Macht und hat daher auch mehr Überlebenschancen als der Langsame - egal ob Molekül oder Mensch!

Was wünscht sich heute ein junger Chinese? Eine Uhr, ein Fahrrad und ein Radio! Und was wünscht sich ein junger Russe? Einen Fernsehapparat, ein Auto, eine Reise! Und was wünscht sich ein junger Amerikaner? Ein Haus, einen Wagen, ein großes Bankkonto!

Was ist der Unterschied zwischen diesen Wünschen?

Eigentlich gar keiner, nur die jeweilige Höhe ist verschieden. Jeder Mensch wünscht sich Besitz, weil dieser Archetypus, dieser Gedanke tief in uns schlummert. Besitz bedeutet größere Überlebenschancen. Verständlicherweise wollen daher die Eltern, bewußt oder unbewußt, diesen Wunsch nach Besitz für ihre Nachkommen verwirklicht sehen.
Religionen oder politische Richtungen versuchen immer wieder aus verschiedenen Motiven, den Leistungsdruck des Milieus zu nivellieren. Das gelingt für kurze Zeit, aber dann stellt sich wieder der Leistungstrend ein. Der Wunsch der Eltern, daß aus ihren Kindern etwas Besseres werden soll, ist eine der wesentlichsten Energien, die garantiert, daß sich die Menschheit weiterentwickelt.

Wie man jung bleibt

Haben Sie sich schon einmal Gedanken gemacht, wodurch man eigentlich alt, wodurch man verbraucht, mürrisch und z'wider wird? Nicht durch die körperliche Arbeit! Sie können stundenlang Holz hacken oder stundenlang geistig arbeiten, das macht gar nichts!
Wenn Sie aber stundenlang in einer besonderen Gemütserregung sind, verbraucht das so viel Energien, daß uns das vorzeitig altern läßt. Was kann man dagegen tun?
Sie müssen versuchen, Ihren Gemütszustand durch Übersprungshandlungen, die sich ganz natürlich ergeben müssen, auf eine mittlere Erregungslage zu bringen. Was mache ich z. B., wenn ich mich mit jemandem unterhalten muß, der mir zuwider oder langweilig ist? Ich zeichne auf einem Stück Papier

Männchen, und dann köpfe ich sie alle. Durch diese Handlung neutralisiere ich meine Erregungslage und verbrauche nicht unnötig Energien. So ähnlich können Sie es immer machen: Wenn der Chef Sie ärgert, weil er an Ihnen herumnörgelt, ihm nichts recht ist, dann beißen Sie fest die Zähne zusammen. Sie beißen ihn schon nicht, aber die Bißhandlung neutralisiert Ihre Erregungslage, und Sie halten dann diese Nörgelei aus.

Oder was soll ein kleiner Bub machen, der sich beim Basteln auf den Finger haut? Weinen? Das dauert zu lange und ist zu umständlich. Wenn er einen Kraftausdruck von sich gibt und sagt: »Scheiße« ist er sofort wieder in einer neutralen Gemütslage und spielt weiter. Wenn ihn die Mutter dann fragt: »Was hast denn?«, sagt er nur: »Aber, nix«. So wird der gute Erzieher die Bedeutung der Übersprungshandlung erkennen und tolerieren, wenn sie einen biologischen Zweck verfolgt. Das funktionslose Verwenden von Kraftausdrücken muß natürlich unterbunden werden.

Den Begriff »Übersprungshandlung« verdanken wir dem Wissenschaftler Tinbergen und seinen Kormoranen. Er beobachtete diese Tiere, wie sie einander in Kampfbereitschaft gegenüberstanden. Jeden Augenblick konnte der Konflikt ausbrechen; die Affekterregung war nicht mehr steigerungsfähig. Plötzlich begannen die kampfbereiten Tiere aber Balzbewegungen durchzuführen, worauf sich die Erregung sichtlich beruhigte. Einen analogen Übersprung auf einen anderen Instinktbereich kann man auch bei kampfbereiten Hähnen beobachten, die plötzlich mit Pickbewegungen ihren Affekt neutralisieren.

Das Wesen einer Übersprungshandlung liegt also darin, eine im höchsten Ausmaß affektbesetzte Kon-

fliktsituation durch einen Übersprung zu entschärfen.
Im Alltag kann man immer wieder solche Übersprungshandlungen beobachten, die erregungsausgleichend wirken. Ein Autofahrer wird z. B. rechts überholt, und der Übeltäter biegt dann sofort vor ihm links ein. Dadurch gerät der Überholte in eine Erregung. Stößt er nun einen saftigen Fluch aus, gewinnt er durch diese Übersprungshandlung seine normale Affektlage wieder. Unterdrückt er aber diese neutralisierende Handlungsweise, dann bedeutet das für die Fortsetzung seines Autofahrens eine erhöhte Gefahr, da seine Spannung die unbewußten Steuerungsvorgänge des Autofahrens in ihrer Präzision hemmt. Das berühmte Tippen mit dem Finger an die Stirn ist eine kollektive Übersprungshandlung des erregten, scheinbar bedrohten Autofahrers. Sie führt stets zur Beruhigung seiner Erregung.
Meine Frau ist z. B. an sich eine sehr friedliche Dame; aber wenn sie einer schneidet, dann schimpft sie wie ein Rohrspatz. Es ist nicht sehr vornehm, aber es ist mir immer noch lieber, als daß sie mit einem Herzanfall nach Hause kommt.
In meinen Vorträgen habe ich oft einen sehr einprägsamen Rat gegeben: »Ein im richtigen Augenblick, mit der richtigen Intensität ausgesprochenes Götz-Zitat hat schon manchen Herzinfarkt verhindert.«
Der biologische Sinn einer Übersprungshandlung liegt darin, daß sie eine Spannung durch eine Handlung neutralisiert, die funktionell mit der aktuellen Erregung in keinem Zusammenhang steht. So ist z. B. das Beten bei Lebensgefahr eine Übersprungshandlung zur Überwindung der Angst. Es ist auch viel zweckmäßiger, wenn ein Angestellter, der von seinem Chef gequält wird, diesem einmal einen

Kraftausdruck an den Kopf wirft, als daß er alles hinunterschluckt und davon Magengeschwüre bekommt. So wie man im Übersprung beten oder fluchen kann, so kann man im Übersprung auch essen. Die Instinkthandlung des Essens beruhigt eine affektive Erregung; es empfiehlt sich daher, bei aggressiven Diskussionen eine Eßpause einzuschalten.

Unsere gesellschaftlichen Gepflogenheiten stammen leider aus einer Zeit, in der die Unterdrückung von Gefühlen und Emotionen zum »guten Ton« gehörte. Der Einbau von Übersprungshandlungen in die Erziehung und Psychotherapie würde sicher zur Erleichterung unseres Lebens beitragen.

Also: Erregungen durch Übersprungshandlungen so rasch und so ausgiebig wie möglich neutralisieren!

Es gibt aber nicht nur ein Zuviel an Gemütsspannung, sondern auch das Gegenteil: Ein Zuwenig an Gemütsspannung, das Gemütsvakuum! Dieses Vakuum kann man mit Leerlaufhandlungen auffüllen!

Ein Beispiel: Eine grüne Witwe in einem Vorort, der Mann ist im Geschäft, die Kinder in der Schule, niemand ist zum Reden da, es tut sich nichts! Diese Leere, dieses Gemütsvakuum muß, damit kein Dauerschaden auftritt, durch Handlungen, wie Patience-Legen, Bridgespielen, Gartenarbeit, karitative Betätigung, Fremdsprachenlernen usw., aufgefüllt werden.

Die Leerlaufhandlung ist, wie die Übersprungshandlung, ein Begriff aus der Verhaltensforschung, den Konrad Lorenz geprägt hat. Er beschreibt einen Star, der ausreichend gefüttert worden ist, aber trotzdem im Raum umherfliegt, um Fliegen zu fangen, die gar nicht existieren, sie zu Tode beutelt, obwohl er sie gar nicht gefangen hat und sie verschluckt, obwohl er nichts im Schnabel hat. Diese Handlungskette nannte Lorenz »Leerlaufhandlung«. Sie wird in diesem Fall von der nicht befriedigten Appetenz des Jagens nach einer Beute ausgelöst und neutralisiert durch ihren Ablauf die Frustration. Jedes Lebewesen, auch der Mensch, hat orale, genitale, motorische, später auch geistige und soger ethische Appetenzen, d. h. Bedürfnisse, die befriedigt werden müssen. Das Ausbleiben ihrer Absättigung hat fehlerhafte Verhaltensweisen zur Folge. Eine Leerlaufhandlung des Kindes besteht z. B. darin, daß es alle erreichbaren Gegenstände in den Mund steckt. Das Daumenlutschen ist eine Leerlaufhandlung, die anzeigt, daß die Saugbewegungen ungenügend abgesättigt sind. Da solche Leerlaufhandlungen zur Absättigung von frustrierten Trieben dienen und dadurch zu einer ausgeglichenen Stimmungslage führen, sollen sie nicht nur toleriert, sondern im Erziehungsplan der Eltern und Ärzte weitestgehend berücksichtigt werden. Ein Kind, das in der Wohnung herumtobt, benötigt zum Ausgleich seines unbefriedigten Bewegungsdranges Leerlaufhandlungen, wie Spiele im Freien, Wandern, Sport usw. In gleicher Weise braucht ein Beamter nach stundenlangem Sitzen zur Neutralisierung verschiedene motorische Leerlaufhandlungen der Freizeit.

Diese Leerlaufhandlungen sollen jedoch, um ihren biologischen Zweck zu erfüllen, von einer affektiven Lust begleitet sein. Es hat keinen Sinn, jemandem zu sagen, er soll am Abend kegeln gehen, wenn er lieber eislaufen will, oder einer Dame zu raten, sie soll doch in einen Bridgeclub eintreten, wenn sie nicht gern Karten spielt.

Es gibt Menschen, für die ein Hund das affektive Projektionsfeld ist, während andere wiederum im Führen einer Jugendgruppe den psychischen Ausgleich in der Freizeit finden. Auch die Wiederaufnahme einer beschränkten beruflichen Tätigkeit kann bei Frauen, deren Kinder schon ihrer Fürsorge entwachsen sind, zur Füllung eines Vakuums führen, vor allem dann, wenn die Tätigkeit beratender Art ist und keine intensive körperliche Leistung erfordert.

Sehr von Vorteil bei allen Aktionen ist die Förderung sozialer Kommunikationen, weil der zwischenmenschliche Kontakt noch immer der wertvollste Neutralisator ist. Theater-, Konzertbesuch oder Gesellschaftsreisen können je nach dem persönlichen Bedürfnis fast jedes Manko an Erlebnissen ausgleichen.

Die affektive Funktionslust, die eine Leerlaufhandlung begleitet, muß jedenfalls individuell abgestimmt sein, um Erfolg zu bringen. Nur dadurch wird eine verlorengegangene seelische Balance wieder hergestellt.

Selbstverständlich sollte jeder schon in der Jugend oder in der Leistungsphase mit dem Training von Leerlaufhandlungen beginnen, um einen nahtlosen Übergang zur letzten Lebensphase zu gewährleisten.

Dämpfen Sie jedenfalls die Gemütserregungen durch Übersprungshandlungen und füllen Sie das Gefühlsvakuum durch Leerlaufhandlungen auf. Dann bleiben Sie jung!